Literatura e Formação do Leitor

Coleção Linguagens

João Luis Pereira Ourique
(Org.)

Literatura e Formação do Leitor

Escola e sociedade, ensino e educação

Ijuí
2015

© 2015, Editora Unijuí
Rua do Comércio, 1364
98700-000 - Ijuí - RS - Brasil
Fones: (0__55) 3332-0217
Fax: (0__55) 3332-0216
E-mail: editora@unijui.edu.br
Http://www.editoraunijui.com.br

Editor: Gilmar Antonio Bedin

Editor-adjunto: Joel Corso

Responsabilidade Editorial, Gráfica e Administrativa:
Editora Unijuí da Universidade Regional do Noroeste
do Estado do Rio Grande do Sul (Unijuí; Ijuí, RS, Brasil)

Capa: Carlos Alberto Ossanes Nunes, Lilian Greice dos Santos Ortiz da Silveira e João Luis Pereira Ourique

Revisão Técnica e Fotos: Lilian Greice dos Santos Ortiz da Silveira e João Luis Pereira Ourique

Publicação apoiada pelo:

Catalogação na Publicação:
Biblioteca Universitária Mario Osorio Marques – Unijuí

L776   Literatura e formação do leitor : escola e sociedade, ensino e educação / organizador João Luis Pereira Ourique. – Ijuí : Ed. Unijuí, 2015. – 272 p. – (Coleção linguagens).

ISBN 978-85-419-0152-9

1. Linguagem. 2. Educação. 3. Leitura. 4. Leitura – Metodologias. I. Ourique, João Luis Pereira (Org.). II. Título. III. Título: Escola e sociedade, ensino e educação IV. Série.

CDU : 028.1
37.017.4

Editora Unijuí afiliada:

Associação Brasileira
das Editoras Universitárias

Linguagens constitui uma coleção voltada à publicação de textos que tenham abrigo no campo dos diferentes cursos que o Departamento de Estudos de Linguagem, Arte e Comunicação – DELAC acolhe. Tem como objetivo disponibilizar, ao leitor, trabalhos resultantes de reflexões e/ou pesquisas que tenham potencialidade de contribuir para a qualificação das discussões em torno da linguagem, questão que perpassa todas as áreas do conhecimento.

Conselho Editorial

Adair Bonini (Unisul)
Ana Cristina Matte (UFMG)
Beatriz Mariz Maia de Paiva (Department of Language and Linguistics - University of Essex)
Carlos Gustavo M. Hoelzel (UFSM)
Carlos Rafael Luis (Instituto de Lingüística, Facultad de Filosofía y Letras, Universidad de Buenos Aires, UBA)
Cicília Krohling Peruzzo (Umesp)
Claudia Luísa Caimi (Furg)
Cleudemar Alves Fernandes (UFU)
Eugênio Merino (UFSC)
Freda Indursky (UFRGS)
Gesualda dos Santos Rasia (UFPR)
Gilvan Muller de Oliveira (UFSC)
Itiro Iida (UNB)
Jean-Marc Dewaele (School of Language, Linguistics & Culture – Birkbeck, University of London)
Júlio César Araújo (UFC)
Karla Maria Muller (UFRGS)
Leda Veridiana Tfouni (USP)
Lúcia Rottava (Uergs)
Luiz Francisco Dias (UFMG)
Maria Teresa Celada (USP)
Marcos Palácio (UFB)
Maria Ivete Trevisan Fossa (UFSM)
Maria Onice Payer (Univas)
Marilei Resmini Grantham (Furg)
Nea de Castro (Furg)
Nelia Del Bianco (UNB)
Roberto Baronas (Ufscar)
Sírio Possenti (Unicamp)
Solange Leda Gallo (Unisul)
Valdir Nascimento Flores (UFRGS)
Volnei Antônio Matté (UFSM)

Comitê Editorial

1 – Fabiane Volkner Grossmann
2 – Joel Corso
3 – Ricardo Ferreira do Amaral
4 – Rosana Berwanger Silva
5 – Vera Lúcia Radatz

SUMÁRIO

INTRODUÇÃO:
UM OLHAR SOBRE O ENSINO DE LITERATURA:
Entraves e Possibilidades na Formação do Leitor 9
Lilian Greice dos Santos Ortiz da Silveira
João Luis Pereira Ourique

LITERATURA NA ESCOLA:
Propostas Para a Educação Básica 15
Maria da Glória Bordini

ORALIDADE, LITERATURA E LEITURA EM VOZ ALTA:
Uma Abordagem Possível Para a Formação de Leitores 45
Ricardo André Ferreira Martins

A POESIA NO ENSINO MÉDIO:
Contrastes e Semelhanças Entre Duas Redes de Ensino e a Importância de uma Abordagem Hermenêutica em Sala de Aula 63
Tiane Reusch de Quadros

ENSINO DE LITERATURA E FORMAÇÃO DO LEITOR NA ERA DIGITAL:
Algumas Proposições 89
Ana Paula Teixeira Porto
Luana Teixeira

ENSINO DE LITERATURA EM DEBATE:
O Texto em Sala de Aula 111
Danglei de Castro Pereira

SEMEANDO ESCRITORES:
Perspectivas e Práticas Para a Produção da Redação do Enem 133
Karina Kristiane Vicelli

"LITERATURA BOTA MANTIMENTO EM 'CASA' SIM"!
Reflexões Sobre o Ensino de Literatura nos Cursos de Letras 155
Marta Aparecida Garcia Gonçalves

A LEITURA DE NARRATIVAS LITERÁRIAS COMO
ATO DE CONHECIMENTO E MODO DE EXPERIÊNCIA:
A Presença de Autor e Leitor Implicados 173
Eunice Terezinha Piazza Gai

VALOR(IZ)AÇÃO DO (PRE)TEXTO LITERÁRIO 191
João Luis Pereira Ourique

DIMENSÕES DE LEITURA E ENSINO DE LITERATURA ... 207
Arnaldo Franco Junior

A EDUCAÇÃO PELOS/DOS SENTIDOS:
A Palavra Como Testemunho em Primo Levi 235
Rosana Cristina Zanelatto Santos

NOVAS PROPOSIÇÕES PARA O ENSINO DE LITERATURA:
A Importância da Discussão de Teorias Acerca do Ensino
e de Novas Propostas Para Professores em Formação 251
Lilian Greice dos Santos Ortiz da Silveira

DADOS DOS AUTORES 265

INTRODUÇÃO
UM OLHAR SOBRE O ENSINO DE LITERATURA:
Entraves e Possibilidades na Formação do Leitor

Lilian Greice dos Santos Ortiz da Silveira
João Luis Pereira Ourique

Literatura e formação do leitor. *Escola e sociedade, ensino e educação* é uma publicação vinculada ao projeto *Um olhar sobre o ensino de literatura: entraves e possibilidades na formação do leitor*, desenvolvido no período de 2009 a 2014 no Centro de Letras e Comunicação da Universidade Federal de Pelotas e que contou com a participação de pesquisadores de várias instituições, caracterizando-o como um projeto interinstitucional. A aprovação do referido projeto na Chamada CNPq/Capes n° 7/2011 viabilizou a publicação deste livro cujo objetivo, além de apresentar alguns dos resultados do projeto, é a disponibilização de um material que pusesse em discussão, considerando toda a dimensão e a importância do tema, a própria ideia de formação a partir da leitura de textos literários, tanto em ambientes formais quanto informais de ensino e também nos mais variados níveis, desde a Educação Básica até o Ensino Superior. A partir das reflexões com base em teorias acerca da formação do leitor, da análise das políticas públicas e de metodologia de trabalho para o ensino de literatura, selecionamos doze textos de autoria de pesquisadores que estão vinculados a diversas universidades brasileiras: Universidade Federal de Pelotas (UFPel), Universidade Regional Integrada do Alto Uruguai e das Missões (URI), Universidade Estadual Paulista Júlio de Mesquita Filho (Unesp), Universidade Estadual de Mato Grosso do Sul (UEMS), Universidade de Santa Cruz do Sul (Unisc), Universidade Federal do Rio Grande do Sul (UFRGS), Universidade Federal do Rio Grande do Norte (UFRN), Universidade Estadual do Centro-Oeste (Unicentro), Universidade Federal do Mato Grosso do Sul (UFMS) e Universidade de Passo Fundo (UPF). Essa participação de pesquisadores inseridos em realidades culturais e educacionais diferentes contribuiu para uma troca de experiências enriquecedoras que possibilitarão também aos leitores deste livro uma reflexão sobre as práticas educacionais que visam à contextualização do sujeito-leitor no percurso de sua formação cultural.

O primeiro texto, de autoria de Maria da Glória Bordini, revela como práticas desatualizadas de ensino prejudicam a aprendizagem literária. Para solucionar o problema a autora nos mostra novas possibilidades e metodologias. Além disso, é destacado o fato de que é de extrema importância que o aluno seja levado em consideração quando se escolhe um texto para ser trabalhado em sala de aula, pois cada leitor interessa-se por um determinado tipo de obra literária. Ademais, Bordini aponta para o fato de que é no Ensino Médio que a interpretação deve ser aprofundada, pois o estudante deve ser estimulado a raciocinar para que possa se tornar, no futuro, um cidadão contestador. Para finalizar, a autora sugere estratégias para se trabalhar com textos na escola, estratégias essas capazes de guiar o professor de literatura.

De autoria de Ricardo André Ferreira Martins, o texto *Oralidade, literatura e leitura em voz alta: uma abordagem possível para a formação de leitores* aponta para o fato de que há um crescente desinteresse pela leitura porque a sociedade contemporânea está perdendo a sua capacidade de contar e ouvir histórias. Outro grande problema é que a escola mostra a literatura como algo entediante, pois as leituras muitas vezes são impostas e servem para a exclusiva finalidade de cumprir conteúdos. Como solução para o impasse, o autor argumenta que o professor deve ser leitor e narrador das obras com as quais trabalha.

Na sequência, *A poesia no Ensino Médio: contrastes e semelhanças entre duas redes de ensino e a importância de uma abordagem hermenêutica em sala de aula*, de Tiane Reusch de Quadros, relata como se deu o ensino de poesias em escolas da rede pública e privada de Porto Alegre, RS. Durante a observação das aulas, a autora pôde constatar que o trabalho da escola pública destoa do desenvolvido na escola privada, mas ambos carecem de modificações, pois na pública não há tempo para abordar todos os conteúdos, nem de dar espaço para a interpretação, ao passo que na escola privada a preocupação acaba sendo muito mais com vestibulares que serão prestados pelos alunos do que com a formação cultural. Em seu texto, a autora indica possíveis caminhos a serem seguidos para que os impasses por ela apontados sejam solucionados.

Dando seguimento ao livro, temos o texto *Ensino de literatura e formação do leitor na era digital: algumas proposições*, de Ana Paula Teixeira Porto e Luana Teixeira. Esse texto inova ao trazer a proposta de utilização da mídia e de tecnologias digitais para fortalecer o ensino de literatura, posto que as autoras consideram que o desenvolvimento da habilidade de leitura é crucial para a ampliação dos horizontes formativos dos leitores.

De autoria de Danglei de Castro Pereira, o escrito *Ensino de literatura em debate: o texto em sala de aula* destaca a necessidade que existe de se apresentar e se ultrapassar a diversidade canônica. Além disso, o autor também menciona que um dos problemas enfrentados no ensino de literatura é que os cursos de Letras apresentam muita teoria e isso acaba por influenciar o trabalho dos profissionais que são formados nesses cursos, pois o professor pode deixar de lado a interpretação, uma vez que vêm desde a universidade relacionando-se com obras literárias, na maioria das vezes por meio de teorias e não de leituras. Para concluir, o autor afirma que é necessário apresentar textos literários aos alunos, e não apenas teoria, a fim de que os estudantes realmente leiam livros de literatura.

Karina Kristiane Vicelli, autora de *Semeando escritores: perspectivas e práticas para a produção da redação do Enem*, relata um trabalho bastante diferenciado que por ela foi realizado. Insatisfeita com o pouco destaque que normalmente é dado às disciplinas de Letras, a professora tomou uma atitude e optou pela inovação. Em seu texto, Vicelli esclarece como utilizou a literatura como base para a realização de produções escritas. Ao final de sua experiência ela conseguiu que seus alunos se tornassem sujeitos pensantes, capazes de relacionar um texto ficcional com a realidade.

O texto *"Literatura bota mantimento em 'casa' sim"! Reflexões sobre o ensino de literatura nos cursos de Letras*, de Marta Aparecida Garcia Gonçalves, revela, mais uma vez, os problemas ainda encontrados nos cursos de Letras e evidencia novas metodologias de ensino, focalizando a ideia de que é preciso trabalhar a literatura interdisciplinarmente.

Eunice Terezinha Piazza Gai, em *A leitura de narrativas literárias como ato de conhecimento e modo de experiência: a presença de autor e leitor implicados*, opta por apresentar a abordagem hermenêutica e a define dessa foroma:

> Caracteriza-se como processo de escuta do texto literário. Nele emerge a voz do autor, que tem, sim, uma intencionalidade ao escrever e a deixa transparecer na elaboração de sua escrita... o autor e suas circunstâncias, o leitor e suas circunstâncias são elementos inseparáveis e insuperáveis na prática interpretativa (p. 110).

Dessa maneira, a autora alerta que há uma necessidade de mudança no ensino de literatura e aponta um caminho possível.

O texto *Valor(iz)ação do (pre)texto literário*, de João Luis Pereira Ourique, aborda, mais uma vez, o problema existente em manter privilégios historicamente consolidados, ou seja, o cânone ainda ocupa um lugar de destaque e não há espaço para novas leituras e interpretações. Com isso, o autor conclui que existe a preocupação de formar para algo e não de criar condições para a formação. Contrário a isso, Ourique acredita ser a principal função da literatura oferecer condições para a formação cultural das pessoas e não essa prática comum de formar um leitor para algo.

Arnaldo Franco Junior, em *Dimensões de leitura e ensino de literatura*, vai ao encontro das ideias do pesquisador Ourique e menciona em seu texto que há inúmeras possibilidades interpretativas e que isso deve ser explorado em sala de aula. Franco Junior separa o processo de leitura em quatro dimensões: decodificação, associação, análise e interpretação. Com essas divisões, ele nos mostra como se dá o processo de leitura e as inúmeras possibilidades de interpretação.

Rosana Cristina Zanelatto Santos, em *A educação pelos/dos sentidos: a palavra como testemunho em Primo Levi*, traz uma forma de leitura a partir de relações, demonstrando a necessidade de perceber as inconsistências e relevâncias do texto e do próprio ato de leitura, dado que as metodologias não substituem o processo de compreensão e de imersão nos textos a partir das experiências individuais.

Para concluir a obra, Lilian Greice dos Santos Ortiz da Silveira faz um balanço de todos os textos que compõem o livro com comentários a respeito das possibilidades de cada um e, também, menciona a necessidade de acadêmicos e futuros professores terem acesso a discussões e materiais para pesquisa e reflexão.

Por fim, podemos afirmar que a amplitude que essa discussão encerra só é menor que sua urgência e importância. O subtítulo do livro – *Escola e sociedade, ensino e educação* – procura articular parte desta dimensão ao pensar a relação da escola com o espaço social no qual se insere e também evidenciar as diferenças entre as noções de ensino e educação, vinculando esses conceitos a um cenário que se acomoda a metodologias simplistas que empobrecem a formação do leitor. Ressaltamos, assim, uma crítica ao mais do mesmo, ou seja, salientamos que procuramos abordar e refletir as problemáticas e não sucumbirmos à ingenuidade da resolução a partir de propostas inovadoras que, no final das contas, acabam por se distanciarem do mais importante. Reafirmamos, assim, um compromisso de nos colocarmos em uma posição de abertura ao debate e à discussão, visto que é a incompletude dessas ideias que possibilitam um pensar crítico sobre nosso próprio processo de formação.

LITERATURA NA ESCOLA:
PROPOSTAS PARA A EDUCAÇÃO BÁSICA

Maria da Glória Bordini

LITERATURA NA ESCOLA:
Fragmentação e Irrelevância

A experiência empírica de qualquer leitor habitual comprova as palavras de Harold Bloom (2001) de que "ler nos conduz à alteridade, seja à nossa própria ou à de nossos amigos, presentes ou futuros". O mesmo crítico vê na leitura as possibilidades de conhecer a diversidade humana e de vencer a solidão, quando afirma que "lemos não apenas porque, na vida real, jamais conheceremos tantas pessoas como através da leitura, mas também, porque amizades são frágeis, propensas a diminuir em número, a desaparecer, a sucumbir em decorrência da distância, do tempo, das divergências, dos desafetos da vida familiar e amorosa." Com efeito, ler é conhecer o outro, mas também conhecer-se; é integrar e integrar-se em novos universos de sentido; é abrir e ampliar perspectivas pessoais; é conscientizar-se de um papel individual e coletivo na sociedade.

É ainda Bloom quem insiste noutra potencialidade da leitura: "Caso pretenda desenvolver a capacidade de formar opiniões críticas e chegar a avaliações pessoais, o ser humano precisará continuar a ler por iniciativa própria", "pois uma das funções da leitura é nos preparar para uma transformação". A leitura, atividade normalmente solitária, torna-se social quando o leitor, mantendo-se como leitor, é afetado pelo livro, muda os parâmetros com que mede seus relacionamentos e adquire atitudes mais esclarecidas no juízo que faz de si e do(s) outro(s).

As qualidades educativas da leitura têm sido reconhecidas desde que a imprensa multiplicativa tornou-se uma realidade. Basta lembrar os períodos de sonegação do texto escrito ao consumo popular que marcaram as culturas autocráticas ao correr da História (Rosing, 2012). Se, na verdade, o livro é um intermediário entre o que lê e o mundo, ele gera laços sociais e políticos, tanto quanto serve de interlocutor constante, a enriquecer a apreensão da realidade e as possibilidades autoexpressivas. Por isso, em especial no Ocidente, a cultura letrada tomou e continua mantendo um lugar exponencial na Educação, seja ela formal ou informal.

Dentre as variadas modalidades de textos escritos, os ficcionais adquirem, no cenário educacional, uma função única: aliam à informação o prazer do jogo, envolvem razão e emoções numa atividade integradora, conquistando o leitor por inteiro e não apenas na sua esfera cognitiva. Por isso, os textos ficcionais – aqui entendidos como os que geram sentidos independentemente de referentes, ou seja, o conto, o romance, o poema, a peça teatral – têm sido, desde há muito, eleitos para veicular outros propósitos educativos a eles exteriores. Via de regra, no ambiente escolar usam-se obras literárias como estímulo para a aquisição de noções de Língua, História, Ciências e privilegiam-se aqueles livros que reforçam as ideologias dominantes.

A prática mais comum, no Brasil, é o aproveitamento do texto literário para o aprendizado de Língua. A tradição é longa e remonta aos tempos coloniais, em que os clássicos portugueses, encabeçados por Camões, serviam de modelo e fonte de inspiração aos jovens estudantes de Humanidades nos raros colégios.[1] A tendência se desdobrou pelos dois reinados e ainda hoje os livros didáticos citam trechos de escritores, agora brasileiros, mas continuam deles extraindo normas e exemplos para o estudo da Língua.

Tal atitude seria aceitável – a literatura de um país certamente representa e renova sua língua –, não fosse o excessivo zelo em visualizar apenas os aspectos linguísticos das obras, em detrimento da captação global de seu sentido. Acresce o fato, tantas vezes denunciado por Osman Lins (1977), em seu *Do ideal e da glória: problemas inculturais brasileiros*, de que a seleção de autores empregados para fins didáticos nas gramáticas e nos livros de Língua Portuguesa raras vezes ultrapassa o trivial e frequentemente estabelece como modelares os textos menos comprometidos com a sociedade atual. Além disso, tende a pasteurizar seu conteúdo, valendo-se de ilustrações inócuas ou de informações contextuais sobre a vida e a obra do escritor, bastante parciais, no intento de manter "inocentes" a geração moça.

---

[1] Em *A leitura rarefeita: leitura e livro no Brasil*, Marisa Lajolo e Regina Zilberman historiam o precário sistema de educação colonial, desde o século 16 governado pelos jesuítas, visando acima de tudo a catequese, salientando que só no século 18, depois da reforma do Marquês de Pombal, que expulsou do país a ordem de Santo Inácio, o ensino da língua vernácula se impôs, e o da literatura incluiu como modelo a arte poética portuguesa (2002, p. 32).

À crítica de Osman Lins, que, além disso, aponta para a danosa fragmentação que sofrem obras ao serem recortadas sem critérios no livro didático, e amontoadas de modo a não permitir um senso de mudança histórica na literatura, têm se ajuntado outras, mais recentes.[2] Estas salientam o estado lastimável dos estudos de literatura nas escolas, em que o mais comum é evitar o texto e substituí-lo pela caracterização de períodos, biografias de autores, resumos de enredos, análises e apreciações desvinculadas do contato direto com o livro que deveria fazê-las nascer.

Essas atividades ao redor do texto costumam adquirir uma conotação negativa, pois o estudante as toma como sucedânea da leitura da obra em estudo, mesmo quando seus professores lhe exigem essa leitura. Os resultados são as colchas de retalhos copiadas de livros de crítica ou história literária, prática exacerbada pelo acesso indiscriminado à Internet, ou as malfadadas fichas de leitura preparadas pelos editores de publicações didáticas ou paradidáticas, que, uma vez preenchidas por algum aluno melhor leitor, podem passar de mão em mão sem que se faça necessária a presença da obra, ou, ainda pior, exigem que as respostas interpretativas sejam conformes com as indicadas no manual do professor.

Tais atitudes em relação ao texto por parte da escola explicam sobejamente a chamada "síndrome de rejeição ao livro". Diante da falta de significação da leitura como é imposta ao estudante, não é de admirar que este se afaste dela tão logo lhe seja possível, que maneje canhestramente as habilidades de compreensão e interpretação, que possua

---

[2] Ginsburg, Jaime. As mudanças na historiografia literária e a formação de professores de literatura brasileira. *Expressão*, UFSM, v. 2, n. 2, p. 79-82, 1998; Razzini, Márcia de Paula Gregório. *O espelho da nação*: a antologia nacional e o ensino de português e de literatura (1838-1971). 2000. Tese (Doutorado em Letras) – Instituto de Estudos da Linguagem, Universidade Estadual de Campinas, 2000; Leahy-Dios, Cyana. Revendo os limites e possibilidades do modelo brasileiro de educação literária. *Revista Literatura e Cultura*, v. 1, n. 1, 2001.

ínfimos recursos técnicos e ideativos ao escrever e que demonstre um empobrecimento gradual e cumulativo dos processos de comunicação e da linguagem.

Quando é sabido, de acordo com Lins (1974), que "nenhuma, dentre as artes conhecidas, exige do apreciador mais do que a literatura" e que o leitor, diante de uma obra de arte literária, necessita de "informes sobre história da arte e evolução dos estilos, experiências anteriores, sensibilidade exercitada, noção dos cânones", como é possível pensar num ensino da literatura que prescinde de um *background* cultural, que foge do texto integral, ou, quando não o faz, estilhaça-o por meio de análises formais cansativas, antes de proporcionar ao aluno a rara "fruição do texto" de que fala Jauss (1979).

AS EXPECTATIVAS DO ALUNO E A SELEÇÃO DE TEXTOS

Para traçar as metas do ensino da literatura na escola é preciso conhecer antes o aluno. Se o livro não existe senão para ser lido, o respeito à individualidade do leitor, a seu grau de maturidade, a suas preferências, está na razão direta do sucesso dos esforços no sentido da formação e manutenção do hábito da leitura. Educar tem sido definido como modificar comportamentos, mas em nada resulta a ignorância ou o preconceito quanto ao comportamento de entrada do aluno. Uma sondagem efetiva, baseada na observação aberta das atitudes do estudante em sala de aula, defrontado com o livro, será requisito indispensável para o planejamento de estratégias destinadas a incentivar a leitura e a instrumentalizar o aluno para tal atividade.

Certamente existem teorias disponíveis sobre o desenvolvimento psicológico da criança, que podem fundamentar os dados escolhidos pela observação direta. Vejam-se, por exemplo, as descobertas de Jean

Piaget (1982) sobre a inteligência infantil. Para esse matemático e psicólogo suíço, a inteligência é adaptação biológica à vida, uma constante interação criativa entre o organismo e seu ambiente. Essa interação apresenta-se, exteriormente, pela cópia de comportamentos. Internamente, organiza as funções do aparato mental. Assim, a cópia adaptativa reorganiza constantemente as estruturas mentais. Nesse processo, o papel da experiência proveniente do exterior é crucial. Logo, para Piaget (1982), quanto mais riqueza, complexidade e diversidade de estímulos a mente receba de um ambiente favorável, maior acomodação das estruturas mentais às nuanças da realidade e à elaboração das funções intelectuais superiores.

Essa teoria da inteligência tem influenciado a educação brasileira desde os anos 70, quando se abandonou a Pedagogia behaviorista em favor do que veio a se chamar generalizadamente de construtivismo. É fácil perceber que qualquer planejamento de ensino que a leve em conta procurará suprir uma farta estimulação ao aluno, adequada a cada estágio de desenvolvimento psicológico, partindo do concreto para o abstrato e da intuição para a lógica. Encontra-se, entretanto, frequentemente, aquele educador que torna rígida qualquer teoria, tentando enquadrar seu aluno num esquema conceitual, ao invés de ajustar esse esquema à realidade da classe. Por isso, cabe lembrar que outros recursos, além dos teóricos, devem ser mobilizados para o planejamento e execução de uma tarefa de ensino, recursos que propiciem uma imagem fiel das expectativas do alunado.

Pesquisas de campo têm fornecido subsídios importantes para aquele que planeja um ensino de literatura voltado para o aluno.[3] Em geral, os resultados indicam que os alunos menores preferem histórias

---

[3] Barbosa, Begma Tavares. *A formação de leitores adolescentes e jovens*: uma reflexão sobre a leitura na escola. Disponível em: <http://www.ufjf.br/fale/files/2010/06/A-forma%C3%A7%C3%A3o--de-leitores-adolescentes-e-jovens-uma-reflex%C3%A3o-sobre-a-leitura-na-escola.pdf>. Acesso em: 15 maio 2013.

desconhecidas, com muitas ilustrações coloridas, que versem sobre aventuras. A preferência pelos quadrinhos é dominante e a revista sobrepuja o livro conforme aumenta a idade e/ou rebaixa-se o nível socioeconômico. Há grande desinteresse pelo livro didático, embora seja o mais lido, e acentuada tendência ao texto breve, o que permite constatar a influência dos *mass media* sobre os consultados. As divergências encontram-se mais no plano do conteúdo do que no da forma: vai-se da fantasia para o real, de acordo com o grau de amadurecimento e de afluência econômica, havendo predomínio dos temas maravilhosos entre as meninas.

No Ensino Médio, as pesquisas denotam preferência significativa pela Internet, pelo jornal, entre os moços, e pela revista, entre as moças, com o livro recreativo sendo mais popular entre estas e os alunos mais jovens. Os autores mais lidos são nacionais e contemporâneos, havendo, entretanto, certa presença de *best sellers* importados. Os temas preferidos são o humorismo, o sexo, o esporte, amor e aventura, ficção científica e Psicologia. Dentre os gêneros, o romance e a crônica aparecem em destaque, enquanto a poesia tem os índices mais baixos. Na ficção, o tema e enredo são os aspectos de maior atrativo. A leitura é desarmada e despreocupada e a não leitura é explicada por falta de tempo, ocupado com redes sociais via web, o estudo ou o trabalho.

De posse desses elementos, é praticável encetar a formalização de uma proposta para o uso e ensino da literatura na escola, que tenha em vista o aluno como ele é e o desenvolvimento de habilidades de leitura a partir de sua realidade. Seriam objetivos educacionais, ligados à leitura e à literatura:

– estimular atividades sensibilizantes, preparatórias à leitura;

– desenvolver as capacidades de ler e escrever, como formas de autoexpressão e apreensão do mundo;

– aproximar o texto da realidade psicológica e social do aluno, como meio de refinamento cognitivo e emocional, bem como socializante;

– valer-se da tradição literária para o conhecimento da herança cultural, condição indispensável para a atuação inovadora e criadora do aluno em termos existenciais;

– apurar o senso crítico do jovem leitor em relação aos textos que consome, a fim de que estes lhe abram caminho para a avaliação da realidade e de si mesmo, e para a adoção de opções existenciais com base em seu julgamento.

Tais objetivos caberiam, até o quarto, à escola de nível fundamental, e a partir deste, à escola de nível médio.

PROPOSTAS DE ABORDAGEM DO TEXTO LITERÁRIO NO ENSINO FUNDAMENTAL

O Ensino Fundamental deveria proceder, desde as fases preparatórias da pré-escola até o 9º ano, por uma ascensão gradual do conhecimento intuitivo e assistemático para o racional e sistematizado. Assim sendo, o aprendizado da leitura e o posterior contato com a literatura deveriam assentar sobre atividades empíricas, em que o aluno aprendesse insensivelmente, iniciando-se a formalização dos conhecimentos apenas nos anos finais do curso.

Aparentemente tal procedimento pedagógico deveria surtir excelentes resultados, uma vez que se fundamenta em teorias psicológicas e educativas de reconhecida seriedade. Para Lajolo (2012), no entanto, o que se constata é uma crescente deficiência de habilidades de leitura e, como já foi frisado, um afastamento do texto escrito, preterido por outras formas de entretenimento e informação.

É evidente que o ensino ministrado aos estudantes brasileiros não consegue preencher os requisitos para alcançar um rendimento satisfatório. Se os fatores econômicos já foram o peso maior na balança do fracasso de nossa escola, com a recente ascensão das classes C e D na escala social, graças às iniciativas governamentais de geração de renda, o panorama deveria apresentar alterações significativas. Mesmo professores bem formados, todavia, enfrentam hoje um novo obstáculo que se tem revelado difícil de vencer: o aluno indiferente ao estudo. Renda não significa repertório cultural ou inclinação ao saber. Motivar o estudante e dotá-lo de condições mínimas para se inserir no complexo legado da cultura tem se tornado o desafio da Educação Básica.

No que tange à leitura e ao seu ensino, o primeiro passo para transformar a situação de inanidade do alunado é que o professor seja um leitor habitual, para quem o livro e a literatura sejam existencialmente significativos. Só então poderá empregar sua criatividade e sua Pedagogia para planejar e ministrar um ensino eficaz nessa área. Professores não leitores veem-se diante da dificuldade de selecionar as leituras mais adequadas para suas turmas, por desconhecerem o acervo de obras disponíveis. Quando confrontados com a necessidade de estimular a formação do leitor, ou escolhem os textos constantes no livro didático – uma atitude pouco produtiva, de vez que nem sempre estão ali reunidas obras significativas ou, se existem, vêm fragmentadas – ou deixam as escolhas ao bel-prazer dos alunos – que repetirão apenas as conhecidas por meio da oferta da indústria cultural.

Todo o início e embasamento do uso da literatura na escola devem ter em conta a necessidade imperiosa de apresentar a criança pré-escolar ao livro, respeitando seu estágio de maturidade, seus interesses e o eventual – e muito frequente – despreparo para a leitura no seio de sua família. A primeira etapa será sempre a experiência com o livro-objeto, para ser tocado, aberto, folheado, cheirado, olhado e rasgado. Nessa faixa etária, o livro de gravuras precisa vir antes que o livro com textos. As imagens ajudam a adquirir o senso de orientação e de proporção: não se pode lê-las pelo avesso, têm um foco centralizador da atenção e geram sentidos ao simples olhar.

A etapa seguinte é a leitura pelo adulto dos textos explicativos das gravuras, da história, da rima infantil. Cria-se um vínculo entre leitor e ouvinte, com o livro como intermediário misterioso de um relacionamento encantatório. A magia de ouvir uma narrativa ou um poema não deve ser quebrada por atividades paralelas antes de se tornar uma espécie de necessidade para o espírito infantil, de que ele necessita para ampliar seus horizontes imaginativos. A seguir é que o jogo, as brincadeiras complementares à audição da leitura podem entrar em cena.

Do 1º ao 4º ano esse encantamento com o ficcional precisa estar firmemente estabelecido, para que se inicie o processo de alfabetização. No 1º e 2º anos a criança deve ser exposta a inúmeras narrativas orais ou à récita de poemas, para que se imbua dos mecanismos de organização mental que o texto direciona. Para Eisenberg (1975), ela ainda não sabe distinguir o principal do secundário, não sabe circunscrever elementos num espaço e ordená-los, todavia o livro lido, ou a história ou poema contados, apresentam-lhe um universo com princípio e fim, um cosmos que lhe permite adonar-se da palavra escrita pouco a pouco.

Só depois pode-se fazer a associação do som e do signo gráfico. Essa etapa apresenta grande dificuldade, pois Bresson (1996) traz a ideia de que linguagem falada e escrita não são semelhantes. É preciso adquirir o código da escrita, mas este precisa estar relacionado àquilo que é significativo para a criança. Ler é viver: a decodificação dos signos deve dizer algo vital para aquele que a aprende. Por isso, a fase de alfabetização e pós-alfabetização é crítica. A criança está fascinada pelo mistério dos signos escritos, empenha-se com toda a seriedade na complexa tarefa de decifrá-los e reproduzi-los, muitas vezes com ansiedade e angústia. Se a técnica de alfabetização não surte efeitos positivos num período de tempo compatível com a manutenção desse ímpeto infantil, aparecem os quadros de rejeição, com a consequente semialfabetização, que perseguirá o adulto pela vida afora.

Do 3º ano em diante é importante um trabalho paralelo de preservação do encantamento com o texto, que alivie a tensão originada pelo aprender a ler e escrever e que, tão logo a criança consiga decifrar o código escrito, lhe proporcione textos breves ou médios, que ela possa entender, e que digam respeito a sua vida. Pouco a pouco abandonará a leitura mecanizada, se o conteúdo do que lê lhe permitir a volta ao fascínio interrompido pela árdua tarefa da alfabetização. Afinal, é uma regra do senso comum a de que o leitor precisa identificar-se com o escrito para lê-lo fluentemente.

Já entre o 5º e o 9º ano as circunstâncias mudam. A criança, habituada à leitura-jogo, deve dar um passo ainda mais penoso do que o do letramento. Precisa iniciar a formalização da aprendizagem da literatura. A leitura-interpretação lhe é exigida. O jogo torna-se um dever: o livro para a descoberta do mundo, dócil e fluente, torna-se o livro que dirige a descoberta, que classifica o mundo e a experiência. Comparar livros, contrastar histórias, captar sua essência são tarefas mais exigentes e mais difíceis. Não admira que na pré-adolescência haja outro período de retração à leitura. Associando-se à rebeldia nascente na criança adolescente ante o mundo adulto ao mesmo tempo tentador e hostil, está a resistência ao texto, que lhe escapa, que lhe toma o tempo, mesmo quando lhe aponta caminhos e lhe fornece chaves.

Para essa criança do 5º ao 9º ano o livro deve falar sobre sua circunstância, sobre a vida social e tecnológica que a rodeia, antes de abrir-lhe as portas do passado. Essa literatura não pode ser falsificadora, veiculando preconceitos. Deve ser verdadeira, naquilo que a ficção é verdade: o reino das possibilidades. Deve incitar ao movimento e à renovação de ideias e condicionamentos. Apenas dessa forma será superada a crise motivada pelo abandono do livro-jogo em benefício do livro-dever. Se a leitura for vista exclusivamente como uma receptividade passiva, sem oportunidades de intervenção criadora, nunca se tornará uma prática, alvo final do Ensino Fundamental.

O somatório de todas essas atitudes em relação à leitura e à literatura provavelmente redundará, ao término do Ensino Fundamental, num aluno que aceita a distinção entre leitura-lazer e leitura-trabalho com naturalidade. Ele verá o livro e o escritor como seres integrados no seu mundo cultural pessoal, e que será capaz, no decorrer da vida, se não puder continuar os estudos, de auferir continuadamente as vantagens formativas, críticas e criadoras da leitura.

O ENSINO DE LITERATURA NO NÍVEL MÉDIO

Ao atingir a adolescência o aluno torna-se contestador, perplexo, instável e avesso à ação pedagógica. Ingressando no Ensino Médio, ver-se-á encurralado entre as solicitações do meio adulto, de escolher um caminho profissional e estabelecer um estilo de vida independente da família, e as incertezas da conquista de seu corpo e de sua mente e da integração em sua geração (Eisenberg, 1975).

O currículo do nível médio, atualmente de inclinação tecnológica dominante, providenciará apenas em capacitar esse estudante para ocupar o seu lugar no mercado de trabalho e obter logo um meio de sustento. As diretrizes curriculares atinentes à língua e literatura tomam como já vencida a etapa de domínio dos conteúdos de ambas as áreas e reservam um mínimo de espaço para os aspectos literários, salvo em opções profissionalizantes como a de Magistério, formando o professor de 1º ao 4º anos, que ainda se ocupa com o estudo da literatura infantojuvenil de forma mais visível.

Os resultados até agora alcançados com a tendência profissionalizante no Ensino Médio têm sido irrisórios (a habilitação proporcionada aos alunos não está à altura das expectativas do mercado de trabalho, nem satisfaz os anseios de progresso social e econômico do jovem adulto). Em vista disso, impõe-se que a curto prazo a conformação curricular mude de aspecto e de carga horária, restituindo aos estudos de língua portuguesa e literatura brasileira a sua primitiva – e real – importância.

Na adolescência, o estudante já deveria ser capaz de se expressar com eficiência oralmente e por escrito, ordenando de forma lógica o pensamento e utilizando o registro pertinente de fala. Seu aparato cognitivo permite a operação com categorias abstratas, o que possibilita a introdução de conceitos teóricos na área literária. Por outro lado, a internalização do hábito/gosto da leitura deveria torná-lo facilmente suscetível à ampliação de seus interesses quanto a livros: o mundo o chama com voz irresistível e ele já aprendeu que a literatura amplifica essa voz.

Como, porém, ele se ensaia no exercício do pensamento reflexivo e o faz predominantemente pela crítica, não raro demolidora, a exorcizar seus aspectos infantis, todo cuidado é pouco em termos de constituição de programas literários. O ensino da literatura de língua portuguesa é exigência do sistema oficial, com o sadio propósito de proteger a cultura nacional, todavia a restrição aos textos brasileiros, e, às vezes, muito raramente, portugueses, impedirá o aluno de perceber os vínculos entre sua tradição literária e a da civilização ocidental que a conformou. Assim, uma seleção de ambas faz-se necessária, dando-se preferência aos autores que moldaram a arte literária do Ocidente, um Homero, um Cervantes, um Shakespeare, um Dostoievski e tantos outros, ao lado dos expoentes de língua portuguesa, de Camões a Machado e Drummond. É desnecessário mencionar que os textos, mesmo de grandes escritores, deverão ter algo a dizer ao adolescente, incitá-lo à discussão e abalar seus preconceitos.

Dependendo do nível cultural prévio do estudante de nível médio, a experiência com tais autores deverá ser precedida pelo contato com os degraus intermediários da literatura. De um lado, busquem-se os bons autores da ficção chamada menor (o romance policial, os contos góticos, a ficção científica, etc.). De outro, as adaptações dos clássicos que evidenciem qualidade. A literatura oferece diversos graus de arte e complexidade, a serem considerados para suprir a base ao salto à ficção maior e à lírica. A propósito da poesia, a adolescência, com a sensibilidade exacerbada pelo embate com a novidade do mundo, é campo fértil para a lavra poética, desde que não a sufoquem com as produções banais ou artificiosas dos poetas menores.

A concentração num mínimo de textos exemplares e a interpretação aprofundada desses textos serão mais factíveis e rendosas do que a ênfase na pura periodização literária, embora esta seja requisito para conhecer contextos distantes em relação ao tempo-espaço do aluno. Para alcançar a necessária fusão dos horizontes do texto e do leitor, como quer Gadamer[4] para a leitura plena, a dimensão histórica da obra literária facilita a compreensão de eventos e valores desconhecidos pelo alunado. Há que levar em conta, porém, que essa dimensão já está presente no efeito que a obra exerce no leitor atual, bastando ao professor apontá-lo e referi-lo à época da obra.

Haverá eventualmente a necessidade de informar a classe de certos recursos oferecidos pelas teorias literárias, para provê-la de instrumentos de análise textual. A dosagem dessa carga de informação,

---

[4] Silva, M. L. Portocarrero. Da fusão de horizontes ao conflito das interpretações: a hermenêutica entre Gadamer e Ricoeur. *Revista Filosófica de Coimbra*, v. 1, n. 1, p. 127-153, 1992.

contudo, dependerá do que o estudante já identificou de forma empírica. No Ensino Médio não se esperará que o aluno empreenda análises sofisticadas do fenômeno literário, a serem reservadas para o curso universitário. Bastará que se movimente com perspicácia no interior da obra, sabendo nomear o que compreende e fundamentar objetivamente o que interpreta.

Tanto o instrumental teórico quanto a história literária não deveriam jamais tomar o lugar da experiência com o texto. É preferível que os alunos leiam e interpretem as obras com menos pretensões e maior fruição a enterrá-los sob escolas e códigos literários, esquemas de articulação da narrativa, aspectos de versificação e outros, sem a anterior vivência do texto.

Garantindo-se o primado da obra na organização do ensino de literatura no nível médio, estar-se-á preservando o laço inicial entre leitor e realidade que o livro fornece e que foi anteriormente salientado como condição indispensável para fazer da leitura uma atividade cheia de sentido para o adolescente. A formalização e extensão dos conhecimentos literários, a essa altura da vida do aluno, é recomendável, desde que não se tome motivo para uma nova crise de rejeição ao livro, que desta vez dificilmente será superada no nível imediatamente superior de ensino, a Universidade. É conveniente lembrar, também, que a grande massa dos alunos de nível médio não alcançará os bancos universitários e que daí por diante viverá com o amor ou a aversão que tiver tomado pelos livros nessa fase.

A LEITURA PARTICIPANTE

Adverte Osman Lins, em seu *Do Ideal* e *da Glória (1977)*, que é preciso "não esquecer que muitos dos alunos têm nos livros escolares sua única ração de literatura e o único meio de chegar a conclusões sobre o que são as letras e os escritores". Essa realidade, tantas vezes ignorada pelos planejadores educacionais e pelos próprios professores, deveria ser suficiente para determinar a valorização do estudo da literatura na escola. A maior parte da população não conclui a Educação Básica no Brasil e apenas uma minoria favorecida pela circunstância econômica ou pelos incentivos governamentais mediante bolsas ou programas como o Prouni chega à Universidade. Dotar o aluno com o máximo de oportunidades para entrar em contato com textos integrais dos grandes autores internacionais e brasileiros, o mais cedo possível, ou pelo menos assegurar-lhe o hábito da leitura inteligente, que se autodetermina e se amplia, deveriam estar entre os alvos principais do sistema educacional, em todos os níveis.

Ensinar a ler o texto, compreendendo-o, situando-o no seu contexto e atualizando seus valores constitui o verdadeiro balizamento do esforço educativo em língua portuguesa, desde que se tenha em vista o efetivo crescimento linguístico e cultural da juventude. A obra de ficção se explica a si mesma e explica o mundo, mesmo para o leitor desarmado. Se o estudante criança e o estudante adolescente forem privados de textos literários em seus anos de formação, ou se a presença de tal espécie de textos for insignificante entre as demais exigências da escola, ter-se-á um adulto com a imaginação anestesiada, de recursos linguísticos limitadores e com uma visão de mundo circunscrita ao imediato e ao próximo.

O fator mais importante para o sucesso dos empreendimentos de ensino de leitura é abrir espaço para que o aluno, seja criança ou jovem, possa manifestar sua atribuição de sentido aos textos. Uma escola dogmática, em que só a interpretação do professor é válida, silencia toda a capacidade de diálogo entre o estudante e o livro. Se ler é fundir o horizonte existencial do leitor com o do texto, sem perder-se nele, o lugar da fala do aluno precisa ser garantido contra todo peso do saber superior do professor. Este não deve calar-se, mas sua voz não pode sobrepor-se à de seus alunos. Ele é um mediador, não o onipotente sábio com todas as respostas. O diálogo, por definição, não obscurece as vozes que nele se tramam. Se o propósito da educação é formar o cidadão ético para o ideal democrático, como determina a LDB, o alicerce do ensino será incentivar a participação, que não pode ser imposta. O texto literário é o que melhor se abre à participação do leitor e ao diálogo com ele. Incumbe à escola trabalhá-lo nessa dimensão dialógica.

Ler, dentro do processo educacional, é *conditio sine qua*. Ler literatura, entretanto, não é apenas penetrar em universos de fantasia: é humanizar-se, reconhecer-se. O escritor, lembra Osman Lins (1977), é um sujeito que "mais do que ninguém, ausculta o seu povo; que renuncia a muitas coisas, impulsionado por uma necessidade profunda de expressão; que sonda as possibilidades vivas da língua; que encara o ato de viver como algo de grave e procura, para isso, cercar-se de um silêncio criador, onde é possível escutar mais claramente a sua própria voz e a voz de seus irmãos", é alguém que "assume a tarefa de pôr toda a sua capacidade de percepção a serviço de uma interpretação". Conhecer o produto e o modo de produção dessa espécie de homem será reviver a mesma postura de lucidez, será perfazer um caminho difícil, mas já palmilhado, para o entendimento. Por isso a leitura participante de literatura é um imperativo da educação individual e social. Sem ela, essa educação será pequena, pois cega-se à evidência de que ser humano é, em essência, produzir sentidos.

ANEXO

SUGESTÕES DE ATIVIDADES PARA O ENSINO DE LITERATURA NO NÍVEL FUNDAMENTAL E NO NÍVEL MÉDIO

PERÍODO PRÉ-ESCOLAR

OBJETIVOS:

– Sensibilizar a criança para o livro e sua leitura.

– Promover o gosto pela leitura.

PRESSUPOSTOS MATERIAIS:

– Pais e professores leitores.

– Existência de livros ou textos em outros suportes acessíveis à criança.

– Variedade de textos narrativos e poéticos.

– Tratamento informal, lúdico.

– Textos breves.

– Predomínio da fantasia sobre a informação.

– Utilização do absurdo lógico.

– Textos fartamente ilustrados.

– Temática abrangendo animais, crianças, objetos do cotidiano, seres sobrenaturais.

ESTRATÉGIAS SUGERIDAS:

– Contar histórias à criança, com apresentação de gravuras pertinentes.

– Contar histórias à criança, desenhando personagens e cenas no quadro, ou no solo, ou em papel pardo em rolo.

– Levar a criança a narrar histórias de seu cotidiano.

– Levar a criança a inventar personagens e/ou ações, concretizando-os por meio de dramatização, desenho ou escultura em argila ou massa de modelar.

– Narrar histórias apoiadas na apresentação de diapositivos ou vídeos com acompanhamento musical.

– Criar músicas para uma história dada ou um poema.

– Dramatizar um poema ou narrativa com as crianças agindo como atores.

– Memorizar poemas infantis curtos.

– Brincar de rima ou de anáfora.

– Brincar de refrão.

– Marcar o ritmo de um poema com palmas ou gestos corporais.

– Brincar com aliterações, repetindo ou completando sequências de sons.

– Visitar a biblioteca escolar seguidamente.

– Organizar cantos de leitura em classe.

– Entregar livros ilustrados às crianças, deixando-as inventarem a história ou comentarem livremente entre si o que veem.

– Encenar com a criança a técnica de abrir e folhear o livro, preservando a sua integridade.

– Emprestar livros para a criança levar para casa (zelando pela conservação e pelo cumprimento do prazo de entrega).

– Presentear a criança com livros.

– Ler histórias, permitindo que a criança intervenha, pedindo esclarecimentos ou expressando emoções e ideias.

AVALIAÇÃO:

– Observar reações que indiquem compreensão do texto.

- Observar a participação espontânea da criança nas atividades.
- Observar o desempenho psicomotor nas atividades.
- Observar o nível de envolvimento emocional da criança ante o texto oferecido, pelas atitudes manifestadas.
- Observar o conteúdo de desenhos, figuras de argila ou massa de modelar e outras atividades de artes plásticas para detectar a compreensão do texto.
- Observar a brincadeira espontânea da criança após o contato com o texto, para medir seu impacto.

ENSINO FUNDAMENTAL

DO 1º. AO 5º. ANO – Currículo por Atividades

OBJETIVOS:

- Desenvolver as capacidades de ler e escrever.
- Proporcionar meios de inserção gradativa no mundo concreto, social e natural.
- Apurar a percepção simbólica.
- Desenvolver as capacidades de classificação, ordenação e enumeração.

PRESSUPOSTOS MATERIAIS:

- Pais e professores leitores.
- Existência de livros ou textos em outros suportes acessíveis à criança.
- Predomínio da fantasia sobre a informação.
- Utilização do absurdo lógico.
- Textos mais longos, ainda bastante ilustrados.
- Temática do maravilhoso, fadas, heróis, fantasmas, gnomos, monstros mitológicos, seres do folclore brasileiro, mitos clássicos e indígenas.

– Recurso ao humor e ao cômico ou ao trágico.

– Variedade de textos narrativos e poéticos ao alcance da criança, clássicos e modernos.

– Atenção às preferências e interesses demonstrados em classe ou por meio de fichas de movimentação de livros na biblioteca.

ESTRATÉGIAS SUGERIDAS:

– Ler textos integrais às crianças em processo de alfabetização, motivando-as para a aquisição da leitura e da escrita.

– Promover a alfabetização e o desenvolvimento de técnicas de leitura como uma atividade séria, não apenas lúdica, que dará acesso ao mundo da palavra escrita.

– Chamar a atenção para o livro pela fixação nos corredores ou salas aula de cartazes sobre títulos novos, expondo gravuras integrantes de livros existentes na biblioteca, ou afixando listas de novas aquisições ou de livros de interesse momentâneo.

– Formar clubes de leitura, de mútuo auxílio, em que os sócios se cotizem para comprar livros e organizem atividades em volta do livro, contatando editores, autores, livrarias e bibliotecas.

– Estimular a frequência à biblioteca sob todos os pretextos (pesquisas sobre as matérias de estudo, forma de distração, consulta a obras de referência, jogos de tira-a-dúvida) para que o livro seja encarado como auxiliar prático no cotidiano.

– Instituir a hora de leitura diária, oral ou silenciosa, acompanhada de atividades paralelas como:

• contar histórias;

• memorizar poemas;

• discutir livros lidos em casa;

- representar por atividades de artes plásticas um poema ou narrativa lidos;
- dramatizar livros lidos;
- apresentar aos alunos livros novos, descrevendo parte do conteúdo para suscitar a curiosidade;
- contar trechos de histórias pedindo que o aluno os complete;
- interromper a narrativa para que o aluno leia o restante;
- concluir ou modificar o desfecho de narrativas por escrito;
- trazer autores para a sala de aula, a serem questionados pelos alunos, que previamente terão lido e discutido seus textos;
- trazer autores ou atores para contarem histórias aos alunos.

– Formar estantes de classe, com títulos sugeridos pelo professor e pelos alunos, em que todos se cotizem para adquirir livros, com manutenção e controle entregues aos alunos, por meio de fichários, material de conservação, etc.

– Aprender histórias ou poemas para contar para outras turmas, ou para crianças hospitalizadas, ou que estejam em creches e instituições de caridade.

CRITÉRIOS DE AVALIAÇÃO:

– Verificar o nível de compreensão dos textos manifestado em trabalhos de artes plásticas e teatro ou em depoimentos e exercícios escritos.

– Observar o grau de participação do aluno nas horas de leitura e suas variações, o que indicará a eficácia das estratégias.

– Observar as atitudes sociais do aluno nos clubes de leitura ou no uso das bibliotecas de classe e outras.

– Medir a transferência do conteúdo dos livros para a vida prática: no recreio, na interação social em aula, na vida imaginativa, no ambiente familiar ou comunitário.

– Observar as contaminações entre literatura e as matérias curriculares, para avaliar o grau de discriminação entre fantasia e realidade que a criança manifesta.

– Verificar a eficiência das classificações infantis dos componentes dos textos no contato com os autores, na discussão coletiva, nos trabalhos de representação plástica ou nos escritos: heróis das histórias, ações desses heróis, cenário, tempo histórico, estados de espírito, textos engraçados ou tristes (classificação não formal).

– Verificar a captação da ordenação lógica do texto nas atividades de recriação propostas.

ENSINO FUNDAMENTAL

DO 6º. AO 9º. ANO – Currículo por Áreas

OBJETIVOS:

– Aprimorar habilidades de leitura e escrita.

– Apurar a estruturação do pensamento em termos de ordenação lógica.

– Auxiliar a inserção do aluno no mundo social e natural, como consciência que se descobre ao descobrir o outro.

– Promover o conhecimento do presente e do passado da comunidade e da nação.

PRESSUPOSTOS MATERIAIS:

– Professores leitores.

– Existência de livros ou textos em outros suportes acessíveis à criança.

– Diversidade de textos nacionais e estrangeiros, clássicos e contemporâneos.

– Temática de aventuras: em lugares próximos ou distantes, ligadas ao domínio da natureza e às relações de poder.

– Predomínio da informação sobre a fantasia.

– Obras realistas de caráter sentimental ou sensacional, exaltando qualidades morais, bravura, força, paixão.

– Personagens humanos, crianças e adultos, que atuam em grupos.

– Textos mais longos, com menor carga de ilustrações ou sem elas.

ESTRATÉGIAS SUGERIDAS:

– Manter a hora de leitura, mais espontânea.

– Incrementar o domínio das técnicas de acesso ao livro: visita a livrarias ou bibliotecas públicas, levantamento de lugares nos quais se vendem ou se emprestam livros na comunidade, consulta às colunas de livros de jornais e revistas, cartas a editores.

– Instituir sessões de discussão em grupo de leituras espontâneas, feitas em casa, com relatórios escritos dos tópicos abordados pela equipe.

– Incentivar o contato com o mundo cultural e literário da cidade e do país, mediante a busca de notícias sobre livros e autores do momento nos meios de comunicação de massa.

– Comparar adaptações para teatro, cinema ou televisão com os textos originais e discutir as mudanças, coincidências e ampliações.

– Levar o aluno a buscar as referências do texto lido: como é o mundo narrado e o mundo fora do texto, cotejando atitudes e atos dos personagens, linguagem poética e comunicativa, valores divergentes, informações científicas e ficcionais, costumes e crenças dentro e fora do texto.

– Enfatizar as atividades de escrita como expressão de posições individuais e grupais acerca dos mundos descobertos na leitura.

– Comparar textos do presente com os do passado, sem preocupação com estilos e recursos compositivos, mas focalizando em especial os sentidos veiculados, para verificar diferenças de época e compreender a origem de fatos atuais.

– Questionar a conduta dos personagens ou as afirmações dos textos, enlaçando-as com a realidade vivida, sem propor padrões modelares.

– Colocar o aluno "no lugar de", recriando a história.

– Introduzir as noções de gênero e período literário, partindo das descobertas obtidas no cotejo de textos clássicos e modernos, narrativos e poéticos ou dramáticos.

– Relacionar os textos com as condições históricas em que foram produzidos, buscando dados sobre a vida social e cultural da época, mediante pesquisa bibliográfica ou de consulta a pessoas-fonte, como outros professores, família, críticos literários, grandes leitores, etc.

CRITÉRIOS DE AVALIAÇÃO

– Verificar a proficiência das manifestações por escrito.

– Observar a sequência lógica do pensamento em discussões de grupo, redações, relatórios, exercícios orais e escritos.

– Coletar índices de fixação do hábito da leitura: busca espontânea de livros ou de informações sobre estes; aquisição ou empréstimo de títulos não determinados pelo professor; ampliação de interesses anteriores de leitura.

– Verificar se o aluno distingue componentes, gêneros e época ou fases a que um texto específico pertence.

– Apreciar o progresso ideativo, auferido através do contato com os textos, nos trabalhos orais e escritos em outras áreas.

– Comprovar se o aluno já possui uma noção estruturada da sua herança cultural e se a valoriza em relação à contribuição estrangeira ou a seu presente, em suas conversas, produções artísticas ou artesanais e conhecimentos de outras áreas ou em seu trabalho extraescolar.

ENSINO MÉDIO

Do 1º Ao 3º Ano

OBJETIVOS:

– Levar o aluno ao conhecimento do cânone literário brasileiro.

– Familiarizar o aluno com sua herança cultural e a sua contemporaneidade.

– Incentivar a formação do senso crítico diante da realidade.

– Apurar a percepção estética.

– Habilitar a reconhecer valores.

– Desenvolver a capacidade de pensamento reflexivo.

– Estimular o pensamento criativo.

– Formalizar conhecimentos literários, introduzindo elementos teóricos quando necessário.

PRESSUPOSTOS MATERIAIS:

– Professores leitores.

– Hábito de leitura já fixado.

– Técnicas de leitura adquiridas, bem como as de acesso aos textos.

– Textos longos, sem ilustrações, escritos para adultos.

– Temática de aventura, menos materialista, admitindo a introspecção.

– Romances sobre fatos históricos, sobre a vida de pessoas, sobre as grandes questões existenciais.

– Poemas de conteúdo social engajado, ou sobre preocupações humanas, mas não excessivamente vanguardistas ou herméticos.

– Gêneros: policial, ficção científica, histórias sentimentais (faixa mais jovem); introspecção psicológica, realismo social (faixa mais adulta).

– Rudimentos de história literária e de análise textual.

ESTRATÉGIAS SUGERIDAS:

– Promover debates em classe ou extraclasse sobre questões culturais do país, a partir de leituras realizadas.

– Ler os títulos fundamentais da cultura ocidental e brasileira, prestando contas por escrito de cada leitura, individualmente ou em grupo.

– Incentivar a participação de classe em seminários sobre literatura ou promoções correlatas: encontro com autores, conferências, etc.

– Colocar cada texto como um desafio, que provoque polêmicas e tomadas de posição, evitando selecionar o texto morno, ou mediano.

– Dotar o aluno de instrumental mínimo para a interpretação do texto: discriminar temas, relacionar ações e trama, espaço e tempo, personagens e recursos da linguagem poética.

– Estimular o conhecimento do contexto de cada título (histórico, social, ideológico e econômico).

– Levar o aluno a perceber os sistemas de ideias por trás dos textos (ideias que são aceitas, as que são contestadas, as colocadas em dúvida).

- Habilitar o aluno para perceber valores artísticos, como verossimilhança, necessidade, economia, ambiguidade, coerência, partindo de exemplos concretos.

- Treinar o aluno a recorrer à história da literatura, à crítica literária, sempre que necessitar de apoio para a compreensão ou interpretação de um texto.

- Veicular noções de história literária não só nacional, mas estrangeira, para que o aluno possa se localizar no tempo e no espaço de suas leituras.

- Dar preferência à expressão escrita, dissertativa, sempre que o aluno for solicitado a analisar ou emitir um juízo sobre um texto.

- Efetuar exercícios de criação literária, ao estudar os elementos e gêneros da produção artística, iniciando com a reescrita de textos curtos, paródias, cópia de padrões com situações modificadas, até chegar à originalidade.

AVALIAÇÃO

- Observar o envolvimento do aluno nas atividades propostas.

- Valorizar a correção do emprego de terminologias e classificações.

- Verificar a participação efetiva do aluno nos relatórios de leitura.

- Apreciar o domínio, na prática, das noções de história literária e de teoria literária e sua aplicação adequada.

- Distinguir a objetividade e a subjetividade no estudo dos textos.

- Verificar se o aluno busca apoio bibliográfico para seus trabalhos e sabe empregá-lo sem distorções ou sem usá-lo como substitutivo a sua contribuição pessoal.

- Valorizar o esforço de criação que evidencie estruturação aceitável da composição e desempenho linguístico satisfatório.

- Valorizar juízos fundamentados em dados objetivos.

Referências

BARBOSA, Begma Tavares. *A formação de leitores adolescentes e jovens*: uma reflexão sobre a leitura na escola. Disponível em: <http://www.ufjf.br/fale/files/2010/06/A-forma%C3%A7%C3%A3o-de-leitores-adolescentes-e-jovens-uma-reflex%C3%A3o-sobre-a-leitura-na-escola.pdf>. Acesso em: 15 maio 2013.

BLOOM, Harold. *Como e por que ler.* Rio de Janeiro: Objetiva, 2001.

BRESSON, François. A leitura e suas dificuldades. In: CHARTIER, Roger (Org.). *Práticas da leitura.* São Paulo: Estação Liberdade, 1996. p. 25-34.

EISENBERG, Leon. Normal child development. In: FREEDMANN, Alfred; KAPLAN, Harold I.; SADOCK JR., Benjamin (Eds.). *Compreensive textbook of psychiatry.* 2. ed. Baltimore: The Williams Co., 1975. V. 2.

GINSBURG, Jaime. As mudanças na historiografia literária e a formação de professores de literatura brasileira. *Expressão*, UFSM, v. 2, n. 2, p. 79-82, 1998.

JAUSS, Hans Robert. O prazer estético e as experiências fundamentais da poiesis, aisthesis e katharsis. In: LIMA, Luiz Costa (Org.). *A literatura e o leitor:* textos de estética da recepção. Rio de Janeiro: Paz e Terra, 1979. p. 63-82.

LAJOLO, Marisa. Livros, leitura e literatura em oito anotações. In: FAILLA, Zoara (Org.). *Retratos da leitura no Brasil 3.* São Paulo: Imprensa Oficial do Estado de São Paulo; Instituto Pró-Livro, 2012.

LAJOLO, Marisa; ZILBERMAN, Regina. *A leitura rarefeita:* leitura e livro no Brasil. São Paulo: Ática, 2002.

LEAHY-DIOS, Cyana. Revendo os limites e possibilidades do modelo brasileiro de educação literária. *Revista Literatura e Cultura*, v. 1, n. 1, 2001.

LINS, Osman. *Do ideal e da glória*: problemas inculturais brasileiros. 2. ed. São Paulo: Ática, 1977.

_____. *Guerra sem testemunhas*: o escritor, sua condição e a realidade social. São Paulo: Ática, 1974. p. 153.

ROSING, Tania Mariza Kuchenbecker. Esse Brasil que não lê. In: FAILLA, Zoara (Org.). *Retratos da leitura no Brasil 3*. São Paulo: Imprensa Oficial do Estado de São Paulo; Instituto Pró-Livro, 2012.

PESQUISA. Organização Pró-livro. *Retratos da Leitura no Brasil*, 2012. Disponível em: <http://www.prolivro.org.br/ipl/publier4.0/dados/anexos/2834_10.pdf>.

PIAGET, Jean. *O nascimento da inteligência na criança*. 4. ed. Rio de Janeiro: Zahar, 1982.

RAZZINI, Márcia de Paula Gregório. *O espelho da nação*: a antologia nacional e o ensino de português e de literatura (1838-1971). 2001. Tese (Doutorado em Letras) – Instituto de Estudos da Linguagem, Universidade Estadual de Campinas, 2000.

SILVA, M. L. Portocarrero. Da fusão de horizontes ao conflito das interpretações: a hermenêutica entre Gadamer e Ricoeur. *Revista Filosófica de Coimbra*, v. 1, n. 1, p. 127-153, 1992.

ZILBERMAN, Regina. Ler é dever, livro é prazer? In: FAILLA, Zoara (Org.). *Retratos da leitura no Brasil 3*. São Paulo: Imprensa Oficial do Estado de São Paulo; Instituto Pró-Livro, 2012.

ORALIDADE, LITERATURA E LEITURA EM VOZ ALTA:
UMA ABORDAGEM POSSÍVEL PARA A FORMAÇÃO DE LEITORES

Ricardo André Ferreira Martins

Qual o sentido atual de narrar? Como, nos tempos de hoje, é possível simplesmente parar para ouvir uma narração, uma história, uma anedota, a leitura em voz alta, em meio ao ruído ensurdecedor e alienante de tantas vozes dissonantes? Com efeito, a importância da narrativa – ou narração – para a constituição do sujeito na cultura ocidental esteve sempre ligada à relevância do ato de rememoração, *por meio da palavra*, pela memória ou pela escrita que, mediante esse ato de retomada do passado, consegue recuperá-lo do esquecimento, do silêncio ou da morte. É justamente em função disso que se dá a proeminência de algumas narrativas – a *Odisseia* ou *Mil e uma noites* – para a ideia de sujeito, para a formação ou fixação de uma subjetividade, sobretudo por meio da escrita ou do ato simples de *narrar* uma história ou estória.

Conforme Paul Veyne, não esqueçamos que a História é *apenas uma narrativa verídica* (1998, p. 17), na qual os eventos reais têm como ator o homem. Resulta daí que a História, como narração de fatos realmente sucedidos, é uma narrativa de eventos com pretensão à verdade, onde tudo, inclusive a interpretação conseguinte, decorre desse fato. Não podemos, deste modo, ainda segundo Veyne, negar o interesse meramente *anedótico* que a História muitas vezes desperta: os homens, as pessoas, recorrem à História não apenas para saber a "verdade", mas simplesmente porque ela *narra*, e nos oferece uma representação diferenciada da realidade, de modo semelhante ao romance, à novela, ao conto, à *estória*, ou, mais exatamente, à *ficção* (1998, p. 23).

É nesse ponto que História e literatura encontram-se, solidariamente. Tal como em *Mil e uma noites*, em que Sherazade, como narradora dotada da habilidade de anular a fúria do sultão, que representa a morte, a literatura e a história, como gêneros nascidos do simples ato de contar algo, têm em comum o poder de gerar o *apaziguamento das consciências*, de aquietar mentes, de despertar o interesse e, sobretudo, de deter a passagem do tempo.

O ato de narrar serve então para adiar aquele acontecimento, pois a palavra pronunciada em voz alta detém o poder de retenção da atenção, por intermédio de um narrador dotado de enorme habilidade em seu manuseio, ao suspender a agitação de nossos pensamentos desordenados. A narração e, portanto, a própria figura do narrador, como alertava Walter Benjamin em ensaio de 1936, "não está [mais] de fato presente entre nós, em sua atualidade viva" (1994, p. 197). Para o pensador judeu-alemão, a arte de narrar encontrava-se "em vias de extinção" (1994, p. 197), em razão de que eram cada vez mais raras as pessoas dotadas do talento de narrar com habilidade, com a capacidade de reter a atenção dos ouvintes e dos leitores. Para Benjamin, a faculdade de narrar consiste em uma de nossas competências fundamentais, uma vez que é por meio dela que podemos trocar as nossas experiências, a nossa própria subjetividade, com outras pessoas. É pela faculdade de narrar, portanto, que, segundo Benjamin, podemos nos tornar sujeitos, uma vez que o simples ato de contar uma anedota transportar nossa subjetividade mediante a palavra oral ou escrita:

> A experiência que passa de pessoa a pessoa é a fonte a que recorreram todos os narradores. E, entre as narrativas escritas, as melhores são as que menos se distinguem das histórias orais contadas pelos inúmeros narradores anônimos (Benjamin, 1994, p. 198).

Para Benjamin, existem dois grupos distintos de narradores anônimos, cujas características interpenetram-se a todo instante, nas quais é possível detectar a figura do narrador, plena e tangível: a) o narrador é alguém que vem de longe, como o viajante, e em função disso sempre tem algo a contar dos lugares de onde vem; b) o narrador é alguém que nunca saiu de seu país natal, conhece suas histórias e tradições, e ganhou honestamente a sua vida. Os modelos que Benjamin oferece como arquétipos destes dois tipos de narradores são, no primeiro exemplo, o do marinheiro comerciante, e, no segundo, o do camponês sedentário. Ambos estão assaz presentes no imaginário popular e foram, segundo o pensador judeu-alemão, os primeiros mestres na arte de contar histórias

(Benjamin, 1994, p. 198-199). A estes tipos, poderíamos acrescentar as figuras do escritor e a do professor de Literatura, sobretudo o escritor, que é o artífice que aperfeiçoou as narrativas primitivas.

O fundamental é que Benjamin aponta, com o seu ensaio, um imbricamento entre oralidade, escrita e romance que bem pode ser aproveitado como uma indicação necessária à compreensão do estímulo à leitura em sala de aula. Walter Benjamin, na realidade, tem a impressão de que o romance induz ao apagamento e à extinção da narrativa ou da arte de narrar, vinculando o livro a sua fixidez e ao seu silêncio, embora ao mesmo tempo revele que a narrativa escrita esteja ao encalço da narrativa oral. O problema é que, ao distinguir a narrativa escrita do romance da narrativa das histórias orais, Benjamin abre espaço para a suposição de que a tradição escrita, além de não provir da tradição oral, também não a nutre, não permite que ela continue sendo transmitida:

> O primeiro indício da evolução que vai culminar na morte da narrativa é o surgimento do romance no início do período moderno. O que separa o romance da narrativa (e da epopéia no sentido estrito) é que ele está essencialmente vinculado ao livro. A difusão do romance só se torna possível com a invenção da imprensa. A tradição oral, patrimônio da poesia épica, tem uma natureza distinta da que caracteriza o romance. O que distingue o romance de todas as formas de prosa – contos de fada, lendas e mesmo novelas – é que ele nem procede da tradição oral nem a alimenta (1994, p. 201).

A questão basilar aqui, apontada por Benjamin, em um rasgo de nostalgia da época em que as narrativas eram transmitidas coletiva e oralmente, é que a arte de contar é uma atividade de transmissão da experiência cada vez mais rara, em seu sentido mais amplo, porque já não encontra mais as condições adequadas a sua prática em meio à sociedade capitalista moderna, que engolfa as atividades que exijam memória, tempo e atenção. As condições elencadas por Benjamin são muito claras, entre as quais três se distinguem:

a) a experiência difundida por meio do relato deve ser partilhada, comum ao narrador e ao ouvinte;

b) o caráter de comunidade existente entre vida e palavra encontra-se na organização pré-capitalista do trabalho, sobretudo mediante a atividade artesanal;

c) a comunidade partilhada da experiência, comum ao narrador e ao ouvinte, é o fundamento prático da narrativa tradicional (Gagnebin apud Benjamin, 1994, p. 10-11).

A grande queixa levantada por Benjamin é, sem dúvida, o fato de que uma comunidade fundada em uma relação estrita e direta entre discurso e vida foi destruída pelo acelerado desenvolvimento do capitalismo, da técnica, da modernidade, em um sentimento de características nostálgicas e românticas que procura uma época de felicidade perdida em passado recente. O que Benjamin reivindica é a qualidade do trabalho artesanal sobre a palavra, que se dá em um ritmo mais lento, orgânico e global, permitindo assim uma crescente cristalização das experiências humanas por meio de uma palavra, uma narrativa que consegue unificá-las, em oposição ao processo industrial de produção em série, fragmentário e dispersivo, que não permite o tempo de contar e ouvir. O tempo e o ritmo do trabalho artesanal, segundo Benjamin, inserem-se em um tempo e um ritmo mais plenos, em uma dimensão globalizante da experiência da criação, em um tempo, uma época, em que havia tempo para contar e transmitir, assim, a acumulação do saber. O resultado temido pelo pensador judeu-alemão é a perda da faculdade de contar histórias que a modernidade capitalista precipita, uma vez que a habilidade de transmissão perde-se a cada vez que as gerações desviam sua atenção dos detentores de experiências singulares para a produção em série de narrativas cada vez mais fragmentárias e pouco distintas entre si. Não existindo mais a faculdade de contar, também não existe mais a faculdade de ouvir, que tem características específicas e atributos exigentes:

> Esse processo de assimilação se dá em camadas muito profundas e exige um estado de distensão cada vez mais raro. (...) Contar histórias sempre foi a arte de contá-las de novo, e ela se perde quando as histórias não são mais conservadas. Ela se perde porque ninguém mais fia ou tece enquanto ouve a história. Quanto mais o ouvinte se esquece de si mesmo, mais profundamente se grava nele o que é ouvido. Quando o ritmo do trabalho se apodera dele, ele escuta as histórias de tal maneira que adquire espontaneamente o dom de narrá-las. Assim se teceu a rede em que está guardado o dom narrativo. E assim essa rede se desfaz hoje por todos os lados, depois de ter sido tecida, há milênios, em torno das mais antigas formas de trabalho manual (Benjamin, 1994, p. 204-205).

Ainda é necessário considerar, como atributo essencial do narrador, que Benjamin compara ao artesão, os seus *movimentos precisos*, uma vez que o artífice tem profunda consideração pela matéria-prima que irá converter em produto, conferindo-lhe beleza e simetria, o que guarda uma íntima correlação com a atividade da narração, posto que com ela dá-se forma ao imenso acervo de eventos que podem ser narrados, permitindo assim uma profunda correspondência entre a *mão* e a *voz*, entre o *gesto* e a *palavra* (Gagnebin in Benjamin, 1994, p. 11).

Outra visão possível sobre a questão da relação entre narrativa e experiência é a formulada por Todorov (1980) a respeito do trabalho de Espinosa sobre o mesmo assunto. Em *Simbolismo e interpretação*, o autor argumenta que há duas formas de se ensinar uma ideia: pela razão ou pela experiência. Evidentemente, a primeira forma é possível apenas em um circuito muito restrito de pessoas, uma vez que a razão exige enorme cultura, erudição e disposição mental para a clareza. Quando se trata de se ensinar algo à multidão, contudo, o procedimento discursivo para tanto altera-se, pois é preferível, no lugar da razão e de um discurso abstrato, recorrer-se à experiência. Todorov faz questão de lembrar que os textos sagrados são dirigidos especificamente a uma certa categoria de pessoas, uma vez que todo o conteúdo das narrativas religiosas são adaptados, segundo as palavras de Espinosa, "à compreensão e às opiniões preconcebidas do vulgo" (Espinosa apud Todorov, 1980, p. 122). A razão para o fato de que as narrativas religiosas são acessíveis é o fato de que o seu conteúdo está exposto em forma de narrativa e não mediante deduções ou definições conceituais, em discurso abstrato. Nas palavras de Espinosa, "a Escritura estabelece estes ensinamentos apenas pela experiência, quero dizer, por meio das histórias que conta" (Espinosa apud Todorov, 1980, p. 122).

Nesse sentido Todorov reconhece, portanto, a existência de dois tipos de discurso, distintos entre si, particularmente em sua estrutura: um de natureza lógica, dedutiva, formal; outro de natureza narrativa. Desse modo, estes dois tipos de discursos diferem, essencialmente, em suas funções: o primeiro tem como papel transmitir o conhecimento e a "verdade"; o outro ensina a agir, a proceder, uma vez que a função de narrar não seria, segundo Todorov, a transmissão da "verdade", uma vez que esta vem transmitida de forma indireta, subjetiva e, por conseguinte, imprecisa. Independentemente das concepções de conhecimento e verdade que estão imbricadas no entendimento que Todorov tem de narrativa, discurso e experiência e no modelo tipológico desenvolvido por ele, o fato é que o autor reconhece que a experiência humana é mais bem apreendida por intermédio do discurso narrativo, pois este é capaz de transmiti-la sem perdas para a ação. Noutro sentido, é possível afirmar, a partir do texto de Todorov, que a narrativa é a única forma discursiva que assegura a transmissão da experiência por meio de uma fixação da memória, mas em termos de experiência coletiva, uma vez que as narrativas podem ser transmitidas de indivíduo para indivíduo sem grandes perdas de seu sentido original. Já o discurso lógico, pelo qual se pretende fixar o conhecimento de forma objetiva, não permite acessibilidade às grandes multidões, mas unicamente ao indivíduo dotado de um certo cabedal de conhecimentos, cultura, referências e habilidades específicas de raciocínio, lógica e argumentação. Logicamente, neste ponto, está claro que a narrativa desempenha um papel muito importante em toda cultura, uma vez que é por meio das narrativas que as experiências comunitárias mais profundas, assim como as particulares, podem ser transferidas de indivíduo para indivíduo em escala maciça. O grande poder das narrativas, conforme o atestam Todorov e Benjamin, cada um em suas respectivas teses sobre o papel que este gênero discursivo desempenha nas sociedades, é particularmente um: o de retenção, transmissão, ensinamento e conhecimento das experiências.

É neste ponto que as teorias de Benjamin e Todorov oferecem um interessante gancho com a obra de Danniel Pennac, particularmente em *Como se escreve um romance* (1993), em que o autor francês questiona o que realmente afasta uma criança ou um adolescente do tempo da leitura de um livro, e constata que não é apenas a televisão, a cultura de massa, o mundo extasiante dos jogos eletrônicos, os shopping centers, os lanches em *fast-foods*, a moda, e, atualmente, a *Internet*. Muitos são os demônios elencados para encontrar um culpado para o desinteresse cada vez maior e contínuo pelo livro e pela cultura em torno dele, sobretudo no mundo escolar. Pennac, contudo, ao investigar essa cortina de fumaça em torno do universo da leitura, adverte-nos que o culpado – ou um conjunto de vários deles – é sempre muito mais próximo e familiar do que supomos.

Com efeito, Daniel Pennac encontra a raiz do problema na perda contínua de nossa faculdade de contar e de ouvir. Já é um hábito sedimentado e esclerosado entre os professores de ensino básico a leitura como uma atividade impositiva, chata, entediante, e, por isso mesmo, repulsiva à criança e, sobretudo, ao adolescente moderno. Conforme o autor, "o verbo *ler* não suporta o imperativo" (Pennac, 1993, p. 13), pois é comparável a outros verbos em que a ação e a experiência somente são possíveis por meio do sujeito que as vive, a exemplo dos verbos "amar" ou ainda "gozar".

De fato, as experiências diretamente ligadas ao prazer não podem ser resultado de uma imposição externa a nós. Além disso, é sempre necessário ter em mente, entre os professores que tentam despertar o estímulo à leitura entre os alunos, que a aversão pelo livro pode ser ainda muito maior e inexorável em um tempo, uma geração, um meio ou mesmo uma família em que o hábito da leitura não existe, não é estimulado ou até, muitas vezes, impedido sistematicamente. Às vezes, no entanto, em meio a essas condições absolutamente desfavoráveis, surgem os grandes leitores, que não se conformam com a imposição da não leitura. Logo, a leitura torna-se uma transgressão às normas:

> Note-se que em ler ou não ler, o verbo já era conjugado no imperativo. Mesmo no passado, as coisas não davam certo. De um certo modo, ler, então, era um ato subversivo. À descoberta do romance se juntava a excitação da desobediência familiar. Duplo esplendor! Ah, a lembrança dessas horas de leitura roubadas, debaixo das cobertas, à luz fraca de uma lanterna elétrica! Como Anna Karenina galopava depressa-depressa para junto do seu Vronski, naquelas horas da noite! (Pennac, 1993, p. 15)

Por outro lado, contudo, é preciso considerar que a fruição do prazer estético por meio da leitura de textos literários, lidos pelas crianças e adolescentes durante a vida escolar, resta seriamente prejudicada, quando não totalmente desestimulada, em razão do modelo de leitura adotado pelos professores e pelas escolas. A escola, na maioria esmagadora das vezes, tende a propor a leitura de caráter obrigatório, apenas para cumprir protocolarmente os conteúdos a ser lançados no diário escolar, abolindo por completo a leitura de fruição proposta por Pennac, que consiste em conceder ao leitor o direito à aventura por intermédio do texto e da linguagem, em que o prazer é a norma. Com isso, de forma inequívoca, os professores não conseguem em tempo algum despertar em seus alunos o interesse e a fome pelo livro e pela leitura, não conseguem, não podem ou não querem ensinar a ler com inteligência, pois a leitura obrigatória os prende a uma burocracia sem fim de conteúdos entediantes que apenas eliminam a leitura da dieta intelectual dos alunos, em favor de outros nutrientes em que podem ser sujeitos do aprendizado. Muito a propósito, Pennac lembra-nos um trecho célebre de Rousseau:

> A leitura é o flagelo da infância e quase a única ocupação que se sabe lhe dar. (...) Uma criança não fica muito interessada em aperfeiçoar o instrumento com o qual é atormentada; mas façais com que esse instrumento sirva a seus prazeres e ela virá logo se aplicar, apesar de vós. (...) O interesse presente; aí está o grande impulso, o único que conduz com segurança, e longe. (...) Acrescentarei a única palavra que faz uma importante máxima; é que, em geral, se obtém mais seguramente e mais depressa aquilo que não se está, de modo nenhum, apressado em obter (Rousseau apud Pennac, 1993, p. 53).

O que Pennac considera mais importante que tudo, no entanto, é que o prazer pela leitura deve ser precedido pela oralidade, ou seja, pela *leitura em voz alta*. Neste ponto, sua reflexão coincide com a de Walter Benjamin, ao apontar que a ausência de espaço na escola para a arte de contar e a arte de ouvir é a responsável direta pelo desinteresse da criança e do adolescente pela leitura, em um mundo no qual o tempo para o exercício da narração tem de ser roubado às outras atividades que também fornecem prazer:

> O tempo para ler é sempre um tempo roubado (tanto como o tempo para escrever, aliás, ou o tempo para amar.) Roubado a quê? Digamos, à obrigação de viver. É sem dúvida por essa razão que se encontra no metrô – símbolo refletido da dita obrigação – a maior biblioteca do mundo. O tempo para ler, como o tempo para

amar, dilata o tempo para viver. Se tivéssemos que olhar o amor do ponto de vista de nosso tempo disponível, quem se arriscaria? Quem é que tem tempo para se enamorar? E no entanto, alguém já viu um enamorado que não tenha tempo para amar? (...) A leitura não depende da organização do tempo social, ela é, como o amor, uma maneira de ser (Pennac, 1993, p. 118-119).

Se, com efeito, a leitura indica uma maneira de ser, o ato de ler é, por definição, um ato ontológico, na mesma medida em que o ato de contar ou de ouvir pressupõe a riqueza de um ser que se dá por meio das palavras, porque "o culto do livro passa pela tradição oral" (Pennac, 1993, p. 75). A faculdade de ler aprende-se na escola, sem dúvida, contudo o prazer da leitura aprende-se com as experiências fundamentais ao longo da vida, que têm a ver mais com a indicação de um grande amigo, de um professor que admiramos, de alguém que também nos estimula e nos provoca prazer com a sua maneira de ser. A escola, quando muito, apenas tem exigido de seus alunos boas fichas de leitura, resumos, trabalhos escritos, verificações de leitura, exercícios, redações, mas não aquilo que forma um leitor para todo o sempre: o prazer de descobrir um livro de que se gosta. E, a partir desse livro, construir um universo de leituras fascinantes e definidoras do ser. O pensador francês, todavia, não quer com esse discurso tornar a escola uma instituição inútil para a sociedade, uma vez que seu papel e sua relevância sociais são inequívocos:

> ... o papel da escola se limita (...), em toda parte e sempre, ao ensino de técnicas, ao dever do comentário, cortando o acesso imediato aos livros pela proscrição do prazer de ler. Parece estabelecido por toda a eternidade, em todas as latitudes, que o prazer não deva figurar nos programas das escolas e que o conhecimento não pode ser outra coisa senão o fruto de um sofrimento bem comportado. (...) A escola não pode ser uma escola do prazer, o qual pressupõe uma boa dose de gratuidade. Ela é uma fábrica necessária de saber que requer esforço. As matérias ensinadas são, ali, os instrumentos da consciência. Os professores encarregados dessas matérias são os iniciadores e não se pode exigir que eles proclamem a gratuidade da aprendizagem intelectual,

quando tudo, absolutamente tudo na vida escolar – programas, notas, exames, classificações, ciclos, orientações, seções – afirma a finalidade competitiva da instituição, ela mesma impulsionada pelo mercado de trabalho (Pennac, 1993, p. 78-79).

O autor indica, no entanto, que, ainda em meio a esse oceano de competição em que a faculdade de contar e de ouvir foi suprimida em nome de desempenhos técnicos, é possível que o professor, em vez de cobrar a leitura obrigatória, passe a compartilhar o seu próprio prazer da leitura, a sua felicidade em ter lido livros fundamentais para a sua experiência como indivíduo. Enfim, neste ponto, a leitura seria o acúmulo de vida e de experiências que permitem ao leitor tornar-se também o narrador das histórias que leu, e, portanto, dar-se como marinheiro ou como camponês dos livros que leu. A bagagem acumulada de leituras em que o prazer despontou forneceria assim, ao professor, a oportunidade única de transmissão, por meio da oralidade da leitura em voz alta, de seu saber, de sua sapiência formada como leitor que realizou a longa viagem através das palavras e narrativas escritas, que seus ouvintes podem receber agora com proficuidade e deleite. É por esta razão que Pennac evoca a experiência de um professor, antigo mestre seu, que o ensinou a gostar de ler e a uma turma de alunos avessos à leitura recorrendo à técnica da leitura em voz alta, contudo não qualquer leitura em voz alta, mas a experiência vivida e vivificadora da leitura mediante o ato de narrar como resultado direto do prazer:

> Esse professor não inculcava o saber, ele oferecia o que sabia. Era menos um professor do que um mestre trovador, um desses malabaristas de palavras que povoavam as hospedarias do caminho de Compostela e diziam canções de gesta aos peregrinos iletrados. Como é preciso um começo para tudo, ele agrupava, a cada ano, seu pequeno rebanho em torno das origens orais do romance. Sua voz, como a dos trovadores, se endereçava a um público que não sabia ler. Ele abria os olhos. Acendia lanternas. Engajava sua gente numa estrada de livros, peregrinação sem fim nem certeza, caminhada do homem na direção do homem. – O mais importante

era o fato de que ele nos lia em voz alta! Essa confiança que ele estabelecia, logo no começo, em nosso desejo de compreender... O homem que lê em voz alta nos eleva à altura do livro. Ele se dá, verdadeiramente, a ler! (Pennac, 1993, p. 91).

Nesse sentido, as ideias de Pennac convergem de forma muito interessante com o pensamento de Paul Zumthor (1915-1995), particularmente em sua obra *Escritura e nomadismo: entrevistas e ensaios* (2005). Ao longo de suas declarações, Zumthor destaca dois aspectos fundamentais do ensino. O primeiro, o pedagógico, está profundamente relacionado à transmissão de determinados saberes a jovens, quase sempre completamente desmotivados a aprender. O segundo, para o pensador suíço, pressupõe um componente essencialmente teatral, de importância capital em determinadas ocasiões e circunstâncias, sobretudo quando é imperioso superar óbices de ordem material. Zumthor recomenda, nesses casos, a introdução daquilo que denomina de "gesto" ou "jogo" (2005, p. 45). Para o autor, essa noção é fundamental e, ao mesmo tempo, estimulante, pois é a *performance* do professor, palestrante ou leitor, e não somente o conteúdo, que assegura o sucesso de um curso, uma disciplina, uma oficina, uma palestra. Segundo o autor, a *performance* "é a materialização [...] de uma mensagem poética por meio da voz humana e daquilo que a acompanha, o gesto, ou mesmo a totalidade dos movimentos corporais" (Zumthor, 2005, p. 55).

Ainda na visão de Zumthor, toda e qualquer forma de narrativa (história, ficção) é essencialmente um relato. Em relação à história, o aspecto da documentação e da erudição sobre um determinado assunto ou fato é um elemento metodológico e fabulativo importante, mas a história somente é possível "da mesma forma que os sonhos só existem quando verdadeiramente narrados" (2005, p. 48). Assim, partindo do pressuposto de que os seres humanos são fundamentalmente seres compostos de linguagem e narrativa, como também de pensamentos, memórias e sonhos, toda e qualquer tentativa de transmissão do real, seja do passado ou de um sonho, se dá por meio da linguagem e, particularmente, da atividade de narrar o que se passou, como recurso expressivo da memória. E é por essa razão que o autor confere um papel central à noção de "voz" em seu pensamento, aliada à noção de "performance". Na primeira de uma série de entrevistas concedidas à Rádio Canadá, com André Baudet, intitulada "Esta coisa que é voz", Zumthor define que a voz, na sociedade humana, é "um objeto central, um poder, representa um conjunto de valores que não são comparáveis verdadeiramente a nenhum outro, valores fundadores de uma cultura, criadores de inumeráveis formas de arte" (2005, p. 61).

A voz, tanto para Zumthor quanto para Pennac, é um agente poderoso que confere eficácia ao texto, aliada à noção de *performance*, pois ambas são ao mesmo tempo suporte de forças simbólicas e materiais únicas. Não é concebível que exista uma língua unicamente para ser escrita. Toda língua também pressupõe o uso da voz, que precede a escrita. Nesse sentido, a língua escrita funciona, para a língua falada, como uma espécie de segunda língua, de código ou suporte para que a voz possa ser registrada e perenizada por meio do texto. Pela escrita, concebida como segunda língua, os signos gráficos têm como referente o uso de palavras vivas, faladas, pronunciadas em voz alta, pois a voz é performática, pressupõe o uso de ênfases, entonações, ritmos, superando assim todos os recursos expressivos da língua escrita, indo muito além dela, portanto muito mais expressiva e rica que qualquer texto escrito, em princípio, pode ser.

O que os professores de hoje e da era do capitalismo esqueceram ou realmente nunca aprenderam, em pleno esplendor da modernidade, é que um romance, um livro que contenha uma narrativa ou conjunto de narrativas, é antes de tudo *uma história*, algo que conta algo. Um romance, conforme comenta Pennac, "dever ser lido como um romance: saciando *primeiro* nossa ânsia por narrativas" (1993, p. 113), nosso desejo de ouvir uma experiência significativa, como a do marinheiro que conheceu muitos lugares e muito amou, ou do camponês que trabalhou honestamente toda a sua vida, e conhece as tradições de sua terra, seu país. O que gostamos, fundamentalmente, é de conhecer as experiências alheias, através da palavra oral ou da palavra escrita, e por isso é vital que o livro seja, antes de tudo, um caminho que nos conduz à experiência essencial da leitura: a uma *maneira de ser*. Um livro, um romance, é, antes de tudo, uma história, uma bela narrativa que foi escrita com o fim de nos comover e de nos despertar interesse.

Referências

ARENDT, Hannah. *Entre o passado e o futuro*. São Paulo: Editora Perspectiva, 1998.

BENJAMIN, Walter. *Magia e técnica, arte e política:* ensaios sobre literatura e história da cultura. 7. ed. São Paulo: Brasiliense, 1994.

_____. Crítica da violência – crítica do poder. In: *Documentos de cultura* – Documentos de Barbárie. São Paulo: Cultrix; Edusp, 1986. p. 160-175.

_____. Paris, capital do século XIX. In: KOTHE, Flávio (Org.). *Sociologia*. São Paulo: Ática, 1985a. p. 30-43.

_____. Parque central. In: KOTHE, Flávio (Org.). *Sociologia*. São Paulo: Ática, 1985b. p. 123-152.

_____. A Paris do Segundo Império em Baudelaire. In: KOTHE, Flávio (Org.). *Sociologia*. São Paulo: Ática, 1985c. p. 30-122.

_____. Experiência. In: *Reflexões*: a criança, o brinquedo a educaçao. São Paulo: Summus, 1984. p. *23-29*.

_____. Experiência e pobreza. In: *Obras Escolhidas I* – magia e técnica, Arte e Política. São Paulo: Brasiliense, 1985d. p. 114-119.

BENJAMIN, Walter. Sobre o conceito de História. In: *Obras Escolhidas I* – magia e técnica, Arte e Política. São Paulo: Brasiliense, 1985e.

_____. A caminho do planetário. In: *Obras Escolhidas II* – Rua de mão única. São Paulo: Brasiliense, 1987.

_____. *A obra de arte na época de suas técnicas de reprodução*. São Paulo: Abril Cultural, 1975a. p. 9-34.

_____. *Sobre alguns temas em Baudelaire*. São Paulo: Abril Cultural, 1975b. p. 35-62.

FOUCAULT, Michel. *O que é um autor*. Lisboa: Passagens, 1992.

_____. *A ordem do discurso*. Petrópolis: Editora Vozes, 2002.

GAGNEBIN, Jeanne-Marie. *História e narração em W. Benjamin*. São Paulo: Editora Perspectiva, 1994. Coleção Estudos.

GINZBURG, Carlo. *Mitos, emblemas, sinais:* morfologia e história. São Paulo: Companhia das Letras, 2002.

FAPESP. Editora da Universidade Estadual de Campinas. São Paulo, 1994.

PENNAC, Daniel. *Como se escreve um romance*. Rio de Janeiro: Rocco, 1993.

RICOEUR, Paul. *Tempo e narrativa*. Tradução Roberto Leal Ferreira. Campinas: Papirus Editora, 1997. Tomo III.

_____. *Du texte à l'action*. Seuil, 1986.

_____. *Temps et récit*. Seuil. 1983, 1984, 1985. Vol. I, II, III.

TODOROV, Tzvetan. *Simbolismo e interpretação*. Lisboa: Edições 70, 1980.

VEYNE, Paul Marie. *Como se escreve a história;* Foucault revoluciona a história. 4. ed. Brasília: Editora da Universidade de Brasília, 1998.

WHITE, Hayden. *Trópicos do discurso:* ensaios sobre a crítica da cultura. Tradução Alípio Correia de Franca Neto. São Paulo: Ed. da Universidade de São Paulo, 1994.

_____. *A meta-história:* imaginação histórica do século XIX. São Paulo: Edusp, 1995.

ZUMTHOR, Paul. *Escritura e nomadismo*: entrevistas e ensaios. Trad. Jerusa Pires Ferreira e Sonia Queiroz. Cotia: Ateliê Editorial, 2005.

A POESIA NO ENSINO MÉDIO:
CONTRASTES E SEMELHANÇAS
ENTRE DUAS REDES DE ENSINO E A
IMPORTÂNCIA DE UMA ABORDAGEM
HERMENÊUTICA EM SALA DE AULA

Tiane Reusch de Quadros

Durante o ano de 2010, foram realizados dois estudos de caso envolvendo professoras e alunos das redes pública e privada da cidade de Porto Alegre – RS. Foram escolhidas duas professoras, uma de cada rede de ensino, as quais foram entrevistadas e tiveram suas aulas observadas no período de um ano. À luz das teorias da interpretação, esta pesquisa buscou verificar a existência de uma abordagem hermenêutica no trabalho de interpretação de poemas no Ensino Médio, avaliando o papel do professor na busca do diálogo em sala de aula.

No presente texto, procuramos enfatizar as concepções que as professoras de Ensino Médio participantes desta pesquisa possuem acerca do ensino de literatura e poesia, correlacionadas às práticas observadas e aos testemunhos obtidos. Além disso, destacamos o papel do leitor, que é de fundamental importância na leitura da obra literária, como defendem os estudiosos da estética da recepção. Sendo a escola um espaço de diálogo e de construção conjunta do conhecimento, nosso objeto é salientar que, ao privilegiarmos as interpretações realizadas pelos alunos no momento da leitura de um poema, estaremos priorizando a formação do leitor e não apenas a transmissão de informações relacionadas a períodos e autores na disciplina de Literatura Brasileira.

O CONCEITO DE LITERATURA E SUAS IMPLICAÇÕES NO CONTEXTO ESCOLAR

Ao pensarmos nas abordagens de ensino da disciplina de Literatura Brasileira predominantes nas duas escolas que integraram nossa pesquisa, é inevitável que reflitamos também sobre o conceito de literatura que impera no meio escolar. Acreditamos que a forma pela qual a literatura é concebida pelas professoras participantes dos estudos de caso interfere diretamente na condução de suas aulas.

Constatamos que literatura é entendida como um conjunto de obras-primas consagradas pelo tempo, visto como elemento de sofisticação cultural para aqueles que o dominam, mas igualmente entendido como adorno eventualmente dispensável ante as necessidades básicas de um alunado mais carente. A característica de arte verbal é enfatizada, mas sua análise é deficitária no que se refere à identificação das estratégias textuais que produziriam a qualidade artística dos textos.

Por outro lado, a concepção de poesia gira em torno da dificuldade da forma, do hermetismo dos sentidos, da distância em relação à prosa, que seria mais acessível. Aspectos como as funções do verso, das coincidências sonoras, a escolha dos vocábulos, o posicionamento destes determinado pelos ritmos, os desvios sintáticos, a linguagem metafórica, enfim, as correlações entre forma e conteúdo, parecem ser o maior obstáculo para a apreciação do poema. Pouco ou nada se discute sobre o que a poesia diz sobre o Ser, sobre a condição humana no tempo.

A literatura e, dentro dela, as manifestações poéticas, são consideradas no interior de uma tradição que as histórias literárias e a crítica sustentam e que deve chegar ao aluno pelo viés do cânone e da periodologia literária.

Lajolo (2001, p. 18-19) destaca que, para que uma obra seja considerada parte integrante da tradição literária de uma dada comunidade ou tradição cultural, é necessário que ela tenha o endosso dos canais aos quais compete a literarização de certos textos, isto é, a proclamação de um texto como literatura ou não literatura. A autora enumera os setores especializados responsáveis pela literarização maior ou menor de um ou de outro texto, que seriam "os intelectuais, os professores, a crítica, o *merchandising* de editoras de prestígio, os cursos de Letras, os júris de concursos literários, os organizadores de programas escolares e de leituras para o vestibular e as listas de obras mais vendidas".

Percebemos que há, no contexto das escolas pesquisadas, uma aceitabilidade inquestionável, por parte das professoras de Literatura Brasileira, quanto à existência de um cânone preestabelecido de obras consagradas que inibe a escolha de novos textos a serem interpretados em sala de aula. Parece que há um consenso a respeito de quais textos devem ser comentados e analisados quando, na verdade, o professor deveria ser mais autônomo em suas escolhas, levando em conta o passado, sim, mas, igualmente, as necessidades do presente.

Apesar das inúmeras instâncias responsáveis pelo endosso do caráter literário de obras que aspiram ao *status* de literatura, Lajolo considera que a escola possui um papel fundamental:

> A escola é a instituição que há mais tempo e com maior eficiência vem cumprindo o papel de avalista e de fiadora do que é literatura. Ela é uma das responsáveis pela sagração ou pela desqualificação de obras e autores. Ela desfruta de grande poder de censura estética – exercida em nome do bom gosto – sobre a produção literária (2001, p. 19).

Em oposição às Orientações Curriculares para o Ensino Médio (Brasil, 2006, p. 70), a prática escolar em relação à leitura literária tem sido a de desconsiderar a leitura propriamente e privilegiar atividades de metaleitura, ou seja, a de aspectos da história literária, características de gênero e estilo, etc.

Embora em muitas instituições de ensino prevaleça a ideia de que a disciplina de Literatura Brasileira deve priorizar o ensino de períodos e autores em lugar da leitura e interpretação mais atenta dos próprios textos literários, as OCN (Brasil, 2006, p. 54) trazem a recomendação de que "não se deve sobrecarregar o aluno com informações sobre épocas, estilos, características de escolas literárias", como até hoje tem ocorrido, mesmo que os PCN, principalmente os PCN+ (Brasil, 2002, p. 55), alertem para o caráter secundário de tais conteúdos: "Para além da memorização mecânica de regras gramaticais ou das características de determinado movimento literário, o aluno deve ter meios para ampliar e articular conhecimentos e competências". As OCN (Brasil, 2006, p. 54) defendem, prioritariamente, a formação do leitor literário. Segundo os documentos, é imprescindível "letrar" literariamente o aluno, fazendo-o apropriar-se daquilo a que tem direito.

O enquadramento de determinadas obras e autores em períodos fixos pode fazer com que surjam dúvidas dos estudantes a respeito de possíveis características que se destoem das escolas literárias no estudo de algum texto, pois nem sempre a produção de um autor pode ser incluída em determinado período literário. De acordo com Lajolo (2001, p. 81).

> Os vários modos de ser da literatura não se limitam a existir apenas no momento em que nascem, nem se segmentam com a nitidez que lhes conferem cursos e livros sobre literatura. Os vários modos de ser da literatura, ou seja, os estilos literários são, antes de mais nada, linguagens vivas e mutantes.

A autora considera que todas as obras literárias são "reescritas", mesmo que inconscientemente, pelas sociedades que as leem: na verdade, não há releitura de uma obra que não seja também uma "reescritura". Nenhuma obra, e nenhuma avaliação atual dela, podem ser simplesmente estendidas a novos grupos de pessoas sem que, nesse processo, sofram modificações, talvez quase imperceptíveis. E essa é uma das razões pelas quais o ato de classificar algo como literatura é extremamente instável (Eagleton, 2006, p. 19).

De acordo com Reis (1992, p. 17), um dos problemas relacionados à origem das obras literárias é o de determinar qual delas que inicia determinado estilo de época: "seria *O mulato (1881)*, de Aluísio de Azevedo, ou *Memórias póstumas de Brás Cubas (1881)*, de Machado de Assis, o "marco inicial" do Realismo no Brasil?"

O autor considera que essa frequente preocupação com a definição do marco inicial não gerou, paralelamente, uma reiterada preocupação com o marco terminal:

> O desejo de marcar vigorosa e enfaticamente a origem de um determinado período literário não tem correspondido ao oposto simétrico: o desejo de marcar seu término. A mesma voz que afirma com precisão e segurança que o Romantismo no Brasil começa em 1836, com a publicação de *Suspiros poéticos e saudades*, pode ser extremamente reticente quanto ao seu final, usando expressões vagas e imprecisas: "cerca de", "ao redor de", etc. Talvez a própria idéia de atribuir limites temporais aos estilos – vinculados a obras e autores – esteja merecendo estudos mais aprofundados, que questionem as próprias noções de término e origem (Reis, 1992, p. 140).

Visto que, no estudo da literatura, nem sempre é possível precisar o início e o término de períodos literários e nem mesmo atribuir características fixas a determinados autores e obras, torna-se válida a discussão sobre esses aspectos em sala de aula. O aluno poderá desenvolver uma visão mais ampla em relação ao cânone literário, percebendo que muitas obras além daquelas mencionadas em aula fazem parte da Literatura Brasileira.

No que se refere ao cânone brasileiro, perceberemos, de acordo com Ourique (2009, p. 20), que este é marcado pela ausência, por exemplo, do cordel, da tradição oral, dos registros indígenas. Além disso, tem-se acompanhado o esforço de grupos de pesquisadores para resgatar autores e obras que, por circunstâncias históricas e ideológicas, deixaram de ser reconhecidos em seu tempo.

O autor considera que, para evitar que o indivíduo tenha diminuída sua capacidade interpretativa do mundo, uma preocupação sempre presente e constante sobre a formação contínua desse indivíduo (sujeito-

-leitor) precisa existir e permanecer. Conceitualizações arbitrárias e dogmáticas apenas reiterarão o modelo canônico e conservador já existente e disseminado (enfraquecido, sim, mas ainda presente) na nossa cultura.

Assim sendo, um dos papéis fundamentais dos professores de Literatura é ampliar seu horizonte de percepção das obras literárias, incluindo novos textos as suas aulas para contrastar com aqueles propostos pelos livros didáticos. No momento em que o professor amplia sua concepção sobre o que é literatura, pode passar a contribuir também para que os estudantes percebam que a disciplina de Literatura Brasileira não é estática, mas que as classificações sobre o que é literário mudam constantemente, "dependendo do ponto de vista, do significado que a palavra tem para cada um e da situação na qual se discute o que é literatura" (Lajolo, 2001, p. 16).

De acordo com Chiappini (2005, p. 141), se pensarmos a literatura não apenas como um sistema de obras que a tradição consagrou e que os manuais arrolam cronologicamente, notaremos que ela vive no dia a dia da escola de Ensino Fundamental desde, pelo menos, a alfabetização, no caso da literatura escrita; antes disso, no caso da literatura oral. De alguma forma, há muito tempo a literatura faz parte da vida dos estudantes de Ensino Médio. Se, apesar das exigências de conteúdo que fazem com que essa etapa escolar seja mais voltada para a historiografia literária, a escola puder oferecer um espaço de contato com diversos tipos de textos ficcionais, possivelmente o aluno não irá se afastar do estudo da literatura, visto que terá oportunidades de conhecer melhor o universo literário.

Segundo Lajolo (2001, p. 45), a literatura é porta para variados mundos que nascem das várias leituras que dela se fazem. Os mundos que ela cria não se desfazem na última página do livro, na última frase da canção, na última fala da representação nem na última tela do hipertexto. Permanecem no leitor, incorporados como vivência, marcos da história de leitura de cada um. A escola, especialmente a de nível médio, em geral última etapa da formação escolar, deveria estar mais atenta ao enriquecimento do cabedal de leituras do jovem estudante, que talvez seja o único que possuirá pela vida a fora.

O PAPEL DO LEITOR
NO ESTUDO DA LITERATURA

Em sua obra *Uma história da leitura*, Alberto Manguel reflete a respeito do surgimento do leitor juntamente com o desenvolvimento da escrita. Com essa reflexão, o autor busca chamar a atenção para o papel fundamental daquele que decifra o texto:

> Desde os primeiros vestígios da civilização pré-histórica, a sociedade humana tinha tentado superar os obstáculos da geografia, o caráter final da morte, a erosão do esquecimento. Com um único ato – a incisão de uma figura sobre uma tabuleta de argila – o primeiro escritor anônimo conseguiu de repente ter sucesso em todas essas façanhas aparentemente impossíveis.
>
> Mas escrever não é o único invento que nasceu no instante daquela primeira incisão: uma outra criação aconteceu no mesmo momento. Uma vez que o objetivo do ato de escrever era que o texto fosse resgatado – isto é – lido, a incisão criou simultaneamente o leitor, um papel que nasceu antes mesmo de o primeiro leitor adquirir presença física. Ao mesmo tempo em que o primeiro escritor concebia uma nova arte ao fazer marcas num pedaço de argila, aparecia tacitamente uma outra arte sem a qual as marcas não teriam nenhum sentido. O escritor era um fazedor de mensagens, criador de signos, mas esses signos e mensagens precisavam de um mago que os decifrasse, que reconhecesse seu significado, que lhes desse voz. Escrever exigia um leitor (Manguel, 1997, p. 207).

Não basta, no entanto, considerarmos apenas o conceito de leitor em sua origem no que diz respeito ao trabalho em sala de aula. Partilhando das ideias de Compagnon, perceberemos que há, de um lado, as abordagens que ignoram tudo do leitor, e de outro, as que o valorizam, ou até o colocam em primeiro plano na literatura, identificando a literatura a sua leitura. Segundo este autor, para a teoria literária, nascida do estruturalismo e marcada pela vontade de descrever o funcionamento neutro do texto, o leitor empírico sempre foi um intruso:

> Ao invés de favorecer a emergência de uma hermenêutica da leitura, a narratologia e a poética, quando chegam a atribuir um lugar ao leitor em suas análises, contentaram-se com um leitor abstrato ou perfeito: limitaram-se a descrever as imposições textuais objetivas que regulam a performance do leitor concreto desde que, evidentemente, ele se conforme com o que o texto espera dele. O leitor é, então, uma função do texto, como o que Rifatterre denominava o "arquileitor", leitor onisciente ao qual nenhum leitor real poderia identificar-se, em virtude de suas faculdades interpretativas limitadas. Para a teoria literária, da mesma forma que os textos individuais são julgados secundários em relação ao sistema universal ao qual eles acedem, a leitura real é negligenciada em proveito de uma teoria da leitura, isto é, da definição de um leitor competente ou ideal, o leitor que se curva à expectativa do texto (Compagnon, 1999, p. 143).

No que se refere ao ambiente escolar, devemos nos ater ao fato de que trabalhamos com denominados leitores reais, que trazem consigo sua própria experiência de leitura e que é a partir desta realidade que procuraremos auxiliar os estudantes na compreensão do texto literário. Em se tratando da disciplina de Literatura Brasileira, devemos levar em conta o fato de que o aluno é também um leitor e, portanto, ao receber um texto, realiza a sua tarefa individual de compreensão e, a partir dela, poderá compartilhar suas percepções com a turma. Reis (1991, p. 92) cita o autor Jenaro Talens quando este salienta que "um texto literário não é uma presença, mas um espaço vazio, cuja semantização está para ser produzida pela práxis historicamente determinada do leitor. Reis considera que é o ato da leitura que faz com que o espaço vazio se transforme em uma obra literária, produzida depois de ter sido transformada em algo dotado de um significado pela apropriação de um leitor:

> Se acatarmos a anotação de Talens, se poderia desde logo inferir que a leitura estará condicionada pela estatuto de classe, pelo "gosto", pelo lugar ocupado pelo leitor no tecido social e num dado momento histórico. Com efeito, sabemos hoje que o sentido não se dá em presença, sendo antes resultado de um jogo de diferenças na cadeia significante e da interferência do intérprete nesse jogo. Por outro lado, interpretar implica em construir a partir de signos físicos, enquadrando o que deve ser interpretado em um conjunto de referências culturais, na exata medida em que interpretar é um ato dialogal por excelência (Reis, 1992, p. 92).

Zilberman (2001, p. 36), por sua vez, destaca a importância da estética da recepção no estudo da literatura, enfatizando que "a reconstituição do horizonte se faz necessária por fornecer as primeiras indicações relativamente a essa troca entre o texto e o público; ela oportuniza também a recuperação da história da recepção de que ele foi objeto, fazendo aparecer a diferença hermenêutica entre a inteligência passada e atual de uma obra."

Jauss toma de Gadamer a noção de fusão de horizontes, unindo as experiências passadas incorporadas em um texto e os interesses de seus leitores atuais. Essa noção lhe permite descrever a relação entre a recepção primeira de um texto e suas recepções posteriores, em diferentes momentos da história até agora. A ideia não era, aliás, inteiramente nova em Gadamer, e em 1931, Benjamin observava, a respeito das obras literárias, que "todo o círculo de sua vida e de sua ação tem tantos direitos, digamos até mais direitos que a história do seu nascimento. Pois não se trata de apresentar as obras literárias em correlação com o seu tempo, mas de apresentar, no tempo em que eles nasceram, o tempo que as conhece, ou seja, o nosso" (Compagnon, 1999, p. 212).

Rompendo com a história da literatura tradicional, baseada no autor, e que Benjamin atacava, Jauss separa-se também das hermenêuticas radicais que emancipam inteiramente o leitor, e insiste na necessidade de se levar em conta, para compreender um texto, sua recepção original. Compete ao crítico, como leitor ideal, fazer o papel intermediário entre a maneira como um texto foi percebido e a forma como ele é percebido hoje, narrando detalhadamente a história de seus efeitos (Compagnon, 1999, p. 212).

O problema é que, para cumprir o programa proposto pela estética da recepção, o professor necessitaria ter outra visão de história literária, em que teria de saber como as obras foram recebidas no seu aparecimento, como as apreciações foram se modificando em diversas épocas, e como o sentido encontrado no diálogo entre alunos e textos se aproxima ou distancia dessa corrente temporal de interpretações. Por outro lado, igualmente deveria dominar a estrutura das obras estudadas, para poder orientar a leitura de seus alunos no que ela tem de elementos determinados e de espaços livres para a produção do sentido.

Segundo Zilberman (2001, p. 37), uma obra não perde seu poder de ação ao transpor o período em que apareceu; muitas vezes, sua importância cresce ou diminui no tempo, determinando a revisão das épocas passadas em relação à percepção suscitada por ela no presente. Assim, fixar-se num cânone estável, como faz a escola, desconsidera a oscilação de valores entre passado e presente e pode ser um dos motivos do afastamento dos jovens da leitura literária.

Ao trabalhar com a interpretação de textos literários, o professor contribui para que ocorra uma atualização de sentidos das obras passadas, visto que os alunos-leitores atribuem significados para o que leem de acordo com as suas experiências de leitura do tempo presente. Compagnon chama a atenção para o fato de que

> as normas e os valores do leitor são modificados pela experiência de leitura. Quando lemos, nossa expectativa é função do que nós já lemos. Não somente o texto que lemos, mas em outros textos, e os acontecimentos imprevistos que encontramos no decorrer de nossa leitura, obrigam-nos a reformular nossas expectativas e a reinterpretar o que já lemos. A leitura procede, pois, em duas direções ao mesmo tempo, para frente e para trás, sendo que um critério de coerência existe no princípio da pesquisa do sentido e das revisões contínuas pelas quais a leitura garante uma significação totalizante à nossa experiência. (1999, p. 48-49).

O professor possui um papel fundamental no diálogo interpretativo, uma vez que, ao oportunizar o contato dos estudantes com poemas, por exemplo, atuará no sentido de reunir as percepções do grande grupo e, a partir das contribuições de cada um, poderá auxiliar no enriquecimento da compreensão de todos. O fato de enfatizar a interpretação de poemas em suas aulas, considerando os princípios da estética da recepção, de diálogo entre o tempo do texto e o tempo do leitor, "ampliando os horizontes de expectativa e refletindo sobre as normas estéticas e socioculturais em trânsito entre a obra e seu receptor" (Zilberman, 2001, p. 19), levaria em conta o papel do leitor no estudo da literatura. Desta forma, ampliaria os objetivos da disciplina de Literatura Brasileira na escola, que passaria a ser não somente baseada na historiografia literária, mas também na formação do leitor.

ENSINO DE LITERATURA
E O VALOR DA PALAVRA POÉTICA

O diálogo hermenêutico proposto por Gadamer vai ao encontro de uma proposta de ensino de poesia na qual o leitor possua um papel fundamental na interpretação de um poema, na busca de sentido, pois, por intermédio de suas percepções, aliadas às demais inferências da turma e do auxílio do professor, é possível promover um enriquecimento do trabalho interpretativo. A partir de uma abordagem hermenêutica, o leitor pode desenvolver uma afinidade maior com o texto poético, não apenas no sentido de apreciar a leitura do gênero, mas também de reconhecer o seu valor literário, pois é uma forma de escrita que difere dos textos em prosa.

Octávio Paz (1956, p. 14) define como poema toda composição literária de índole poética, "um organismo verbal que contém, suscita ou segrega poesia". Assumida ortodoxamente, a conexão entre poema e poesia implicaria um juízo de valor, ainda que de primeiro grau: todo poema encerraria poesia, e vice-versa, sistematicamente, a poesia se coagularia em poema. Na verdade, a correlação apenas se observa como tendência, historicamente verificável, pois existem poemas sem poesia, e a poesia pode surgir no âmbito de um romance ou de um conto.

Em *Hermenêutica da obra de arte*, Gadamer traz a definição de Paul Valéry acerca da palavra poética, na qual o autor distingue a poesia do uso cotidiano da linguagem. Segundo Valéry,

> a linguagem cotidiana é como as moedinhas de baixo valor (e como todas as nossas notas), na medida em que não possui por si mesma o valor que simboliza – em contraposição à famosa moeda antiga de ouro anterior à primeira guerra mundial, que possuía o valor em metal que correspondia à sua impressão. Assim, a palavra poética não seria nenhuma mera indicação de algo diverso, mas – como a peça de ouro – aquilo que representa (Gadamer, 2010, p. 100).

Gadamer (2010, p. 100-101) destaca que "a moeda tem o valor de seu conteúdo: esse valor não se acha apenas impresso sobre a moeda. Isto é um poema: linguagem que não significa apenas algo, mas que é aquilo que significa." No que diz respeito à palavra que é dita no cotidiano, Gadamer considera que esta possui uma função puramente comunicativa. Segundo o autor, ela não é nada em si mesma, pois já estamos sempre junto daquilo que é dito e comunicado:

> Quando recebo uma carta e a leio, ela cumpre a sua tarefa. Algumas pessoas rasgam todas as cartas logo depois de as terem lido. Neste ato ganha voz aquilo que pertence à essência de uma tal comunicação lingüística: o fato de ela cumprir a sua tarefa quando a recebemos. Em contrapartida, todos nós sabemos que um poema, por exemplo, não é colocado de lado porque o conhecemos. Ninguém poderá dizer de um bom poema: "Eu já conheço isso"! E virar as costas. Aí as coisas se passam de maneira inversa. Quanto melhor o conheço, quanto mais o compreendo – e isso significa: quanto mais o interpreto exegeticamente e quanto mais o componho uma vez mais – e isso até mesmo quando o conheço por dentro e de cor, tanto mais digo para mim mesmo que realmente se trata de um bom poema, ele não fica mais pobre, mas cada vez mais rico. (2010, p. 100-101).

No que se refere ao trabalho em sala de aula, devemos levar em conta o valor da palavra poética, incitando o leitor a conhecer as particularidades desse gênero em contraste com a linguagem do cotidiano, tal como as ideias de Gadamer nos levam a refletir. Podemos tentar caracterizar a interpretação como o processo que visa e resulta na compreensão, pois interpretar, dependendo de sua função, é trazer algo à compreensão (Bleicher, 1980, p. 83).

Em artigo publicado, Anne Marie Chartier (2009, p. 74) chama a atenção para o fato de que os textos literários envolvem, simultaneamente, a emoção e a razão em atividade: "Sua organização provoca surpresa, por fugir ao padrão característico da maioria dos textos em circulação social. E fugir ao padrão hegemônico não quer dizer negar qualquer padrão. Os padrões literários existem e devem ser também conhecidos do leitor".

Trevisan (1993, p. 33) considera que o poema, juntamente com tudo o que o homem realiza, relaciona-se com o seu estar-no-mundo, com sua intervenção no mundo. Para este autor, "poesia é algo que nos obriga a ir além daquilo que se vê, a transpor as palavras. Tentamos produzir em nós uma sensação ou sentimento semelhante ao do poeta. Nesse sentido, toda poesia exige um poeta, ou antes, dois: o poeta-autor e o poeta-leitor." (1993, p. 38). Assim sendo, o trabalho de interpretação em sala de aula pode contribuir para que o aluno se torne esse "poeta-leitor", para que ele se sinta parte do universo da leitura literária. O processo de interpretação atua justamente nesse sentido: de ir além daquilo que se lê, de encontrar outras possibilidades de compreensão, de abrir novos caminhos.

ESCOLA PÚBLICA E ESCOLA PARTICULAR: Contrastes e Semelhanças

Quanto à distribuição dos conteúdos da disciplina de Literatura Brasileira, ambas as escolas priorizam elementos de Teoria Literária no 1º ano para, em seguida, dar ênfase aos períodos literários no 2º e no 3º ano.

A professora da rede privada relata que, na 1ª série, os alunos aprendem os principais fundamentos da literatura, figuras e funções de linguagem, além de gêneros literários. Depois, entram em contato com algumas noções sobre a Era Clássica e sobre a formação da literatura ocidental. Em seguida, passa-se para a Idade Média, que envolve o Trovadorismo e o Humanismo. Por fim, chega-se ao Classicismo e ao Barroco. Além disso, na escola privada há um destaque maior para as leituras indicadas para o vestibular:

> *Professora* – Buscamos sempre seguir o programa da UFRGS, que é bem amplo. Começa na Idade Média e passa para o Renascimento, com Gil Vicente, depois há Camões e vai até a ficção contemporânea. Aqui na escola temos um trabalho muito específico voltado para as leituras obrigatórias. Tentamos trabalhar todas as leituras recomendadas pela UFRGS entre a Segunda e a Terceira Série. As Terceiras séries assistem um ciclo de palestras de cada uma das leituras. Os alunos recebem o resumo dos livros, bem formatado, e depois aplicamos uma prova sobre essas leituras.

Enquanto na escola particular há uma preocupação excessiva quanto à preparação dos alunos para o vestibular, deixando em segundo plano a formação humana e o desenvolvimento do diálogo, na escola pública há uma insuficiência de conteúdos, pois a professora não consegue cumprir o plano destinado para cada série. De um lado, um controle muito rígido por parte da direção da escola particular não permite um trabalho mais voltado para a interpretação com os estudantes. Em contrapartida, na escola pública, os professores não conseguem nem mesmo cumprir critérios preestabelecidos para cada série, e esse atraso em relação aos conteúdos propostos também interfere no tempo disponível para um trabalho mais voltado para a formação do leitor, ou seja, para a leitura e interpretação em sala de aula com vistas a uma participação maior dos alunos.

Em ambos os casos a preocupação que as professoras demonstram em cumprir as exigências de conteúdo não lhes permite criar novos objetivos além daqueles determinados pelos programas das escolas. Ser um professor da disciplina de Literatura é também um exercício de buscar oportunidades de inserir textos literários em suas aulas, de sensibilizar os alunos para essas leituras e não apenas fazer com que decorem características de autores e períodos. Partilhando das ideias de Steiner (1988, p. 23), concordamos com o fato de que "quem quer que ensine ou interprete literaturas deverá se perguntar qual é o seu propósito".

Colomer destaca que, desde a década de 70, defendeu-se a ideia de uma formação literária que não se baseie no eixo histórico, mas na leitura das obras e na aquisição de instrumentos de análise. Ambos os modelos didáticos buscaram, no entanto, desde o início, fórmulas de compromisso por meio, por exemplo, do comentário de textos organizados historicamente. Na visão da autora, a representação da tarefa própria da escola secundária não logrou desprender-se nunca da história literária em favor da capacidade de leitura:

> A função de transmissão patrimonial – a biografia dos autores, a lista de suas obras, a descrição sociocultural do contexto histórico e a transposição das avaliações críticas – manteve-se de uma ou outra forma, porque, apesar de todas as críticas que choveram sobre o ensino histórico da literatura, os docentes e a sociedade em geral continuaram acreditando que tinha sentido dar às novas gerações de adolescentes uma sistematização da evolução cultural através das obras de referência de sua coletividade. (Colomer, 2007, p. 37).

No que se refere à prática de leitura, a autora argumenta que esta constrói a competência do leitor em fases recorrentes que incluem, primeiramente, o desejo de entrar no jogo; segundo, a aquisição gradual das capacidades interpretativas, o que envolveria a suspensão da incredulidade, a projeção psicológica, a antecipação e a explicitação das regras, seguidas dos mecanismos utilizados para construir o sentido. Essas fases serviriam tanto para aprofundar a leitura realizada como para aprender a fazer leituras mais complexas – e, portanto, mais gratificantes – em outra ocasião. Trata-se, finalmente, de passar do não saber a saber fazer e saber como se faz (Colomer, 2007, p. 37-38).

Além de buscar um sentido maior para o trabalho com a disciplina de Literatura que não somente a historiografia, faz-se necessário também levar em conta o papel do aluno-leitor na construção de seu conhecimento. Em entrevista, a professora da escola particular afirma:

> *Professora* – Na primeira série, os alunos são muito imaturos para a Literatura, que é uma disciplina que requer certo refinamento, certa sensibilidade. É preciso explicar que todo texto tem um significado. Primeiro porque eles têm uma resistência a ler, por causa da informática. Os grandes clássicos, os grandes nomes, é uma minoria que lê. Eles têm imaturidade intelectual e até cognitiva.

Podemos perceber uma série de concepções preestabelecidas neste depoimento. Se considerarmos que é necessário "um refinamento prévio e uma sensibilidade anteriormente desenvolvida" por parte dos alunos ao entrar em contato com a literatura, de certa forma estamos excluindo-os do universo literário, o qual também é construído pelo leitor. Precisamos levar em conta seu papel, se tivermos como objetivo aproximá-lo da leitura, pois, como professores, não deveríamos disseminar a ideia de que a literatura de qualidade é um privilégio para poucos.

Para compreender a literatura e até mesmo para desenvolver o gosto pela leitura, o aluno precisa entrar em contato com o texto. Quanto mais cedo os estudantes tiverem experiência com a literatura, mais cedo poderão desenvolver o refinamento e a sensibilidade mencionados pela professora. É verdade que a tecnologia existente nos dias atuais é muito mais atrativa, não só para muitos adolescentes, mas também para adultos, que muitas vezes acabam trocando um livro pela tela do computador. Essa concorrência, entretanto, não significa a morte do livro. Atualmente há muitos livros em formato digital e, além disso, existem *sites* nos quais os leitores podem escrever resenhas de seus livros favoritos e trocar ideias entre si, compensando, no universo virtual, o silêncio interpretativo das salas de aula.

Possivelmente muitos alunos da escola particular utilizem esses *sites*. Talvez esses estudantes não leiam os clássicos, mas é possível que tenham suas preferências literárias. A escola precisa levar em conta o universo no qual esses adolescentes estão inseridos antes de julgá-los imaturos intelectualmente. Muitas vezes, é no espaço oferecido pela Internet que o aluno vai manifestar sua opinião sobre leituras realizadas por ele fora da escola, ambiente que deveria ter em conta a interação do texto com o leitor e incentivá-lo a expressar seus pontos de vista.

O professor deve contribuir para que o aluno desenvolva seu potencial cognitivo e intelectual, incentivando-o à leitura e auxiliando-o nas dificuldades de interpretação. José Luís Jobim, fazendo referência aos conceitos de Hans Robert Jauss, que assevera ser necessário recuperar a dimensão da recepção da literatura, defende que até mesmo o crítico que julga uma nova obra, o escritor que concebe sua obra à luz de normas positivas ou negativas de uma obra anterior, e o historiador literário que classifica uma obra em sua tradição e a explica historicamente são, antes de tudo, receptores (leitores):

> No triângulo de autor, obra e público, o último não é parte passiva, não é elo meramente reativo, mas, em vez disto, é ele próprio uma energia formadora da história. A vida histórica de uma obra de arte literária é impensável sem a participação ativa de seus receptores. Porque é somente através do processo de sua mediação que a obra entra no horizonte de experiência mutável de uma continuidade em que ocorre a perpétua inversão da recepção simples à compreensão crítica, da recepção passiva à ativa, das normas estéticas reconhecidas a uma nova produção que as ultrapasse (Jobim, 1992, p. 131).

Para Jauss (1996, p. 26), o texto literário apenas continua produzindo seu efeito na medida em que sua recepção se estenda pelas gerações futuras, ou seja, na medida em que haja leitores que novamente se apropriem da obra passada, ou autores que desejem imitá-la, sobrepujá-la ou refutá-la. A literatura como acontecimento cumpre-se primordialmente no horizonte de expectativa dos leitores, críticos e autores, seus contemporâneos e pósteros. Da objetivação ou não desse horizonte de expectativa dependerá, pois, a possibilidade de compreender e apresentar a história da literatura em sua historicidade própria.

Dentro da perspectiva educacional, as ideias de Jauss são totalmente pertinentes, uma vez que o aluno se constitui como leitor em formação, ativo no processo de construção de sentidos para suas leituras. Se no contexto da escola particular, o possível desinteresse dos estudantes está associado ao acesso a muitas informações na Internet, o contrário ocorre em relação à escola pública, na qual o acesso aos livros e às novas tecnologias é mais limitado. A professora considera:

> *Professora* – Se olharmos somente para o Estado, ou para a nossa escola em especial, que é de alunos menos favorecidos, achamos que, se a escola tivesse mais condições, se oferecesse mais material, mais livros, os alunos gostariam mais de Literatura. Eu já trabalhei em escola particular e há todo o arsenal necessário, as famílias têm condições de comprar livros, mas os alunos não lêem. Em nossa escola, sinto uma espécie de "mesmice", um sentimento de que nada vai mudar, de que não adianta investir. Já no ensino particular, até por ter demais, o aluno pensa que não precisa se esforçar, pois as famílias têm condições. Vejo esse desinteresse dos nossos alunos, primeiro porque eles sabem que terão dificuldades em se inserir num contexto maior, não que seja impossível, mas é mais difícil, e o outro motivo seria porque eles já estão num contexto no qual eles não precisam se modificar.

Ter ou não ter acesso facilitado aos livros talvez não seja o grande fator motivacional necessário nas aulas de Literatura, visto que, em ambos os casos, o suposto desinteresse dos alunos manifesta-se de qualquer forma, ao menos do ponto de vista das professoras entrevistadas. De que maneira, então, o professor poderia atuar, lutando contra a dita "mesmice" na escola pública? Se o aluno não acreditar que é capaz de modificar sua realidade, ao menos o professor deveria tentar contribuir para reverter esse quadro, dando ao estudante oportunidades de se desenvolver intelectualmente, encorajando-o a expressar seus pontos de vista em relação aos textos.

Segundo Silva (1984, p. 10)

> O leitor crítico, movido por sua intencionalidade, desvela o significado pretendido pelo autor (emissor), mas não permanece nesse nível: ele reage, questiona, problematiza, aprecia com criticidade. Como empreendedor de um projeto, o leitor crítico necessariamente se faz ouvir. A criticidade faz com que o leitor não só compreenda as ideias veiculadas por um autor, mas leva-o também a posicionar-se diante delas, dando início ao cotejo das idéias projetadas na constatação.

No momento em que o professor realiza a interpretação de textos em sala de aula estimulando a participação dos alunos, ele contribui para que o potencial crítico da turma seja desenvolvido. Nesse sentido, compartilhamos das afirmações de Libâneo (1985, p. 12) quando observa que "a contribuição essencial da educação escolar para a democratização da sociedade consiste no cumprimento de sua função primordial, o ensino."

Segundo o autor, valorizar a escola pública não é, apenas, reivindicá-la para todos, mas realizar nela um trabalho docente diferenciado em termos pedagógico-didáticos. Democratizar o ensino é ajudar os alunos a se expressarem bem, a se comunicarem de diversas formas, a desenvolverem o gosto pelos estudos, a dominarem o saber escolar; é ajudá-los na formação de sua personalidade social, na sua organização enquanto coletividade. Trata-se, enfim, de lhes proporcionar o saber e o saber-fazer críticos como precondição para sua participação em outras instâncias da vida social, inclusive para a melhoria de suas condições de vida. Talvez os alunos tenham dúvidas ou comentários interessantes a compartilhar a partir da leitura de poemas em sala de aula, e isso só se torna possível por meio do diálogo.

Gadamer nos leva a refletir sobre o sentido individual da palavra poética para cada leitor quando afirma:

> Sentido é, como a linguagem pode nos ensinar, sentido direcional. Olha-se em uma direção, tal como os ponteiros do relógio, que sempre giram em um determinado sentido. Assim, nós todos sempre apreendemos em nosso sentido a direção, quando algo nos é dito. Formas de uma tal apreensão em nosso sentido são o poema, que compreendemos e cujo enunciado nunca se esgota, e o diálogo, no qual somos e que enquanto o diálogo da alma consigo mesma nunca chega ao fim (2010, p. 384).

Analisando especificamente o lugar que a poesia ocupa no ensino de literatura, tanto na escola pública quanto na particular, ambas as professoras participantes da pesquisa dizem não apreciar a leitura do gênero poético. De certa forma, suas preferências acabam por interferir na escolha dos conteúdos a serem trabalhados e na maneira pela qual a leitura e interpretação de poemas é realizada com os estudantes. O hábito da leitura de poesia por parte do professor também é algo que deve ser levado em conta, pois essa prática pode contribuir para que o aluno desenvolva uma proximidade maior com os textos.

Apesar de se tratar de duas escolas totalmente diferentes em vários aspectos, há em comum a necessidade de mais oportunidades de interpretação e leitura, sobretudo de poesia, em sala de aula. É imprescindível que haja uma valorização maior do papel do leitor no processo interpretativo nas duas redes de ensino. O depoimento da professora da rede privada de ensino é complementar a essa percepção quando ressalta:

> *Professora* – Seria interessante ter mais espaço dentro da escola para desenvolver um trabalho interpretativo, instigante, que possa despertar nos alunos um interesse maior pela leitura, pois assim nós iríamos estar vencendo bem a nossa causa. Acho que todo professor de literatura que se forma na graduação tem o objetivo de formar leitores e indivíduos críticos diante da rea-

lidade. Porém, precisamos ter espaço para trabalhar isso, e essa é a nossa obsessão agora: tentar encontrar, dentro de toda essa diversidade que enfrentamos, um caminho que possa fazer com que seja possível formar leitores e indivíduos mais críticos, que consigam entender sua vida pessoal e o mundo.

Ao presenciar o contato do leitor adolescente com textos poéticos e ao analisar a forma como as professoras envolvidas nesse processo inserem esses textos em suas aulas, ampliamos nossa percepção acerca dos aspectos que envolvem o ensino de poesia.

Ao pensarmos na importância de uma abordagem hermenêutica para o ensino de literatura, estamos buscando privilegiar a formação do leitor, pois, como podemos perceber no decorrer do estudo de caso, o foco da disciplina de Literatura Brasileira nas escolas ainda está centrado prioritariamente na historiografia literária. Dessa forma, não estamos contribuindo para expandir os horizontes de compreensão dos estudantes, uma vez que a interpretação fica em segundo plano.

Referências

BRASIL. *Orientações curriculares para o Ensino Médio:* linguagens, códigos e suas tecnologias. Brasília: Ministério da Educação, 2006.

_____. Secretaria de Educação Média e Tecnológica. *PCN+ Ensino Médio:* orientações educacionais complementares aos Parâmetros Curriculares Nacionais. Linguagens, códigos e suas tecnologias. Brasília: Ministério da Educação; Secretaria de Educação Média e Tecnológica, 2002.

BLEICHER, José. *Hermenêutica contemporânea.* Tradução Maria Georgina Segurado. Rio de Janeiro: Edições 70, 1980.

CHARTIER, Anne Marie. Sobre lecture et savoir. In: EVANGELISTA, Aracy Alves Martins; BRANDÃO, Heliana Maria Brina; MACHADO, Maria Zélia Versiani (Orgs.). *A escolarização da leitura literária*. Belo Horizonte: Autêntica, 2009.

CHIAPPINI, Lígia. *Reinvenção da catedral*. São Paulo: Cortez, 2005.

COLOMER, Teresa. *Andar entre livros:* a leitura literária na escola. Tradução Laura Sandroni. São Paulo: Global, 2007.

COMPAGNON, Antoigne. *O demônio da teoria:* literatura e senso comum. Belo Horizonte: Editora UFMG, 1999.

EAGLETON, Terry. *Teoria da Literatura*: uma introdução. Tradução Waltensir Dutra. São Paulo: Martins Fontes, 2006.

GADAMER, Hans-Georg. *Hermenêutica da obra de arte*. Tradução Marco Antônio Casanova. São Paulo: Martins Fontes, 2010.

JAUSS, Hans Robert. *A história da literatura como provocação à teoria literária*. Tradução Sérgio Tellarolli. São Paulo: Ática, 1994.

JOBIM, José Luís. História da Literatura. In: JOBIM, José Luís (Org.). *Palavras da crítica*: tendências e conceitos no Estudo da Literatura. Rio de Janeiro: Imago, 1992.

LAJOLO, Marisa. *Literatura*: leitores e leitura. São Paulo: Moderna, 2001.

LIBÂNEO, José Carlos. *Democratização da escola pública*: a pedagogia crítico-social dos conteúdos. São Paulo: Edições Loyola, 1985.

MANGUEL, Alberto. *Uma história da leitura*. Tradução Pedro Maia Soares. São Paulo: Companhia das Letras, 1997.

OURIQUE, João Luis Pereira. In: _____ (Org.). Aspectos culturais e impasses conservadores: a literatura entre o ensino e a formação. *Caderno de Letras*, UFPel, n. 15, 2009. (Ensino de Língua e Literatura: críticas e metodologias).

PAZ, Octávio. *O arco e a Lira*. Rio de Janeiro: Nova Fronteira, 1956.

REIS, Roberto. Cânon. In: JOBIM, José Luís (Org.). *Palavras da crítica*: tendências e conceitos no Estudo da Literatura. Rio de Janeiro: Imago, 1992.

SILVA, Ezequiel Theodoro da. *O ato de ler*: fundamentos psicológicos para uma nova pedagogia da leitura. 3. ed. São Paulo: Cortez, 1984.

STEINER, George. *Linguagem e silêncio*: ensaios sobre a crise da palavra. Tradução Gilda Stuart e Felipe Rajabally. São Paulo: Companhia das Letras, 1988.

TREVISAN, Armindo. *Reflexões sobre a poesia*. Porto Alegre: InPress, 1993.

ZILBERMAN, Regina. *Estética da recepção e história da literatura*. São Paulo: Ática, 2001.

ENSINO DE LITERATURA E FORMAÇÃO DO LEITOR NA ERA DIGITAL:
ALGUMAS PROPOSIÇÕES

Ana Paula Teixeira Porto
Luana Teixeira

A formação cultural, explicitada como uma das metas dos Ensinos Fundamental e Médio assim como do Ensino Superior, conforme a Lei de Diretrizes e Bases da Educação Nacional – LDB (1996), pode ser viabilizada por meio de estratégias diversas, que incluem, por exemplo, não apenas acesso a formas de manifestações culturais (como cinema, televisão, música), mas também a metodologias de ensino que focalizam a aprendizagem sobre Arte, História, Filosofia, Sociologia e literatura produzidas em contextos diversos. É no cenário social e cultural e em instituições de ensino em particular que podemos possibilitar essa formação de sujeitos críticos, conhecedores de sua realidade, das formas de manifestação cultural de povos e épocas variados, as quais devem ser lidas e exploradas com reflexão a partir da mediação docente.

Nesse contexto de formação cultural, entendemos que o desenvolvimento da habilidade de leitura é fundamental para a ampliação de horizontes formativos de sujeitos e para a compreensão do mundo de que fazem parte, o que pode acarretar uma emancipação pessoal e condições de intervenção social e ampliação de defesa de si. Além disso, a prática de leitura de textos e o contato intenso com textos literários possibilitam a revelação sobre si mesmo, numa perspectiva já apontada por Antonio Candido (1995), ao defender a ideia de que a literatura, como um bem e um direito do homem incompreensível, desenvolve em cada um a compreensão sobre si mesmo e seu semelhante. Outros argumentos, contudo, ainda podem ser arrolados para a defesa da literatura e sua necessidade de leitura. Compartilhando as proposições de Maurício Silva (2013), também pensamos que:

> Lidar com a literatura é, portanto, uma maneira de compreender melhor e mais a fundo uma espécie de instrumento capaz de desautomatizar nossa percepção do cotidiano, agindo no sentido contrário à padronização de nossa apreensão da realidade; de desenvolver nossa sensibilidade e inteligência, habilitando-as plenamente para uma leitura mais abrangente do mundo; de despertar nossa capacidade de indignação, criando em cada um de nós uma consciência crítica da realidade circundante; de alicerçar nossa conduta ética no trato social, a fim de aperfeiçoar nossas inter-relações humanas; e de desenvolver nossa capacidade de compreensão e absorção da atividade estética, a partir de uma prática hermenêutica consistente (2013, p. 308).

Se, por um lado, reconhecemos o valor da leitura e da literatura para a formação do homem, por outro vemos que o cenário atual não contribui para a revelação de grandes leitores nem para a exteriorização de competências relacionadas à compreensão de textos. A formação de leitores, no Brasil, enfrenta problemas diversos apontados por avaliações como as do Pisa[1] e do Saeb,[2] que alertam que a competência de leitura apresenta déficits pouco significativos em relação ao que se espera em cada faixa da formação e o que os estudantes demonstram saber quando a competência se refere à leitura. Os resultados alarmantes são explicados por razões diversas, como "formação insuficiente de professores, sem competência leitora; baixas remunerações; carências na qualidade de vida da população" (Berenblum, 2006, p. 18), mas justificados ainda por "programas de promoção e incentivo à leitura que pouco ou nenhum efeito exercem sobre os sujeitos, no sentido de formá-los com autonomia leitora" (2006, p. 18).

Se há um dado que nos direciona a pensar em como formar leitores, contribuindo para a formação cultural e se a realidade que temos não atinge esses objetivos, precisamos discutir como enfrentar o problema, buscando alternativas que deem conta dessas metas e coloquem o pro-

---

[1] Dados do Programa Internacional de Avaliação de Alunos (Pisa) assinalam que de 2009 a 2012 houve uma piora no desempenho de alunos brasileiros em atividades de leitura apresentadas no exame. Na avaliação, 49,2% dos alunos não atingiram o nível 2 de desempenho em leitura, numa escala de 1 a 5, sendo este o melhor rendimento. Isso significa que quase metade dos estudantes brasileiros que realizaram o exame não têm habilidade para deduzir informações e um texto, estabelecer relações entre suas partes e compreender elementos da linguagem. Dados das avaliações do Pisa são encontrados no site do Inep. Disponível em: <http://portal.inep.gov.br/internacional-novo-pisa-resultados>. Acesso em: 30 maio 2014.

[2] O Sistema Nacional de Avaliação da Educação Básica (Saeb), é composto por duas avaliações distintas: a Avaliação Nacional da Educação Básica (Aneb) e a Avaliação Nacional do Rendimento Escolar (Anresc), mais conhecida como Prova Brasil, a qual é realizada a cada dois anos. Dados desta prova aplicada em 2011 mostram que, nos testes padronizados de língua portuguesa, em turmas da 8ª série ou 9º ano do Ensino Fundamental, apenas 4,66% dos estudantes da Região Sul, atingiram o nível 9 na disciplina, nível em que há a maior evidência de habilidade e competência em leitura, inferência, apreensão de tese e compreensão de elementos linguísticos mais complexos. Em outras regiões, como o Nordeste, esse índice é ainda mais desastroso: 2,50%. Tais percentuais configuram um quadro, ainda parcial, acerca das deficiências da leitura nas escolas brasileiras. Disponível em: <http://download.inep.gov.br/educacao_basica/prova_brasil_saeb/resultados/2012/Saeb_2011_primeiros_resultados_site_Inep.pdf>. Acesso em: 30 maio 2014.

cesso de formação do leitor como algo prioritário e adequando ao perfil desejado no contexto atual. É nesse sentido que vemos a literatura e alguns dispositivos tecnológicos (especificamente os objetos educacionais) como mecanismos que podem contribuir para o alcance desses objetivos, como nos propomos a mostrar neste texto. Ao tratar a literatura como um mecanismo, cabe registrar, não estamos caracterizando-a como um objeto com fim utilitário ou como pretexto para uma prática de ensino linguístico em que o texto literário é o caminho para apreender questões de ordem gramatical ou de estrutura textual. Ao contrário, ao acenarmos para a literatura como meio de formação cultural e leitora, pretendemos acentuar o potencial estético da literatura, seu valor como arte ou forma de construção da experiência humana e compreensão da realidade e, acima de tudo, a necessidade de se manter o texto literário como um objeto fundamental a ser apreciado, reconhecido e investigado na escola, especialmente quando nos deparamos com um contexto em que o espaço para o literário nas salas de aula está cada vez mais reduzido, seja pela reduzida carga horária da disciplina na escola, seja pelo pouco prestígio dado a essa arte nas orientações curriculares nacionais que regulam a Educação Básica no Brasil.

Visando à formação cultural e de leitores, a literatura ainda pode assumir uma posição de destaque dada as relações que estabelece com outras áreas do conhecimento. Sobre a potencialidade da literatura enquanto instrumento de formação cultural e de leitores interessa-nos discutir. Já é consensual que ela é mecanismo de humanização e de formação do homem, o que lhe confere o *status* de direito universal, assim como o é o direito à educação e à saúde, conforme reflexão proposta por Candido (1972, 1995). Sendo um direito, cabe-nos criar condições para que esse direito seja respeitado, mesmo que a leitura da literatura não seja uma prática tão recorrente nos dias atuais, uma vez que disputa a atenção do leitor com outros tipos de texto, inclusive os digitais com as redes de conexões viabilizadas por *hiperlinks*.

No século 21, na era digital em que grande parte dos lares brasileiros dispõe de computadores e quase metade da população tem acesso à Internet,[3] mas com poucos livros literários (impressos ou digitais) à disposição, pois estes fazem parte em geral de bibliotecas e livrarias de acesso restrito, as redes sociais trazem novos modos de obter informações e conhecer manifestações culturais diversas, de se relacionar e de passar o tempo, parece profícuo pensar sobre o futuro da literatura e sua contribuição para a formação cultural. Até quando vamos resistir com a literatura nas escolas se até mesmo na LDB a referência a ela é inexistente[4] e se, embora o acesso aos textos literários seja mais fácil, uma vez que há uma vasta "biblioteca" virtual ao alcance de todos, o interesse pela modalidade literária disputa com outros gêneros a atenção dos leitores? Em que medida podemos (e devemos) explorar a literatura como instrumento de formação cultural capaz de suscitar o interesse dos alunos e promover seu aprimoramento cultural e também a sua formação enquanto leitores?

SOBRE ALGUNS NÓS:
a Formação de Leitores e o
Ensino de Literatura nas Escolas

Quando pensamos em uma perspectiva intercultural e interdisciplinar para a formação de leitores (e não apenas de leitores de literatura) nos contextos escolares, precisamos levar em conta algumas considerações. A leitura de textos de natureza diversa deve ser priorizada nessa

---

[3] Conforme pesquisa do IBGE (2012), 46% das famílias brasileiras possuem computador e, destas, 40% têm acesso à Internet, aumento de 325% neste último item em comparação com dados de 2003. Disponível em: <http://www.ibge.gov.br/>. Acesso em: 21 maio 2014.

[4] A abordagem da literatura no ensino não é explicitada nesse documento, podendo ser compreendida como uma das possibilidades de aprendizagem de arte – esta nomeadamente presente na LDB como objeto de ensino nas escolas de Educação Básica – ou como objeto de leitura, que pode ser explorada em aulas como de Língua Portuguesa e História. A exclusão de referência à literatura na LDB já é um indício de seu apagamento, gradativo, mas mais intenso, da formação que se oferece aos alunos.

formação, pois, como preconizam os Parâmetros Curriculares Nacionais – PCNs (Brasil, 1997, 2000), ao aluno deve ser proporcionado o contato com gêneros diversos, orais e escritos, não apenas para exercício da leitura, mas também como forma de consolidar a prática de escrita. Ao tornar a leitura um objeto de aprendizagem, a escola deve estimular o aluno a perceber a natureza de cada gênero, sua complexidade e as relações que estabelece com outros. Dessa forma, a formação de leitores exige a construção de competências relativas ao conhecimento de cada forma de elaboração de texto e os diálogos que este pode estabelecer com outros, de gênero diverso ou não ou de contextos de produção simulares ou não, o que consolida a perspectiva intercultural e interdisciplinar.

Nesse processo de formação de leitores, também é oportuno considerar que "quando os alunos não têm contato sistemático com bons materiais de leitura e com adultos leitores, quando não participam de práticas em que ler é indispensável, a escola deve oferecer materiais de qualidade, modelos de leitores proficientes e práticas de leitura eficazes" (Brasil, 1997, p. 37), o que requer que professores estimulem a leitura fora do ambiente escolar e levem os alunos a perceberem que a leitura não é uma atividade que o professor pede e que "vale nota", mas que é indispensável para sua formação, para o seu conhecimento de mundo, para sua inserção em outros contextos. Para que essa formação seja possível, como já salientado por Zilberman (1988), é dever da escola despertar o gosto pela literatura, o que podemos explicar por pelo menos duas razões: pela capacidade que o texto literário apresenta de suscitar a imaginação, a criatividade, a descoberta de contextos distintos a partir da fruição poética e estética; e pela potencialidade de nos fazer pensar e refletir sobre o mundo, ampliando nossos horizontes de leitura.

Além de despertar a atenção do aluno para a literatura, é preciso reconhecer que ela deve ser abordada a partir de uma perspectiva intercultural, o que significa não se restringir à leitura de textos literários de um contexto cultural apenas, mas da interação entre textos de culturas diversas que permita, entre outros, uma perspectiva de leitura de textos produzidas em épocas e contextos diversos não apenas do Brasil. Insistimos que a abordagem da literatura deve focalizar a linguagem de sua composição e diálogo com outras linguagens, tendência já apontada pelos Parâmetros Curriculares Nacionais para o Ensino Médio (2000) quando ressaltam que a área de linguagens deve considerar as linguagens de forma inter-relacionada, amparadas em diversos suportes – inclusive os midiáticos dada a relevância atribuída às tecnologias – e correlacionadas às práticas sociais e à História.

Outro pressuposto nessa perspectiva relaciona-se ao perfil do professor, a sua formação e a sua prática. Embora pesquisas constatem as fragilidades de formação e de leitura de alunos que ingressam nos cursos de formação continuada e que haja problemas de abordagem da literatura no decorrer da graduação,[5] o que acarreta também dificuldades de desenvolvimento de práticas de leitura eficazes e eficientes nas escolas, o professor de literatura precisa superar fragilidades e buscar desenvolver estratégias de leitura de literatura no dia a dia escolar. Como destaca Berenblum (2006, p. 28), não basta apenas um professor que leia, mas um professor capacitado para fazer com que os alunos gostem de ler e sejam proficientes nessa competência:

> Não se trata de um professor que apenas "leia", mas de um professor que leia com competência e autonomia, capaz não apenas de incentivar seus alunos, mas de mostrar-lhes as sutilezas e entrelinhas dos textos, em especial dos textos escritos.

---

[5] Pesquisas divulgadas por Sanches (2013) apontam para diversas fragilidades no processo de formação de professores, como cursos superiores com qualidade questionável, dificuldades de acesso às bibliografias, repetição de conceitos de historiadores nos cursos de Literatura e pouca análise de texto, priorizando-se o estudo das escolas literárias, são fatores que denotam o despreparo dos cursistas de Letras para atuação profissional.

Para tanto, o professor precisa também ser um leitor não só de textos canonizados, eleitos pela historiografia como sendo exemplares, mas também daqueles que circulam no contexto dos alunos e que nem sempre figuram no rol daquilo eleito para ser lido. Referimo-nos nesse sentido à necessidade de o professor conhecer textos literários recentes, populares e não clássicos (no sentido canônico), como os de John Green e J. K. Rowling,[6] que aparecem como um dos mais lidos pelos jovens brasileiros, e tornar esses textos objetos de práticas de leitura. Essa perspectiva assinala uma aproximação das práticas de leitura aos interesses dos jovens, estimulando-os a ler para que, familiarizados com esses gêneros, possam motivar-se para ler também os clássicos.

Ainda vale destacar que, se consideramos o perfil discente que as escolas estão recebendo – os alunos nativos digitais[7] –, temos de pensar em estratégias de formação de leitores e formação cultural que deem conta dessa clientela. Insistir na leitura de textos clássicos como primeiro passo para a estimulação da leitura literária nesse contexto parece ser um contrassenso, que acarreta maior desgosto pela leitura literária e sua associação com algo enfadonho e desprazeroso. Da mesma forma, o uso de metodologias tradicionais de leitura, com foco no esquema repetitivo de leitura – texto – exercício, mostra-se não plenamente adequado.

---

[6] As obras desses escritores são apontadas em rankings de livrarias e de revistas e blogs como os textos mais vendidos, lidos e comentados nas redes sociais, o que assinala uma preferência por obras estrangeiras e não brasileiras quando o assunto é a leitura de livros de ficção, assim como um gosto pela literatura produzida recentemente.

[7] Nativos digitais é uma expressão usada para se referir àqueles que nascerem e crescerem usando diversos dispositivos tecnológicos (computadores, celulares, videogames, iPod, MP3, tablets, etc.) e tendo maior familiaridade com esses recursos. Caracterizam-se também por valorizar a aprendizagem colaborativa, preferir informações provenientes de diversas multimídias, além de interagir e permanecer na rede ao mesmo tempo em que realizam outras atividades.

Com os nativos digitais, temos também a presença de leitores que concebem a literatura como uma mercadoria que necessita de simplificação e que precisa da rapidez narrativa que se encontra no cinema e na televisão. Conforme descreve Bosi, há um gosto por textos de linguagem simples e leitura imediata, superficial:

> O indivíduo-massa, a personalidade construída a partir da generalização da mercadoria, quando entra no universo da escrita (o que é um fenômeno deste século), o faz com vistas ao seu destinatário, que é o leitor-massa, faminto de uma lireratura que seja especular e espetacular. Autor e leitor perseguem a representação do show da vida, incrementado e amplificado. Autor-massa e leitor-massa buscam a projeção direta do prazer ou do terror, do paraíso do consumo ou do inferno do crime – uma literatura transparente, no limite sem mediações, uma literatura de efeitos imediatos e especiais, que se equipare ao cinema documentário, ao jornal televisivo, à reportagem ao vivo (...) o filme, imagem em movimento, teria tornado supérflua, para não dizer indigesta, a descrição miúda (...) Uma cena de um minuto supriria, no cinema, o que o romancista levou mais de uma dezena de páginas para compor e comunicar ao seu leitor (Bosi, 1994, p. 109-110).

DESVENCILHANDO OS NÓS:
Algumas Proposições

Levando em conta esses pressupostos, podemos discorrer sobre algumas possibilidades de formação cultural e formação de leitores na escola, tendo como ponto de referência o texto literário e como pressuposto o uso de mídias e tecnologias digitais como uma possibilidade de fortalecer o ensino de literatura, uma vez que esses recursos tecnológicos, por se constituírem ferramentas familiares e de interesse dos alunos na era digital em que nos situamos, podem ser ferramenta ímpar nesse processo.

Em referência a essa associação entre literatura e tecnologias, Melo e Bertagnolli (2012) reforçam a necessidade de se explorar práticas de leitura que correlacionem essas áreas, pois, como afirmam as autoras, elas não se opõem, mas podem convergir para o contato do aluno, em geral, nativo digital com a cultura do livro e da literatura. Segundo as pesquisadoras, "a exploração das possibilidades de interação entre literatura, mídias e artes, através de objetos de aprendizagem, pode se constituir como um interessante caminho na busca pelo desenvolvimento do hábito e da habilidade da leitura" (Melo; Bertagnolli, 2012, p. 4). Essa perspectiva de uso das mídias é defendida por pesquisadores como Jordão (2009), para quem as

> tecnologias digitais são, sem dúvida, recursos muito próximos dos alunos, pois a rapidez de acesso às informações, a forma de acesso randômico, repleto de conexões, com incontáveis possibilidades de caminhos a se percorrer, como é o caso da Internet, por exemplo, estão muito mais próximos da forma como o aluno pensa e aprende (p. 10).

Dentre as possibilidades de uso de ferramentas para a formação cultural e de leitores e para inclusão de tecnologias educacionais na formação discente – perspectiva já amplamente defendida no contexto atual –, podemos citar os Objetos Educacionais Digitais (OEDs) ou Objetivos de Aprendizagem (OAs) que, depois de organizados e catalogados, são disponibilizados em repositórios e diversos *sites* especializados, incluindo o do Ministério da Educação e Cultura (MEC). Tarouco (2003, p. 2) define os OEDs como

> qualquer recurso, suplementar ao processo de aprendizagem, que pode ser reusado para apoiar a aprendizagem. O termo objeto educacional (*learning object*) geralmente aplica-se a materiais educacionais projetados e construídos em pequenos conjuntos com vistas a maximizar as situações de aprendizagem onde o recurso pode ser utilizado.

Os OEDs "se configuram por recursos digitais que trazem informações em diversos formatos como imagens, sons, gráficos, entre outros e que possuem objetivos educacionais" (Schwarzelmüller; Ornellas, 2014, p. 3) e caracterizam-se por se constituir como recurso tecnológico concebido e preparado para dar suporte a algum tipo de aprendizado em qualquer área do conhecimento a partir de um determinado conceito, conteúdo ou atividade ligada ao aprendizado, ou seja, são estruturados com base em objetivo de aprendizagem específico. Consolidam-se com a premissa de que necessitam proporcionar interatividade com a inserção de parâmetros para sua estruturação lógica e clara e com o uso do mouse ou do teclado. Podem ser vídeoaulas, jogos interativos, infográfico interativo, animações ou simulador, por exemplo.

Para Melo e Bertagnolli, "os objetos de aprendizagem assumem valor vital, tendo em vista que os processos culturais, em muitos aspectos, passam pelo uso dos espaços digitais e pelas redes interativas neles formadas" (2012, p. 15). As autoras citam como exemplo a lousa interativa digital como OED para desenvolvimento da leitura de romances contemporâneos, objetivando uma "aproximação de imagens captadas pela lente do leitor com a de gêneros artísticos cada vez mais inseridos na literatura recente, como a fotografia e o cinema" (2012, p. 15). Nesse sentido, a lousa digital serve como instrumento para que imagens dessas modalidades de manifestação artística sejam objeto de leitura numa perspectiva que põe o diálogo interdisciplinar como fator preponderante para a desenvolvimento da habilidade de leitura.

Os OEDs, no entanto, não se resumem para exposição de imagens, podem ser recursos de áudio para conhecimento de textos literários, em geral breves como contos e poemas. Contos clássicos de Machado de Assis e Clarice Lispector foram objeto de produção de áudios do programa Categorias Literárias, exibido pela Biblioteca Virtual dos Estudantes de Língua Portuguesa (BibVirt), os quais estão disponíveis para acesso livre na seção de objetos educacionais do portal do MEC,[8] que também permite o acesso de OED de todas as áreas do conhecimento. A metodologia do áudio-oral, frequentemente adotada para aprendizagem de língua estrangeira, é também uma possibilidade de estimular o aluno a compreender textos sem que o visual seja contemplado, ou seja, saber ler e interpretar textos reproduzidos oralmente, identificando as temáticas, as estruturas estéticas, os diálogos que apresenta com outros textos.

Além disso, é importante destacar que o áudio é uma ferramenta de aprendizagem que deve ser levada para as aulas de literatura, pois "o áudio, por suas especificidades, pode estar ao lado do livro em muitas situações, capacitando o ouvinte a tornar-se rapidamente leitor, desde que estimulado para tanto" (Barbosa Filho, 2005, p. 169). A partir da sensibilização que o áudio de um poema ou conto proporciona, ampliando os horizontes de expectativa da leitura, o trabalho de leitura crítica do texto torna-se mais atraente e mais receptivo ao olhar do aluno tão acostumado a escutar músicas e programas de rádio, inclusive da Internet.

No campo da literatura, há OED da modalidade animação numa perspectiva em geral audiovisual ou apenas visual, que permite uma interação do aluno com o conteúdo selecionado para aprendizagem, mediante, por exemplo, cliques que possibilitam a sequência das telas conforme o interesse do internauta e de inserção de comentários sobre o objeto, de modo a garantir a interação entre o OED e o aluno. É este quem define como vai assistir e interagir com o OED, pois, sendo uma

---

[8] O MEC tem valorizado a produção de OED e estimulado o seu uso nos contextos escolares, lançando editais específicos para este fim. Em seu portal, apresenta uma seção específica para pesquisa sobre objetos educacionais, categorizados como áudio, simuladores, animações, vídeo, *software* educacional, constituindo um Banco Internacional de Objetos Educacionais, o que pode ser acessado diretamente em: <http://objetoseducacionais2.mec.gov.br/handle/mec/2683>.

hipermídia,⁹ apresenta "uma linguagem eminentemente interativa" que o "leitor não pode usá-la de modo reativo ou passivo. Ao final de cada página ou tela, é preciso escolher para onde seguir. É o usuário que determina qual informação deve ser vista, em que sequência ela deve ser vista e por quanto tempo" (Santaella, 2004, p. 52). O exemplo da tela a seguir ilustra como as vanguardas europeias podem ser conhecidas pelos discentes a partir da contextualização de obras que as singularizam.

Figura 1 – Tela de visualização de uma OED sobre vanguardas europeias

Fonte: <http://objetoseducacionais2.mec.gov.br/handle/mec/19320>.

Acesso em: 30 mar. 2014.

---

⁹ Ao oportunizar que o educando acesse os *links* da forma como quiser, destacamos que o conteúdo hipermidiático é organizado para oferecer ao usuário essa possibilidade, com um sistema de navegação que contempla uma estrutura hipertextual clara que indique ao usuário como avançar e retroceder entre *links*, que podem ser tanto textuais quanto imagens ou vídeos. Essas possibilidades oferecem suporte à aprendizagem, permitindo que os alunos criem novas formas de aprendizado mediadas pelos OEDs.

Além das animações, no portal do MEC há abundância de vídeos que instigam a motivação do aluno para a leitura de textos literários, apresentando, por exemplo, parte do enredo, de uma forma lúdica, sem sinalizar o final do conto, o que pode constituir uma estratégia de motivação para a leitura literária, que, posteriormente, deve ser debatida, contextualizada e voltada ao desenvolvimento da criticidade do educando. Tal estratégia pode ser verificada em um dos materiais, que aborda um conto de Machado de Assis, como ilustra a figura a seguir:

Figura 2 – OED sobre "A cartomante", de Machado de Assis

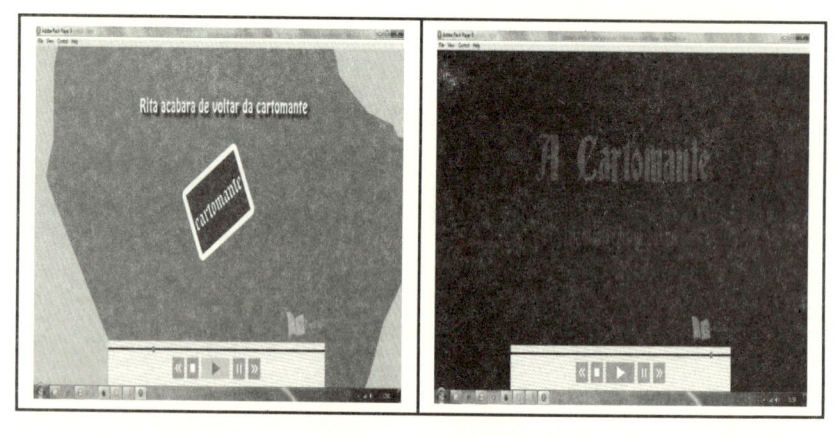

Fonte: <http://objetoseducacionais2.mec.gov.br/handle/mec/11340>.
Acesso em: 12 maio 2014.

Vídeos são um dos recursos mais comuns no caso dos OEDs quando buscamos referências para ensino da literatura. São construídos com objetivos diversos, como o de apresentar dados circunstanciais e de enredo sobre romances e contos, salientar a biografia de determinados autores, assim como obras representativas. Exemplar nesse sentido são os OEDs que focalizam episódios do programa Mestres da Literatura, exibido pela TV Escola e também voltado à literatura de Guimarães Rosa, Mário de Andrade, João Cabral de Melo Neto, Machado de Assis e José de Alencar, e que trazem uma contextualização pertinente acerca de autores clássicos da literatura brasileira, recorrendo a uma espécie de minidocumentário sobre os autores com depoimentos de críticos literários representativos do país. O vídeo "Graciliano Ramos: literatura sem bijuterias", por exemplo, nos seus 28 minutos de imagem e áudio cuidadosamente estruturados, traz, além de dados biográficos de Graciliano contados pelo narrador e também por ex-alunos e pesquisadores de sua vida, leituras de fragmentos de textos de sua produção literária, assim como depoimentos de escritores, como Milton Hatoum, e de críticos que comentam a obra do escritor, acentuando traços que a singularizam.

Figura 3 – OED "Graciliano Ramos: literatura sem bijuterias"

Fonte: <http://objetoseducacionais2.mec.gov.br/handle/mec/623>.
Acesso em: 20 mar. 2014.

Quando pensamos em simulados, objetivando desenvolver a habilidade de responder a questões de múltipla escolha, os OEDs também trazem alternativas para a formação de leitores em todas as etapas de formação. No exemplo a seguir, os educando são desafiados a responder a questões objetivas acerca do texto apresentado, no caso, uma fábula, as quais, à medida que as respostas são clicadas, automaticamente a questão é corrigida.

Figura 4 – OED de simulação

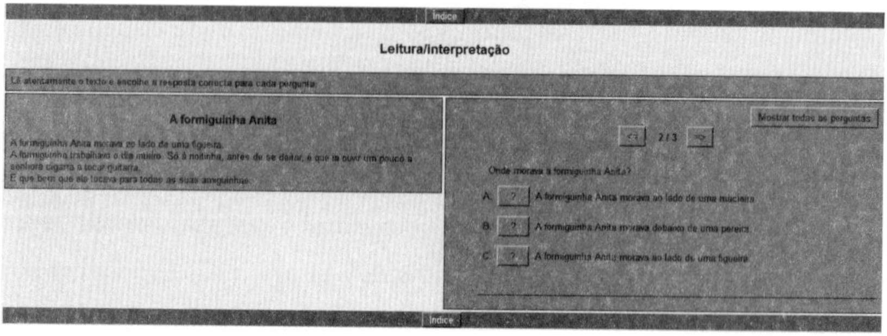

Fonte: <http://objetoseducacionais2.mec.gov.br/handle/mec/11023>.
Acesso em: 10 maio 2014.

Com os OEDs, podemos explorar outras formas de se ler, e gostar de ler textos da literatura, seja clássica ou não, por razões como estas: a) o processo de inserção do texto literário é acompanhado de recursos variados que em geral apelam para o audiovisual, uma linguagem comumente familiar e de interesse discente; b) o esquema tradicional texto-leitura--exercício é substituído por outras estratégias que oportunizam maior dinamismo às aulas; c) a interatividade que os OEDs tornam a aprendizagem da leitura uma tarefa não enfadonha, mas atrativa, que requer muito mais ação do aluno do que respostas dadas e prontas do professor.

ATANDO OS NÓS

Quando pensamos na formação cultural de nossos alunos, temos de considerar que o contexto em que atuamos não é o mesmo no qual nos formamos e que, portanto, as formas de aprender, interagir e também ler mudaram, exigindo que as práticas escolares sejam pautadas em novos modelos em que o uso das tecnologias seja algo presente. Não podemos ficar esperando alunos que facilmente vão gostar de ler (e de ler literatura em particular) e se tornar leitores profícuos se nossas práticas não estiverem mais próximas daquelas que eles realizam no seu dia a dia, mesmo que não as façam com a consistência necessária quando se deparam com leitura. Isso não significa que a escola deve se limitar a destacar apenas as manifestações culturais e as leituras de gêneros da atualidade ou somente aquilo que se restringe à cultura de massa, mas a de ter a convicção de que essas manifestações, independentemente do valor estético e histórico que apresentam, devem ser objeto de ensino e aprendizagem e, portanto, de leitura crítica.

Ao sinalizarmos as potencialidades de objetos educacionais digitais para trabalho com a literatura queremos primeiramente assinalar que há possibilidades diversas e de fácil acesso para atrair a atenção dos alunos justamente por recorrer à interatividade que esses meios proporcionam e a essa mesma interatividade que os nativos digitais costumam apresentar com uso das mídias, tão familiar no seu dia a dia. Ao mesmo tempo, significa mostrar que é possível fugir dos métodos convencionais de abordagem da leitura que muitas vezes afastam os alunos do gosto de ler qualquer texto e de literatura em especial, dada a forma como a mediação da leitura é realizada.

É preciso salientar que a exploração dessas ferramentas para o ensino da literatura e formação de leitores permite uma aproximação do ensino às práticas sociais do contexto do século 21, revigorando as formas de se pensar a cultura e a abordagem da literatura. Ainda é relevante destacar que "Rejeitar a relação existente entre as novas tecnologias e o processo ensino aprendizagem, é recusar, por extensão, a nova configuração do mundo moderno" (Carvalho; Domingo, 2012, p. 64), é ignorar uma prática real que tende a se fortalecer cada vez mais, ocupando contextos até então resistentes à exploração tecnológica (nos quais poderíamos incluir as práticas de leitura literária de uma forma geral), pois não se prevê o abandono de tecnologias nem sua substituição.

Compartilhando a ideia de que "hoje já não é mais possível se propor um ensino, [...] sem que ferramentas tecnológicas como o uso do computador estejam presentes, haja vista a acessibilidade a esse recurso tanto nas escolas, quanto no uso doméstico" (Pinheiro-Mariz; Silva, 2012, p. 2), acreditamos que a literatura sobreviverá nesse contexto quanto mais articulada estiver a sua prática de leitura aos dispositivos tecnológicos que fazem parte da vida dos educandos e quanto mais os professores os utilizarem como ferramentas para a formação dos leitores e não os virem como perigos ou meramente entraves à leitura.

Para que os OEDs possam ser usados de forma eficaz, ou seja, explorados como ferramentas capazes de ampliar as possibilidades de leitura e como forma de motivação para leitura literária, no entanto, é preciso que os professores estejam aptos a usar essas tecnologias e as vejam de fato como fontes para qualificação do ensino. Alterar a forma de ministrar aulas de literatura e formar leitores numa perspectiva que vê a literatura como instrumento de formação cultural requer que tecnologias como os OEDs estejam presentes:

> Para uma mudança de parâmetros que privilegiem um ensino da literatura com qualidade, os novos recursos comunicacionais podem ser compreendidos como geradores de uma nova mentalidade educacional, permitindo que a aceleração tecnológica venha compor um arsenal de instrumentos para desmistificar o ensino da literatura como atividade de natureza senil, hermética e desinteressante (Zafalon, 2011, p. 24).

Nessa ótica, temos de reconhecer que há um longo caminho a percorrer, pois, conforme observa Santos (2009), no caso da área de Letras, a existência de poucas reflexões sobre o uso de tecnologias e internet como ferramentas que favoreçam a prática docente na formação de professores assinala entraves, que se fortalecem com a "carência de reflexão sobre letramento digital entre acadêmicos do curso de Letras" (Santos, 2009, p. 65).

Referências

BARBOSA FILHO, André. Audioaula: o som como suporte pedagógico em sala de aula. *Comunicação & educação*, n. 2, p. 165-172, maio/ago. 2005. Disponível em: <http://www.revistas.univerciencia.org/index.php/comeduc/article/viewFile/5136/4757>. Acesso em: 13 maio 2014.

BERENBLUM, Andréa. *Por uma política de formação de leitores*. Brasília: Ministério da Educação; Secretaria de Educação Básica, 2006.

BOSI, Alfredo. *Os estudos literários na era dos extremos*. Rio de Janeiro: São Paulo, 1994.

BRASIL. *Parâmetros Curriculares Nacionais para o Ensino Médio*. Brasília: Ministério da Educação. 2000. Disponível em: <http://portal.mec.gov.br/seb/arquivos/pdf/blegais.pdf>. Acesso em: 5 mar. 2012.

_____. *Parâmetros Curriculares Nacionais*: língua portuguesa. Brasília: Ministério da Educação. 1997. Disponível em: <http://portal.mec.gov.br/seb/arquivos/pdf/portugues.pdf>. Acesso em: 5 maio 2014.

_____. Lei nº 9.394, de 20 de dezembro de 1996. Estabelece as Diretrizes e Bases da Educação Nacional. Disponível em: <http://portal.mec.gov.br/arquivos/pdf/ldb.pdf>. Acesso em: 5 mar. 2013.

CANDIDO, Antonio. O direito à literatura. In: _____. *Vários escritos*. 3. ed. São Paulo: Duas Cidades, 1995. p. 235-263.

_____. A literatura e a formação do homem. *Ciência e cultura*, São Paulo, v. 24, n. 9, p. 803-809, set. 1972.

CARVALHO, Aldenora Márcia C. Pinheiro; DOMINGO, Reinaldo Portal. As tecnologias de informação e comunicação (TIC) no ensino de literatura: uma perspectiva pós-moderna. *Revista Letras Raras*, v. 1, n. 1, p. 65-78, 2012.

<http://download.inep.gov.br/educacao_basica/prova_brasil_saeb/resultados/2012/Saeb_2011_primeiros_resultados_site_Inep.pdf>. Acesso em: 30 maio 2014.

JORDÃO, Teresa Cristina. A formação do educador para a educação em um mundo digital. *Tecnologias digitais na educação*, Brasília, nov./dez. 2009, p. 9-17.

MELO; Cimara Valimde; BERTAGNOLLI, Silvia de Castro. Ensino de literatura e objetos de aprendizagem: uma proposta interacionista. *Tear: Revista de Educação Ciência e Tecnologia*, Canoas, v. 1, n. 1, 2012. Disponível em: <seer.canoas.ifrs.edu.br/seer/index.php/tear/article/download/32/15>. Acesso em: 2 maio 2014.

PINHEIRO-MARIZ, Josilene; SILVA, Maria Rennally Soares da. A tecnologia de informação e comunicação na didática do ensino do francês língua estrangeira para crianças. *Revista Científica Digital da Faetec*, Rio de Janeiro, n. 4, p. 3-18, 2012. Disponível em: <http://www.faetec.rj.gov.br/desup/images/edutec/20122/art-josilene-maria.pdf>. Acesso em: 10 jun. 2013.

SANCHEZ, Amauri M. T. A Literatura Brasileira nos concursos vestibulares: problemas de avaliação. Disponível em: <http://www.fcc.org.br/pesquisa/publicacoes/es/artigos/6.pdf>. Acesso em: 10 jun. 2013.

SANTAELLA, Lúcia. *Navegar no ciberespaço:* o perfil cognitivo do leitor imersivo. São Paulo: Paulus, 2004.

SANTOS, Adalgisa Félix dos; SILVA, Solimar Patriota. Iracema na rede: o uso das redes sociais para o ensino de leitura. *Revista Philologus*, Rio de Janeiro, n. 57, p. 533-545, set./dez. 2013. Disponível em: <www.filologia.org.br/revista/57supl/53.pdf>. Acesso em: 2 maio 2014.

SANTOS, Janete Silva dos. O computador e a internet na vida acadêmica de futuros professores de português. In: SANTOS, Liliane; SIMÕES, Darcilia (Orgs.). *Ensino de Português e novas tecnologias*. Rio de Janeiro: Dialogarts, 2009. p. 65-84.

SILVA, Mauricio. Ensino de literatura em tempos de transformação (a literatura e seus diálogos). *Revista Brasileira de Literatura Comparada*, São Paulo, n. 22, 2013, p. 307-325. Disponível em: <http://www.abralic.org.br/revista/2013/22/170/download>. Acesso em: 20 maio 2014.

SCHWARZELMÜLLER, Anna F.; ORNELLAS, Bárbara. Os objetos digitais e suas utilizações no processo de ensino-aprendizagem. Disponível em: <http://homes.dcc.ufba.br/~frieda/artigoequador.pdf>. Acesso em: 31 mar. 2014.

TAROUCO, Liane (Org.). *Reusabilidade de objetos educacionais*. 2003. Disponível em: <http://www.cinted.ufrgs.br/renote/fev2003/artigos/marie_reusabilidade.pdf>. Acesso em: 31 mar. 2014.

ZAFALON, Míriam. *Aulas de literatura e novas tecnologias:* a TV multimídia como mediação para a fruição literária. 2011. Disponível em: <http://dspace.c3sl.ufpr.br/dspace/bitstream/handle/1884/33576/MIRIAM%20ZAFALON.pdf?sequence=1>. Acesso em: 12 maio 2014.

ZILBERMAN, Regina. *A leitura e o ensino da literatura*. São Paulo: Contexto, 1988.

ENSINO DE LITERATURA EM DEBATE:
O TEXTO EM SALA DE AULA

Danglei de Castro Pereira

Compusemos este livro de leitura para o curso médio das escolas primárias do Brasil, a fim de ser ele o único livro destinado às classes desse curso; tal é, de fato, a indicação pedagógica aconselhada hoje: às primeiras classes do ensino primário não deve ser dado outro livro além do livro de leitura (Bilac; Bonfim, 2000, p. 43).

A epígrafe que abre este estudo, retirada da obra *Através do Brasil*, de Olavo Bilac e Manuel Bonfim, contempla aspectos temáticos importantes para discussões sobre a relação literatura e ensino de literatura. Entre eles destacamos: a necessidade de apresentação de "livros de leitura" aos jovens em processo de formação e a dificuldade da apresentação destes "livros de leitura" pela escola via utilização de suportes específicos, como, o caráter paradidático da composição de Bilac e Bonfim.

A reflexão sobre a dificuldade de apresentação de obras literárias – "livros de leitura" – a leitores em formação como passatempo e/ou deslocada de sua relação com a sociedade via transmissão de valores culturais vem à baila quando verificamos dados do censo de leitura de 2006 e, mais recentemente, os resultados da pesquisa "Retratos de leitura no Brasil", publicada em 2012.

Para esta pesquisa a leitura de jornais, revistas, livros e textos na Internet ocupa o sétimo lugar na preferência dos entrevistados quando perguntados sobre "O que fazem em seu tempo livre?". Um dos aspectos positivos, mesmo considerando a colocação da leitura na pesquisa, é que ler aparece à frente do acesso a Internet, da prática de esportes e da utilização de redes sociais, por exemplo.

A pesquisa, no entanto, apresenta dados preocupantes no que se refere à leitura literária. Segundo dados dessa pesquisa a média anual de livros lidos pelos entrevistados, classificados como leitores em geral, soma o percentual de 3,74 livros no total. Destes apenas 1,66 livro é lido na totalidade e 2,08 em partes ou fragmentos textuais. Do total de livros lidos integralmente 1,63 é indicação da escola. Ocorre que do total de livros lidos – 3,74 (fragmentos ou inteiros) – apenas 0,37 é livro de literatura.

Este fato é ainda mais preocupante quando o escopo dos entrevistados são estudantes, pois a média cai para 3,47 livros em média e, destes, 1,47 é leitura de obras inteiras indicadas pela escola. Destas, no entento, apenas 0,49 é de obra literária. Os dados quando a entrevista é direcionada a leitores fora do período formal da Educação Básica indicam que dos entrevistados apenas 0,18%, ou seja, 0,33 livro é obra literárias e de 1,82 livro lido na média, apenas 1,49 é lido em sua totalidade.

Mesmo neste quadro pouco animador a escola tem contribuído, timidamente é verdade, para a promoção e acesso dos leitores em formação aos textos literários ao lhes indicar obras, pois, segundo dados da pesquisa, ainda é na escola que os leitores em formação entram em contato com um maior número de obras literárias. Uma inferência possível a partir deste quadro é a fragilidade da comprovação da ideia de Bilac e Bonfim: leitores em fase de escolarização devem ler "livros de leitura". A inferência indica que, mesmo mais de um século depois da publicação de *Através do Brasil*, encontramos dificuldades em colocar leitores em contato com "livros de leitura", retomando a epigrafe deste estudo.

Para Silva e Silveira (2013)

> no cotidiano da escola, mais especificamente no da sala de aula, os gêneros literários têm exercido o papel de apêndice da gramática e do ensino; pretexto para interpretações prontas e acabadas, e, quando não, vistos como mero passatempo. Outro equívoco é associar a leitura literária ao mero prazer, como se prazer ou desprazer pela leitura não fosse uma produção social e cultural, pois ninguém nasce gostando ou não de ler; tendo prazer ou não pela leitura. (2013, p. 2).

O aparente distanciamento de leitores das obras literárias prejudica, em nosso entendimento, a constituição de leitores autônomos, muitas vezes pela dificuldade de leitura do literário para além da ideia de "passatempo". Lembramos que o perfil do leitor, segundo o PNCN, deve compreender uma formação ampla na qual o domínio da leitura e da escrita assume função formativa, pois formar um leitor competente supõe formar alguém que compreenda o que lê; que possa aprender a ler também o que não está escrito, identificando elementos implícitos; que estabeleça relações entre o texto que lê e outros textos já lidos; que saiba que vários sentidos podem ser atribuídos a um texto; que consiga justificar e validar a sua leitura a partir da localização de elementos discursivos que permitam fazê-lo (Brasil, 1997, p. 36).

Acreditamos que o professor de Português/Literatura deve, antes de tudo, ser leitor e proporcionar aos alunos um convívio prazeroso com a leitura, possibilitando, pela leitura da palavra, a ampliação da leitura de mundo. Conforme Lajolo (1993):

> A discussão sobre leitura, principalmente sobre a leitura numa sociedade que pretende democratizar-se, começa dizendo que os profissionais mais diretamente responsáveis pela iniciação na leitura devem ser bons leitores. Um professor precisa gostar de ler, precisa ler muito, precisa envolver-se com o que lê (p. 108).

Nossa preocupação, neste estudo, é refletir sobre a apresentação de gêneros literários a leitores em formação. Entendemos que a literatura fundamenta uma ação integrada que, por um lado, focaliza a diversidade dos gêneros textuais[10] e, por outro, apresenta um espaço propício

---

[10] Utilizamos a ideia de gêneros conforme Bakhtin (2003) e, posteriormente, Marcuschi (2008), por entendermos que a flexibilidade dos gêneros textuais passa pelo diálogo com a tradição e a constante reformulação/readequação dos limites fixos destes gêneros ao longo do tempo. Marcuschi (2008, p. 154-155) compreende: *a. Tipo Textual* designa uma espécie de construção teórica (em geral uma sequência subjacente aos textos) definida pela natureza linguística de sua composição (aspectos lexicais, sintáticos, tempos verbais, relações lógicas, estilo). O tipo caracteriza-se muito mais como sequência linguística (sequência retórica) que como textos materializados; a rigor, são modos textuais. Em geral, os tipos textuais abrangem cerca de meia dúzia de categorias conhecidas como: narração, argumentação, exposição, descrição, injunção. *b. Gênero Textual* refere os textos materializados em situações comunicativas recorrentes. Os gêneros textuais são os textos que encontramos em nossa vida diária e que apresentam padrões sociocomunicativos característicos definidos por composições funcionais, objetivos enunciativos e estilos concretamente realizados na interação de forças históricas, sociais, institucionais e técnicas. Em contraposição aos tipos, os gêneros são entidades empíricas em situações comunicativas e se expressam em designações diversas, constituindo em princípio listagem abertas. Para nós os gêneros literários, sobretudo após o século 20, dialogam com o processo de reformulação dos gêneros conforme os autores, porém a discussão deste percurso ultrapassa os limites deste estudo.

para a formação do leitor autônomo, entendido, na aresta das ideias de Chartier (2002), como o leitor que se apropria do enunciado, produzindo reflexões individuais em sua relação reflexiva com conteúdos explícitos ou implícitos ao texto lido. Para tanto, compreendemos que todo ato de leitura, conforme Chartier (2002), pressupõe a interação ativa do leitor.

É preciso valorizar o texto literário em ambiente escolar ao entender que o incentivo à leitura literária é fundamental para a formação de leitores autônomos. Este percurso, em nosso entendimento, passa pela valorização da especificidade do literário enquanto modalidade textual por meio da apresentação detida do texto literário aos leitores em formação, recuperando a ideia de Bilac e Bonfim que, nos primeiros anos do século 20 alertavam sobre a necessidade de promoção da leitura via "livro de leitura", para nós, a literatura.

A FORMAÇÃO DE LEITORES:
Reflexões Sobre a Importância do Literário

Uma das principais propostas dos Parâmetros Curriculares Nacionais – PCNs – para o ensino de Língua e Literatura é promover a democratização do saber por meio do contato do leitor/escrevente com uma diversidade de gêneros textuais. Para o documento,

> o trabalho com leitura tem como finalidade, a formação de leitores competentes e consequentemente a formação de escritores, pois a possibilidade de produzir textos eficazes, tem sua origem na prática de leitura, espaço de construção da intertextualidade e fontes de referências modalizadoras. A leitura, por um lado, nos fornece a matéria prima para a escrita: o que escrever. Por outro, contribui para a constituição de modelos: como escrever (Brasil, 1998, p. 53).

A formação de leitores "competentes" e "eficazes", seguindo o raciocínio dos PCNs, passa pela apresentação de diferentes gêneros textuais aos novos leitores. Este processo – apresentar a diversidade de gêneros – é visto como aspecto fundamental no documento, pois o escrevente, neste contexto, incorpora as modalidades organizacionais da linguagem obtendo a "matéria-prima" para, posteriormente, construir o emaranhado de manifestações discursivas identificáveis em Língua Portuguesa (LP). O percurso sugerido nos PCNs é propiciar o surgimento de escritores entendidos como produtores de textos e/ou enunciados significativos, via interação com a linguagem em seus diferentes gêneros.

Este processo de interação com gêneros recupera o que nos diz a Lei de Diretrizes e Bases da Educação – LDB n° 9.394 de 20 de dezembro de 1996 – que estabelece as diretrizes e bases da educação nacional. Em sua seção IV, destinada ao Ensino Médio, artigo 36, item I, o documento indica que a LP deve ser "instrumento de comunicação, acesso ao conhecimento e exercícios da cidadania (Brasil, 1999, p. 33)".

Ainda pensando nas orientações dos PCNs e tendo como pano de fundo o que nos diz a LDB a Língua Portuguesa é um mecanismo para o acesso ao "conhecimento" e ao "exercício da cidadania" ao propiciar uma atividade ampla e diversificada que incorpora e valoriza as variantes regionais de utilização da linguagem. Para nós, a literatura possibilita a diminuição das fronteiras textuais e a democratização do aprendizado de competências linguísticas via contato com diferentes recortes culturais e ideológicos.

A literatura, nesse contexto, é uma importante aliada no processo de construção de textos significativos não só em termos linguísticos, ou seja, de competência textual, mas como uma possibilidade de produzir enunciados que dinamizem sua formação cultural. Lajolo (1993) comenta que o ensino de literatura é importante na formação do leitor, desde que ultrapasse a utilização do texto literário como "pretexto" para atividades pragmáticas de uso de língua, como trabalhos direcionados exclusivamente à estrutura sintática e morfológica.

Esta observação de Lajolo (1993) – "o texto não deve ser pretexto" – parece conduzir a um questionamento sobre a utilização do texto literário em ambiente escolar. Mesmo compreendido como importantes na formação do leitor os PCNs advertem que "os conteúdos de Literatura passaram ao largo dos debates que o ensino de tal disciplina vem suscitando, além de negar a ela a autonomia e a especificidade que lhe são devidas" (Brasil, 2006a, p. 49).

Lajolo (1993) complementa esta perspectiva ao comentar que

> (...) conceitos de literatura padecem de desconhecimento, ou são conhecidos, às vezes, de forma obsoleta; ou não estão muito claros para muitos, ou então aparecem com tal excesso de claridade que chegam a ofuscar qualquer tentativa e ensino mais produtivo e criativo (p. 17).

Concordando com Lajolo (1993), entendemos que a importância do literário está em deslocar o leitor do uso referencial da linguagem e, com isso, oportunizar a criatividade, conduzindo à valorização do texto como parte integrante do processo de amadurecimento humano. Nesse sentido, como expressão de aspectos políticos e culturais, a obra literária deve ser apresentada ao leitor para que este possa interagir com os valores culturais nela cifrados concordando, nesse momento, com Candido quando este expressa que "a literatura é um conjunto de obras, não de fatores nem de autores" (2002, p. 35).

Chartier (2002) compreende que a formação de um leitor passa pelo processo de incorporação de textos em uma interação crítica o que, progressivamente, leva à reflexão e à formação humana como resultado das diferentes leituras de mundo provocadas pela interação leitor/mundo via texto. A literatura, nesse contexto, contribui para a construção de textos significativos não só em termos linguísticos, ou seja, ligados à competência textual do escrevente, mas como possibilidade de produzir enunciados que dinamizem sua formação cultural em um diálogo contínuo com a complexidade social ao entrar em contato com os diferentes recortes históricos e culturais presentes nas obras.

Ao discutir aspectos históricos na formação da leitura e a fragilidade na formação de leitores críticos/autônomos por meio da "escolarização do texto literário", Zilberman (1982) identifica uma inversão na forma de apresentação de textos literários *stricto sensu* em sala de aula. Para esta autora (1982, p. 5), na escola, sobretudo após a década de 80, "a aprendizagem da literatura afigura-se insatisfatória, as obras literárias que circulam na sala de aula dificilmente conseguem formar bons leitores, o livro didático parece consistir a emenda pior que o soneto".

As considerações de Zilberman (1982) contemplam uma das questões atuais no debate sobre o ensino de literatura: o progressivo distanciamento dos leitores em formação do texto literário *stricto sensu* em ambiente escolar. Muitos são os aspectos que favorecem o distanciamento apontado por Zilberman (1982). Podemos destacar: a precariedade do enfrentamento crítico do texto literário *stricto sensu* em ambientes de leitura, a utilização do texto literário como pretexto, conforme Lajolo (1993), a redução progressiva das aulas de literatura na Educação Básica, sobretudo nas últimas décadas; o distanciamento dos leitores dos livros em ambiente familiar, o que prejudica a formação de novos leitores fora da escola, uma sobrecarga no trabalho e a baixa remuneração de professores, o valor agregado de livros em edições cada vez mais caras, o surgimento e fortalecimento de novas mídias, entre elas a Internet.[11]

---

[11] A discussão pormenorizada dos fatores que favorecem o distanciamento de leitores dos gêneros literários ultrapassa os limites deste texto, porém pretendemos retomar estas questões em discussões futuras, sobretudo no que se refere ao "encastelamento teórico".

Em alguns casos encontramos, ainda, a supervalorização da teoria literária em detrimento ao contato específico com o texto literário nos cursos de Letras, o que contribui para a formação de professores de literatura, muitas vezes, mais preocupados em ensinar e discutir a Teoria da Literatura do que o enfrentamento do texto literário em sua especificidade. A este processo de supervalorização da teoria literária denominamos "encastelamento teórico" dos Departamentos de Letras, dos Estudos Literários e, sobretudo, da Teoria da Literatura vista de forma distante de seu objeto, ou seja, a literatura e, consequentemente, sua discussão em ambiente escolar.

LETRAMENTO LITERÁRIO:
Um Caminho

Rildo Cosson (2011), ao refletir sobre o conceito de letramento literário e a situação do ensino de literatura contemporaneamente parece dialogar com a presença do que denominamos de "encastelamento teórico". Ao compreender que a focalização de gêneros literários em ambiente escolar passa pela apresentação de aspectos específicos de sua gênese, Cosson (2011) compreende que a leitura literária passa por uma postura reflexiva que incorpora os sentidos subjacentes ao literário por meio da verificação e apreciação de aspectos intrínsecos da obra de arte literária.

O resultado de uma ação de letramento passa, seguindo o raciocínio de Cosson (2011), pela progressiva formação do leitor e pela valorização do literário como resultante de mediações estéticas que ajudem o leitor a identificar e interagir com os significados cifrados no texto. Este processo otimiza a aplicação de valores advindos da teoria e da crítica literárias como instrumental para o enfrentamento do texto literário *stricto sensu* e, não, somente, como uma constante teorização de si mesma.[12]

Para o autor,

> na leitura e na escrita do texto literário encontramos o senso de nós mesmos e da comunidade a que pertencemos. A literatura nos diz o que somos e nos incentiva a desejar e a expressar o mundo por nós mesmos. E isso se dá porque a literatura é uma experiência a ser realizada. É mais que um conhecimento a ser reelaborado, ela é a incorporação do outro em mim sem renúncia da minha própria identidade. No exercício da literatura, podemos ser outros, podemos viver como os outros, podemos romper os limites do tempo e do espaço de nossa experiência e, ainda assim, sermos nós mesmos. É por isso que interiorizamos com mais intensidade as verdades dadas pela poesia e pela ficção (Cosson, 2011, p. 17).

O que Cosson (2011) compreende como "interiorizar verdades" passa pela ideia de apropriação do discurso, ou seja, pela apreensão dos valores temáticos e sociais da literatura enquanto aspecto amplo de formação. Acreditamos que este processo é construído por meio de uma apresentação mais detida do texto literário ao jovem leitor. Ao reelaborar o conhecimento transmitido pelo texto, o leitor tem a possibilidade de apreender e compreender valores que ultrapassam sua individualidade, sem, contudo, retomando palavras do autor, deixar de ser "nós mesmos".

Compreendendo a validade dessa proposta e a necessidade de observar a dinâmica do ensino de literatura de expressão de língua portuguesa na Educação Básica, nossa preocupação é contribuir para a for-

---

[12] Esta postura, de teorizar a própria teoria em um distanciamento do texto *stricto sensu* e do exercício da crítica literária enquanto *práxi*s é, para nós, a base do que denominamos há pouco "encastelamento teórico".

mação de leitores preocupados com as especificidades do literário e, por isso, críticos em relação à leitura realizada. Concordamos com Cosson (2011) quando este defende a importância de

> aceitar a existência do cânone como herança cultural que precisa ser trabalhada não implica prender-se ao passado em uma atitude sacralizadora das obras literárias. Assim como a adoção de obras contemporâneas não pode levar à perda da historicidade da língua e da cultura (p. 34).

Apresentar e, por vezes, ultrapassar a diversidade canônica é então um desafio ao professor de literatura, pois o ensino é sempre um movimento em direção ao cânone, porém os limites de sua constante revisão é uma alternativa viável para a preservação de um novo olhar diante da diversidade de textos literários presentes em uma tradição. Não discordamos da apresentação de uma "historicidade da língua e da cultura", mas acreditamos que esta apresentação deve levar em conta, primariamente, a formação de leitores e a diversidade cultural presentes na gênese do literário.

O leitor é visto, neste estudo, como agente produtor e formador da leitura, pois é na interação leitor e texto que se estabelece o diálogo crítico em um processo contínuo de formação e transmissão dos conhecimentos provocados no leitor pelo texto. Seguindo as ideias de Zilberman (1982), compreendemos a leitura como um processo complexo, no qual leitor e texto interagem na construção de significados mobilizando conhecimentos de mundo e valores culturais compartilhados ou não. Estes significados construídos conjuntamente na atividade de leitura retomam questões sociais, fato que conduz à eleição da obra literária como instrumento de transmissão e veiculação de cultura.

Em outros termos, o que viabiliza a mobilização dos valores culturais no texto literário é sua especificidade na interação com o leitor. Advertimos que, pelo raciocínio apresentado, não negligenciamos a necessidade e validade dos conteúdos específicos da teoria e da crítica literária na apresentação e discussão do literário; antes identificamos que sua utilização contextualizada é instrumento que facilita o enfrentamento específico do texto literário ou, de forma mais ampla, da arte com um todo.

Na sequência, apresentaremos um relato de experiência que exemplifica a relevância do ensino de literatura via apresentação de "livros de leitura" a leitores em formação, retomando, mais uma vez, a epígrafe deste estudo.

RELATOS DE EXPERIÊNCIA EM UM PROCESSO DE FORMAÇÃO DE LEITORES

O relato de experiência que se segue é resultado de ações desenvolvidas no projeto de extensão "Oficina de leitura literária". O projeto, ainda em execução, envolve 12 escolas públicas no município de Campo Grande/MS e procura exemplificar ao leitor deste texto uma forma de apresentação do literário que se não prima pela discussão da teoria literária a utiliza como instrumento de valorização do literário propriamente dito. Lembramos que o projeto apresenta como paralelo metodológico o cotejo em grupo ou individualmente de diferentes textos literários *stricto sensu* em ambiente escolar, tendo como docentes acadêmicos da Graduação em Letras da UEMS de Campo Grande/MS e, como público alvo alunos da Educação Básica de diferentes escolas estaduais de Campo Grande. Entre as escolas atingidas pelo projeto citamos: E. E. Amélio de Carvalho Baís, E. E. João Carlos Flores, E. E. Joaquim Murtinho, E. E. José Maria Hugo Rodrigues, E. E. Lúcia Martins Coelho, Colégio Militar de Campo Grande; conforme autorização do ofício número SED-630/2012.

Os textos literários selecionados no projeto são discutidos procurando, sempre que possível, estabelecer pontos de contato entre os valores culturais presentes nos textos trabalhados e a relação lúdica destes textos na apresentação ao público alvo. A proposta é promover a valorização da diversidade textual e incentivar a produção de textos a partir da leitura e discussão do literário. Outro objetivo das ações é contribuir para a formação de futuros docentes de Letras preocupados com a leitura e enfrentamento do literário em sala de aula.

Nos encontros com o público-alvo desenvolvemos etapas de leitura do texto que privilegiaram: contextualização, ambientação social e literária, leitura do texto propriamente dito, discussão temática do texto e, por fim, confecção de trabalhos individuais ou em grupo que abordem o *corpus* selecionado. Após a confecção dos trabalhos (pós-textos) segue-se um debate e/ou leitura dos textos produzidos pelo público-alvo com a preocupação de ampliar a compreensão do texto lido na atividade e valorizar de forma central a produção dos ouvintes envolvidos na ação.

A confecção dos pós-textos são direcionadas para ações específicas como: colagens, reescritura do texto, desenhos livres, pinturas, entre outras ações. Estas atividades valorizaram a leitura realizada, possibilitando aos participantes a interação com o texto lido de maneira mais lúdica, sem a preocupação de avaliações pragmáticas, como notas ou conceitos. Entendemos que ao apresentar, posteriormente, seu pós-texto, o ouvinte tem a possibilidade de interagir com o texto e, por vezes, ao construir novos arranjos discursivos, minimiza a dificuldade de leitura ao perceber aspectos significativos presentes no texto trabalhado na atividade. A intenção é ampliar o contato do leitor com o texto literário e, na medida do possível, com as demais manifestações artísticas por ele evocadas.

Na leitura dos textos adotamos o método linear de leitura. Neste, que é uma adaptação do método linear de contação de histórias conforme Abramovich (1997), o principal foco é o texto. A apresentação do texto ao público evita dramatizações e/ou utilização de aspectos cênicos durante a leitura. A ideia é obedecer à estrutura do texto, seu ritmo e especificidades para, utilizando-se de um tom constante na voz durante a leitura, apresentar o texto aos ouvintes.

A ação de leitura pede uma organização específica da sala de aula. As carteiras são dispostas em círculos ou semicírculos, evitando o modo habitual de organização da sala de aula em fileiras horizontais/verticais e o leitor/professor deve observar a reação dos ouvintes/alunos durante a leitura. Tal organização permite que o leitor/professor veja e seja visto por todos os envolvidos durante a leitura e possa mediar possíveis intervenções. Após a organização da sala o leitor/professor apresenta o texto por meio de uma pequena introdução, na qual comenta o tema, os motivos da seleção e faz um pequeno histórico biográfico e bibliográfico do texto e do autor. A intenção é verificar a empatia do grupo diante do texto que será lido. Após a leitura inicia-se o debate, dando voz aos ouvintes e, por fim, a confecção dos pós-textos. É importante que após a leitura e confecção de pós-textos os ouvintes possam comentar suas produções, tentando estabelecer as relações com o texto lido.

Como forma de exemplificar a ação descrevemos, na sequência, uma atividade desenvolvida no projeto de extensão. Esta atividade foi realizada no dia 20/8/2013 na E. E. Amélio de Carvalho Baís em Campo Grande/MS. Desta feita, focalizamos os contos "Chapeuzinho Vermelho", versão de Charles Perrault (1999), e "Venha ver o pôr-do-sol", de Lygia Fagundes Telles (1991). Neste encontro estiveram presentes na oficina 19 participantes. A ambientação das leituras precedeu a uma provocação: a afirmação de que os ouvintes envolvidos conheciam a(s) versão(ões) do conto popular "Chapeuzinho Vermelho".

Como todos se manifestaram em direção ao domínio temático do conto focalizamos, em um primeiro momento, os relatos conhecidos pelos participantes. Em seguida realizamos uma contextualização histórica das origens burlescas dos contos populares e situamos os contos maravilhosos, caso de "Chapeuzinho Vermelho", à presença implícita de elementos de estrato social popular na Idade Média. Perguntamos aos alunos/leitores, a partir da impressão da leitura inferida, se o conto "Chapeuzinho Vermelho" pode ser considerado um texto ingênuo e o que achavam dele.

Estas perguntas foram respondidas de maneira a conduzir a uma leitura tradicional do relato popular em um espaço de ingenuidade e prescrições morais como a obediência familiar e o ensinamento moral relacionado ao contato com estranhos, por exemplo. Feita a ambientação inicial, passamos à leitura do conto, versão compilada por Perrault, do qual reproduzimos o último parágrafo.

> O Lobo, vendo-a entrar, disse-lhe, escondendo-se sob as cobertas: "Ponha o bolo e o potezinho de manteiga sobre a arca e venha deitar aqui comigo". Chapeuzinho Vermelho despiu-se e se meteu na cama, onde ficou muito admirada ao ver como a avó estava esquisita em seu traje de dormir. Disse a ela: "Vovó, como são grandes os seus braços!" "É para melhor te abraçar, minha filha! "Vovó, como são grandes as suas pernas!" "É para poder correr melhor, minha netinha!" "Vovó, como são grandes as suas orelhas!" "É para ouvir melhor, netinha!" "Vovó, como são grandes os seus olhos" " É para ver melhor, netinha!" "Vovó, como são grandes os seus dentes!" "É para te comer!" E assim dizendo, o malvado lobo atirou-se sobre Chapeuzinho Vermelho e a comeu (Perrault, 1999, p. 55).

Ao final da leitura, muitos dos ouvintes manifestaram surpresa com o final da narrativa e, sobretudo, pelo fato de a personagem "deitar-se" nua com o lobo na cama, antes de ser "comida". A presença de uma ambiguidade semântica do signo "comer" levou os ouvintes a reconhecerem conotações sexuais no trecho "atirou-se sobre Chapeuzinho e a comeu". A problematização da ingenuidade do conto e a indicação de que os contos populares trazem em sua gênese aspectos ligados ao caráter burlesco na Idade Média assumiram tons de surpresa na percepção dos leitores.

A ideia central da apresentação da versão de Perrault foi introduzir os leitores em formação a um processo reflexivo diante das leituras realizadas e, por isso, selecionamos um conto de grande circulação e que apresentaria uma linha de leitura inicial com certa previsibilidade. Não tivemos a preocupação de oportunizar a discussão detalhada da tradição popular e do caráter burlesco inerente à composição do texto compilado por Perrault, mas sim chamar a atenção dos leitores para a ambientação histórica presente nos textos literários. Este processo redundou na valorização por parte dos leitores da presença de traços históricos no literário. Como dito, os ouvintes ficaram surpresos com o desfecho do conto e isso possibilitou uma ampliação de seu conhecimento prévio, bem como a indicação à leitura do conto *Fita verde no cabelo*, de Guimarães Rosa como forma de ampliar a linha de leitura inicial do texto de Perrault.

Após estas considerações passamos à leitura do conto "Venha ver o pôr-do-sol", de Lygia Fagundes Telles com a preocupação de evidenciar no interior da narrativa a presença de traços linguísticos que colaboram para a ironia presente no literário. Na leitura do conto de Telles enfatizamos, após o 1º contato, elementos da narrativa que anunciavam o fim trágico destinado à Raquel, personagem central do conto. Ao destacarmos os recursos linguísticos como "a nuvem de rugas" que circulam o olhar do narrador e evidenciam as mudanças na personalidade – do jovem ingênuo ao assassino cruel e calculista – chamamos a atenção dos ouvintes para a materialidade dos textos em um processo de reorganização intradiegética das impressões iniciais de leitura.

Ao assumirmos um tom mais específico na leitura e valorizar alguns aspectos discursivos do conto chamamos a atenção dos leitores para a complexidade da personalidade do protagonista. Este, preterido pela amante em detrimento de um oponente rico, com o qual a personagem vivia no momento do relato, decide, premeditadamente, assassiná-la. Ao polemizar o enredo do conto de Telles em direção à premeditação do assassinato comentamos, mesmo que sucintamente, as relações intertextuais do texto com o conto "O Barril de Amontillado" de Edgar Allan Poe. Ao final sugerimos uma leitura mais ativa da materialidade textual do conto em discussão e valorizamos, nas entrelinhas da narrativa, a presença da ambiguidade da figura humana como delimitação temática recuperada pela autora por meio do diálogo com o texto de Poe.

Ao final da leitura e discussão do conto os ouvintes manifestaram grande interesse pela leitura do texto de Poe e, consequentemente, pela organização interna do texto de Telles. As produções pós-textuais, em linhas gerais, conseguiram captar coerentemente a linha temática do texto de Telles, aspecto considerado positivo. Este domínio do enredo e da temática por parte dos ouvintes nos possibilitou inferir que os ouvintes interagiram com o texto trabalhado na oficina.

Um exemplo desta interação é a quantidade e qualidade das produções pós-textuais realizadas exemplificada, neste estudo, pelo desenho que segue feito por um aluno do 2º ano do Ensino Médio.

A produção pós-textual em destaque demonstra que o leitor representa de maneira coerente os elementos centrais do texto de Telles. Tal apropriação demonstra um envolvimento efetivo do ouvinte com o texto lido, pois a totalidade das produções realizadas pelos ouvintes/leitores captaram a linha temática desenvolvida pela autora. No desenho fica evidente a interação do leitor diante do relato de Telles na medida em que a representação de Ricardo como um diabo – ver chifres e rabo – e de Raquel – com um anjo – demonstra um juízo de valor atribuído pelo leitor aos personagens do conto. O aspecto visual do trabalho pós-textual ambienta, ainda, o cenário do conto – cemitério abandonado – e a descrição do pôr-do-sol. No desenho Raquel aparece como vítima em um cenário que tem como pano de fundo o pôr-do-sol e a descrição de lápides do cemitério abandonado.

O desenho em discussão, em nosso entendimento, demonstra a interação do autor diante do texto, uma vez que ao retratar anjos e demônios e associá-los à representação dos personagens o leitor manifesta sua impressão de leitura e, mais que isso, apresenta um posicionamento crítico em relação às ações de Ricardo no conto, inclusive o colocando como vilão da narrativa.

Mais do que representar anjos e demônios, o leitor interage com o texto e caminha em direção à apropriação e mobilização crítica de seu conteúdo temático, aspecto positivo encontrado na produção pós-textual aqui comentada e que é recorrente em todas as produções realizadas pelos ouvintes nesta atividade.

CONSIDERAÇÕES FINAIS

As reflexões presentes neste texto indicam que a apresentação de textos literários a leitores em formação é um caminho para a constituição de leitores autônomos. Os resultados das atividades desenvolvidas em sala de aula por meio da apresentação progressiva do texto literário *stricto sensu* do projeto de extensão *Oficina de leitura literária* demonstram que a interação com o literário contribui para a formação do leitor.

Compreendemos, naturalmente, as dificuldades que envolvem a apresentação do literário em um espaço de tempo reduzido para o conteúdo de literatura na Educação Básica, quase sempre fundido a conteúdos de Língua Portuguesa e restrito a uma ou, no máximo, duas horas semanais em grande parte das regiões federativas do Brasil.

Apesar deste panorama pouco tranquilizador acreditamos que a apresentação do texto literário *stricto sensu* em ambiente escolar contribui para formação de leitores e, nesse sentido, quem sabe a retomada de uma ideia veiculada há mais de um século por Bilac e Bonfim, encontre ressonância nos dias atuais. Em outros termos, é preciso, de fato, que leitores leiam "livros de leitura".

Referências

ABRAMOVICH, F. *Literatura Infantil*: gostosuras e bobices. Sao Paulo: Editora Scipione, 1997.

BAKHTIN, M. Os gêneros do discurso. In: _____. *Estética da criação verbal*. 3. ed. São Paulo : Martins Fontes, 2003.

BILAC, O.; BONFIM, M. *Através do Brasil*. Prática de língua portuguesa. Organização e notas Mariza Lajolo. São Paulo: Companhia das Letras, 2000.

BRASIL. MEC. *Parâmetros Curriculares Nacionais*: Ensino Médio. Brasília: MEC; SEF, 1999.

_____. MEC. Secretaria de Educação Fundamental. *Parâmetros Curriculares Nacionais*: Língua portuguesa, terceiro e quarto ciclos do Ensino Fundamental. Brasília: MEC; SEF, 1998.

BRASIL. MEC. *Orientações curriculares do ensino Médio*. Apresentação. Brasília: MEC; Semtec, 2004.

_____. *Orientações curriculares para o Ensino Médio*. Volume linguagens, códigos e suas tecnologias. Brasília: MEC; Semtec, 2006a.

_____. Secretaria de Educação Fundamental. *Parâmetros Curriculares Nacionais*: língua portuguesa. Brasília: SEF, 1997.

_____. *Censo de leitura no Brasil*. Brasília: IBGE, 2006b.

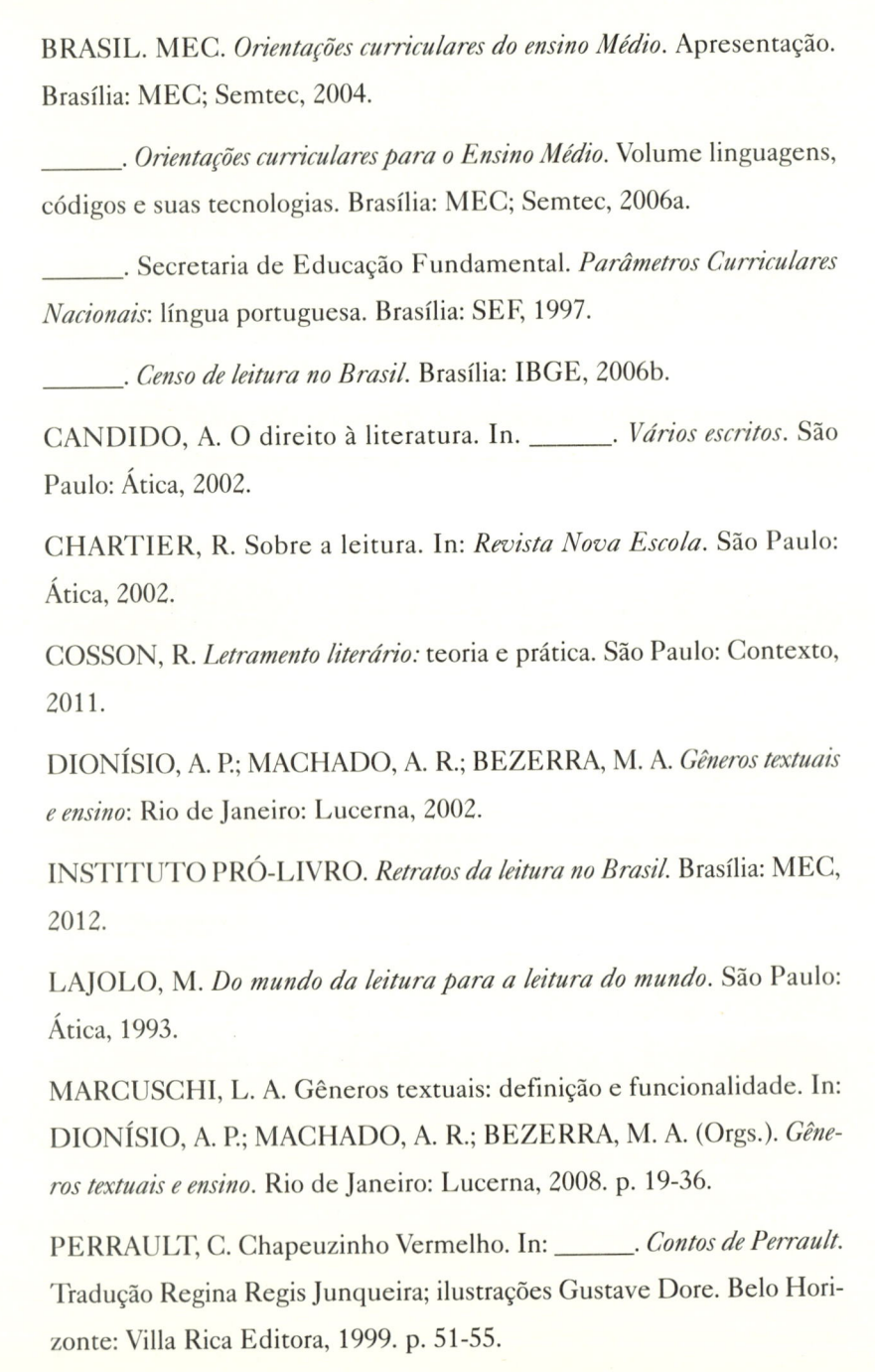

CANDIDO, A. O direito à literatura. In. _____. *Vários escritos*. São Paulo: Ática, 2002.

CHARTIER, R. Sobre a leitura. In: *Revista Nova Escola*. São Paulo: Ática, 2002.

COSSON, R. *Letramento literário:* teoria e prática. São Paulo: Contexto, 2011.

DIONÍSIO, A. P.; MACHADO, A. R.; BEZERRA, M. A. *Gêneros textuais e ensino*: Rio de Janeiro: Lucerna, 2002.

INSTITUTO PRÓ-LIVRO. *Retratos da leitura no Brasil*. Brasília: MEC, 2012.

LAJOLO, M. *Do mundo da leitura para a leitura do mundo*. São Paulo: Ática, 1993.

MARCUSCHI, L. A. Gêneros textuais: definição e funcionalidade. In: DIONÍSIO, A. P.; MACHADO, A. R.; BEZERRA, M. A. (Orgs.). *Gêneros textuais e ensino*. Rio de Janeiro: Lucerna, 2008. p. 19-36.

PERRAULT, C. Chapeuzinho Vermelho. In: _____. *Contos de Perrault*. Tradução Regina Regis Junqueira; ilustrações Gustave Dore. Belo Horizonte: Villa Rica Editora, 1999. p. 51-55.

SILVA, Antonieta M. O. de; SILVEIRA, Maria Inez M. Leitura para fruição e letramento literário: desafios e possibilidades na formação de leitores. *Revista Eletrônica de Educação de Alagoas*, v. 1, n. 1, 2º semestre 2013, p. 92-101. Disponível em: <http://www.educacao.al.goo/reduc/edicoes/1a-edicao/LETRAMENTO%20Silva_Maria%20Silveira.pdf>. Acesso em: 18 set. 2013.

TELLES, L. F. Venha ver o pôr-do-sol. In: _____. *Venha ver o pôr-do-sol e outros contos*. 5. ed. São Paulo: Ática, 1991. p. 26-35.

TODOROV, T. *Os gêneros do discurso*. São Paulo: Global, 2003.

ZILBERMAN, R. (Org.). *Leitura em crise na escola:* as alternativas do Professor. Porto Alegre: Mercado Aberto, 1982.

SEMEANDO ESCRITORES:
PERSPECTIVAS E PRÁTICAS PARA A PRODUÇÃO DA REDAÇÃO DO ENEM

Karina Kristiane Vicelli

Há inúmeros problemas e desafios a serem enfrentados pelo professor de redação no Brasil. Talvez o maior deles, hoje, seja como conduzir o aluno de Ensino Médio a tornar-se um produtor textual competente, que consiga comunicar-se por meio da escrita. A grande preocupação dos estudantes, todavia, não é necessariamente dominar a língua materna e escrever bem, e sim, na maioria das vezes, em obter uma boa nota em redação no Enem ou em outros vestibulares. Pensando nisto e no trabalho executado ao longo de 2012 em uma escola particular, o Colégio Maria Montessori, em Campo Grande, Mato Grosso do Sul, o presente texto proporciona algumas posturas adotadas em sala de aula enquanto metodologia que ajudasse os jovens a produzirem seus textos tendo como base a leitura de textos literários. Há também alguns apontamentos sobre as principais dificuldades e anseios dos jovens estudantes, bem como no final do texto apresenta-se saldos e análises de dois ensaios que obtiveram boas notas de redação no Enem, influenciados pelo poder transformador da literatura.

Primeiramente, é importante ressaltar o quão é difícil encontrar, inclusive para as escolas particulares, professores dedicados e realmente dispostos a fazer um bom trabalho no que respeita à produção textual. Os baixos salários e o pouco tempo disponível para as correções fazem com que ao ensino de redação seja delegado um segundo lugar, e, por que não afirmar: a escrita é um dos processos menos valorizados dentro das ementas escolares? Consequentemente há poucos profissionais realmente dispostos a realizá-lo com seriedade.

Nas escolas particulares normalmente os professores possuem uma aula semanal de no máximo 50 minutos para ensinar a escrever, quando muito dispõem de duas aulas semanais de 50 minutos cada; algumas escolas em Campo Grande – MS – pagam mais uma aula de correção, ou pagam por texto corrigido, mas a maioria não remunera além das aulas ministradas em sala. Vantagem significativa se compararmos às escolas públicas de Mato Grosso do Sul, uma vez que pela política do Estado nem oferecem uma divisão entre as matérias Língua Portuguesa, Redação e Literatura. Desse modo cabe ao professor de Língua Portuguesa dividir as disciplinas, o que dificulta em muito o trabalho, porque o educador provavelmente privilegiará o conteúdo com o qual possui mais afinidade e oferece menos afazeres.

Por isso, a proposta das atividades desenvolvidas em sala de aula partiu do princípio da leitura do texto literário como *leitmotiv*. Os estudantes liam-no primeiramente, e só depois liam outros gêneros que abordassem o mesmo assunto, para posteriormente o relacionarem de maneira mais objetiva na produção de um texto dissertativo-argumentativo, com textos de revistas semanais que tratam de atualidades. O objetivo era que os alunos conseguissem relacionar um texto ficcional com a realidade, justamente para poderem estabelecer relações intertextuais.

Sendo assim, o texto literário não foi um mero pretexto ou apenas um apêndice, mas a parte mais importante do processo para fomentar as produções textuais. Tendo-o como ponto de partida alicerçava-se o pensamento da importância fundamental da literatura na construção de um indivíduo, para torná-lo por meio da leitura e suas nuances um ser capaz de se expressar por meio da escrita em sua língua materna. Por meio da literatura é possível favorecer aos estudantes textos dos mais variados níveis, tanto em termos vocabulares quanto em termos de material humano. Além das discussões sobre a elaboração textual e das diferentes técnicas utilizadas pelos inúmeros autores, conduz-se o aluno a se perceber através dos outros e a questionar e a pensar o seu entorno. Esse ganho de ampliação cultural proporciona um amadurecimento não só como um produtor textual mais competente, mas como indivíduo capaz de se colocar no mundo e se fazer presente por meio da palavra consagrada em texto.

> Quando um enunciador comunica alguma coisa, tem em vista agir no mundo. Ao exercer seu fazer informativo, produz um sentido com a finalidade de influir sobre os outros. Deseja que o enunciatário creia no que ele lhe diz, faça alguma coisa, mude de comportamento ou de opinião, etc., ao comunicar, age no sentido de fazer-fazer. Entretanto, mesmo que não pretenda que o destinatário aja, ao fazê-lo saber alguma coisa, realiza uma ação, pois torna o outro detentor de um certo saber (Fiorin, 2004, p. 77).

As redações do Enem analisadas são apenas uma pequena amostragem de um longo processo e dos efeitos positivos das leituras dos textos literários, e é óbvio que talvez o saldo maior seja ter proporcionado aos estudantes uma base significativa para que possam obter sua formação universitária com competência, dominando habilidades que deveriam ser acessíveis por meio das escolas brasileiras a todos os alunos de Ensino Fundamental e Médio. Ter a literatura como substância norteadora transformou-os, além de seres mais críticos, em pessoas mais sensíveis.

Então, definido o modo de trabalho com os estudantes, levou-se em consideração algumas obras norteadores da composição deste artigo e no preparo das aulas: *Ensino de Língua Portuguesa – uma abordagem pragmática*, de Lívia Suassuna, e *Comunicação em Prosa Moderna*, de Othon M. Garcia. Na primeira percebe-se que os medos, os anseios e os resultados que levaram a autora a escrever e a publicar o seu trabalho são os mesmos da maioria dos educadores. Na segunda, temos um manual enriquecedor para o preparo das aulas de redação; o autor defende que antes de escrever, o aluno deve aprender a pensar e ter contato com informações para que tenha conteúdo para melhor redigir.

> Aprender a escrever é, em grande parte, se não principalmente, aprender a pensar, aprender a encontrar idéias e a concatená-las, (...). Quando professores nos limitamos a dar aos alunos temas para redação sem lhes sugerirmos roteiros ou rumos para fontes de idéias, sem, por assim dizer, lhes "fertilizarmos" a mente, o resultado é quase sempre desanimador: um aglomerado de frases desconexas, malredigidas, malestruturadas, um acúmulo de palavras que se atropelam sem sentido e sem propósito; frases em que procuram fundir idéias que não tinham ou que foram malpensadas ou maldigeridas. Não podiam dar o que não tinham, mesmo que dispusessem de palavras-palavras, quer dizer, palavras de dicionário, e de noções razoáveis sobre a estrutura da frase. É que palavras não criam idéias; estas, se existem, é que, forçosamente, acabam corporificando-se naquelas, desde que se aprenda como associá-las e concatená-las, fundindo-as em moldes frasais ade-

quados. Quando o estudante tem algo a dizer, porque pensou, e pensou com clareza, sua expressão é geralmente satisfatória (Garcia, 21010, p. 303).

Fertilizar as mentes dos estudantes foi o cerne do trabalho, como recheá-los de ideias, como transformar o que consomem culturalmente em conceitos corporificados foi o desafio deste trabalho. Ambas as obras citadas abordam também como dado importante o caos estabelecido na correção dos vestibulares e nos cursos de nível superior, posto que grande parte dos estudantes brasileiros não consegue produzir uma redação inteligível e aceitável dentro dos parâmetros delimitados.

Além do mais, Lívia Suassuna defende combater o ar enfadonho que tomou conta das aulas de Língua Portuguesa, e afirma categoricamente "que o ensino de Português, efetivamente, faliu. Porque sempre o mesmo: os mesmos compêndios, livros, discursos, métodos. E a mesmice se explica pela eleição de um objeto de ensino parcial – um pedaço apenas da língua. Um pedaço modelar" (Suassuna, 1999, p. 15). Ou seja, o ensino de nossa língua materna, tal qual está posto, está quase morto e enterrado. Dissemos quase, porque ainda há esperanças de salvar, ressuscitar ou reanimar o ensino de nossa língua mãe, internada em alguma Unidade de Tratamento Intensivo do Sistema Único de Saúde brasileiro.

Quanto à turma escolhida e os textos analisados, esta é outra questão relevante, os alunos, ou pelo menos a maioria deles, pertence a um grupo privilegiado da sociedade, por poderem pagar por uma escola particular de sistema integral, na qual a maioria estudou desde os anos iniciais, o que oferece continuidade no procedimento educacional. Poucos são alunos novos, e mesmo assim todos possuem uma base sólida em termos de Ensino Infantil e Fundamental. Primeiramente, fui professora de Literatura deles durante o 1º ano, posteriormente esses alunos em 2012 compuseram duas turmas de 2º ano, uma com 21 alunos e a outra com 22 alunos. Então pediram-me que além de Literatura lecionasse

Redação. O desafio foi aceito e, em 2012, ministrei as duas disciplinas. Em 2013 compuseram uma turma de 3º ano, de 33 alunos, na qual continuei a lecionar as duas disciplinas.

Esse percurso somente reforça a proposta inicial de ter a Literatura como o esteio da escrita. Como professora dessa matéria sempre reforcei a importância da leitura em sala, e ao trabalharmos os conteúdos sempre havia a explicação das escolas literárias partindo da análise textual, da leitura das obras literárias constantes e frequentes, promovendo a partir das impressões dos alunos a percepção das marcas textuais de cada autor e de sua época. Enfim, como afirmou Terry Eagleton "*a 'literatura' pode ser tanto uma questão daquilo que as pessoas fazem com a escrita, como daquilo que a escrita faz das pessoas*" (2003, p. 9). Faltava o segundo passo, o de transformar esse saber adquirido em matéria, em marcas pessoais a partir das reconfigurações textuais típicas a qualquer indivíduo.

Aparentemente esses fatores todos deveriam ser descartados, e tentaríamos abordar a produção deste texto de forma mais objetiva e impessoal. Essa impessoalidade na elaboração dos textos, porém, foi um dos primeiros mitos combatidos durante as aulas. O propósito era que as redações apresentassem pessoalidade, ou como o Enem denomina: marcas de autoria. A linguagem dos textos dissertativo-argumentativos foi trabalhada enquanto parte de um processo subjetivo, para que o ato de escrever fizesse sentido, tornando os alunos não meros reprodutores de informações cristalizadas, mas pensadores que se posicionam ideologicamente diante de qualquer assunto que venha a ser cobrado em avaliações.

> A ênfase no aspecto ativo do sujeito e no caráter relacional de sua construção como sujeito, bem como na construção "negociada" do sentido, leva Bakhtin a recusar tanto um sujeito infenso à sua inserção social, sobreposto ao social, como um sujeito submetido ao ambiente sócio-histórico, tanto um sujeito fonte do sentido como um sujeito assujeitado. A proposta é a de conceber um

sujeito que sendo um eu para-si, condição de formação da identidade subjetiva, é também um eu para-o-outro, condição de inserção dessa identidade no plano relacional responsável/responsivo, que lhe dá sentido (Brait, 2005, p. 22).

Muitos outros mitos apresentados por parte da turma em relação à elaboração de um texto dissertativo-argumentativo foram sendo enfrentados e solucionados ao longo do processo: Posso usar a primeira pessoa em dissertação? Perguntas são permitidas na elaboração do texto? É obrigatório o título? Há relação entre o número de linhas e a nota? Posso usar letra bastão ou deve ser cursiva? Posso misturar os dois tipos de letra? Como ser impessoal, neutro? Perderei muita nota por não acentuar?, etc.

Após o primeiro passo que foi a sensibilização, ou seja, escrever para fazer sentido tanto para si quanto para o leitor, então passamos a desmistificar os mitos textuais. A começar por não ser impessoal ou neutro, uma vez que o texto deve ter marcas de autoria e apresentar criatividade para fugir ao senso comum. Deve-se evitar a neutralidade, escrever para si e com o intuito de convencer os outros de sua reflexão foi o grande estímulo, dessa forma preparamos o terreno para receber as leituras que deveriam ser usadas como fontes vivificantes do texto.

De acordo com os parâmetros propostos pelo Enem no Guia do Estudante e na apostila que apresenta os textos considerados nota 1000 pela avaliação, é permitido quase tudo nesse tipo de produção. A primeira pessoa pode ser utilizada no plural, e aceita, inúmeros textos obtiveram nota máxima utilizando-a; as perguntas também são permitidas, desde que respondidas ao longo do texto, mas a indicação era de que optassem por transformar as perguntas em afirmativas, ou apenas usá--las enquanto elemento retórico; o título não é obrigatório, mas um bom título ajuda muito a coerência e a coesão do texto, além de deixá-lo mais gracioso; dificilmente uma redação de 8 linhas tirará uma nota 1000. Nos exemplos apresentados pela apostila do Enem as que obtiveram essa pontuação continham número superior a 25 linhas, então é preferível escrever o máximo com conteúdo bem arquitetado e costurado; quanto à tipologia das letras, tanto faz cursiva ou bastão, ou se estão misturadas, o importante é serem legíveis e detectáveis; deve evitar-se a neutralidade, ela espanta a criatividade e as marcas de autoria, deve-se optar por caracterizar o texto por meio de figuras de linguagem, citações, alusões reflexivas e ilustrações.

Um avanço em termos de avaliação no Brasil, não se exige o uso da língua estanque, e sim se espera o cotidiano e o contexto do aluno, parte-se de um processo de universalização, para a compreensão do indivíduo, e sabemos que a redação será o contato mais íntimo que o estudante terá com os avaliadores, o que ajuda a combater os métodos arcaicos e rançosos do ensino da Língua Portuguesa.

> Os métodos tradicionais de ensino da língua no Brasil visam, por incrível que pareça, à formação de professores de português! O ensino da gramática normativa mais estrita, a obsessão terminológica, a paranóia classificatória, o apego à nomenclatura – nada disso serve para formar um bom usuário da língua em sua modalidade culta. Esforçar-se para que o aluno conheça de cor o nome de todas as classes de palavras, saiba identificar os termos da oração, classifique as orações segundo seus tipos, decore as definições tradicionais de sujeito, objeto, verbo, conjunção, etc. – nada disso é garantia de que esse aluno se tornará um usuário competente da língua culta (Bagno, 2002, p. 119).

A maior parte desses mitos em relação ao texto dissertativo foi estabelecida ao longo dos anos escolares por professores de Língua Portuguesa, Redação e Interpretação de Texto. Lembro-me que todas essas regras também fizeram parte do meu aprendizado no Ensino Médio, e que nunca as considerei muito justas, a Linguística e suas práticas em muito colaboraram para desmistificá-las e permitir as marcas da individualidade na produção textual.

Os *Parâmetros curriculares nacionais: língua portuguesa* (1997), como dissemos, são um exemplo de como a influência da Linguística e da Linguística Aplicada é patente na concepção de ensino de Língua Portuguesa hoje, já que essas disciplinas interferiram diretamente na redação desses documentos produzidos por órgão oficial e distribuídos para escolas. Veja, nos parâmetros, a recomendação para se desenvolver o uso da língua, para se estudar a língua oral, para fazer do texto o eixo dos estudos de língua – inclusive o texto do aluno, que deve ser a base para o ensino de gramática –, para se considerarem aspectos como coesão e coerência textuais, para a necessidade de diversidade de textos oferecidos para leitura, etc. (Mendonça, 2012, p. 302).

O segundo passo foi prepará-los e instruí-los quanto à autocorreção. Os textos eram realizados semanalmente, os alunos tinham a obrigação de produzir um texto dissertativo-argumentativo por semana, e recebiam outra proposta de redação opcional. Esse texto era corrigido de forma detalhada: erros gramaticais, problemas de coesão e coerência, sequência lógica, adequação à modalidade textual, apresentação dos saberes do leitor, etc. Esses parâmetros eram apontados por escrito, e o texto era refeito quantas vezes fossem necessárias para melhorá-lo. O mais importante era o aluno ler-se, tomar conhecimento de seus erros e descobrir-se escritor, com o propósito de convencer um leitor especializado de que escreve bem e possui saberes. Esses apontamentos tornaram-se diálogos por escrito, muitos alunos conversavam sobre seus textos mandando recados a partir das correções. Esse jogo linguístico entre alunos e professora tornou a evolução textual possível. De acordo com a obra *Bicho de Sete Cabeças II*.

> ... o "bom texto" – aquele que atende ao tema e ao tipo de texto solicitado (dissertativo-argumentativo); que apresenta coerência de idéias entre si (interna) e com o conhecimento de mundo do leitor (externa), além do emprego adequado aos recursos coesivos; que aponta soluções exequíveis para o(s) problema(s) levantado(s), demonstrando domínio da norma culta da língua escrita; e que, naturalmente, revela um sujeito-autor, isto é,

alguém capaz de construir um projeto pessoal de texto e desenvolvê-lo a partir de um repertório cultural produtivo – representa a exceção e não a regra" (Lara; Daniel; Limberti, 2004, p. 17).

Revolvíamos os textos inúmeras vezes ao mesmo tempo em que um arcabouço de leituras era construído, lemos: *Vidas Secas*, de Graciliano Ramos; *Morte e Vida Severina*, de João Cabral de Melo Neto; *Negrinha*, de Monteiro Lobato; *Auto da Compadecida*, de Ariano Suassuna; *O Pagador de Promessas* e *O Santo Inquérito*, de Dias Gomes; *Iracema*, de José de Alencar; *A Hora da Estrela* e *Laços de Família*, de Clarice Lispector; *Espumas Flutuantes*, de Castro Alves; *O Enfermeiro*, de Machado de Assis, etc. Os contos e livros dramáticos foram lidos em sala, e as narrativas mais longas líamos parte em sala, e outros trechos eram programados para serem lidos como tarefa. Essas foram as provocadoras sementes nesse plantel de ideias.

> ...cabe à escola, junto com os professores, precisar os conteúdos a serem transformados em objetos de ensino e de aprendizagem bem como os procedimentos por meio dos quais se efetivará sua operacionalização. A assunção desse expediente pela escola é algo de fundamental importância na organização de seu projeto pedagógico, uma vez que a proposição de conteúdos a serem ensinados em qualquer modalidade de ensino assim como a abordagem metodológica que lhes deve ser conferida são uma ação que traz à cena, de uma maneira ou de outra, a concepção que a escola possui dos papéis de aluno e professor e do que vêm a ser ensinar e aprender; o conteúdo ou o objeto de conhecimento; a produção e socialização de conhecimentos; os eventos/práticas de nossa sociedade em relação a uma compreensão pelo aluno acerca do mundo, sintonizada (ou não) com o seu tempo (PCNs, p. 35, 1997).

Após lerem os textos literários pedia-se que de alguma forma tentassem citá-los nas redações; muitas vezes os textos eram direcionados a determinados temas. Por exemplo, após lermos o conto *Negrinha*, de Monteiro Lobato, e *Pai contra mãe*, de Machado de Assis, debatemos e discutimos a respeito da Lei da Palmada, o preconceito racial e o sistema de cotas raciais nas universidades brasileiras. Posteriormente os alunos produziam as redações valendo-se das reflexões sobre os textos e das discussões promovidas em sala de aula.

Outro aspecto fundamental para a conscientização dos próprios erros por parte dos alunos foi o arquivamento de todos os textos produzidos. Proposta a proposta os temas eram guardados em uma pasta de folhas plásticas, e as produções eram retomadas quantas vezes fossem necessárias para o aprimoramento. A maioria dos alunos ainda conserva a pasta e a utiliza para se avaliar e perceber quais erros foram mais frequentes e assim evitá-los.

Marcos Bagno duela duramente contra o conceito de erro em termos de ensino de língua materna. Ao tentarmos adotar ao invés do termo "erro" a terminologia "diferença", sugerida pelo autor e também por outros pesquisadores, o método foi extremamente contestado, tanto pela coordenação quanto pelos pais e principalmente pelos alunos. Isso comprova o estigma e a teoria do autor de que há inúmeros preconceitos linguísticos reverberados e ditados principalmente por aqueles que estão no poder. Não discordamos disso, mas é preciso uma revolução profunda em termos de ensino de língua, sutilmente, por meio da libertação de uma série de mitos linguísticos correlacionados à produção textual, tentou-se conduzir os estudantes a esse tipo de reflexão, no entanto a preocupação em seguir a norma culta ainda é superior aos avanços da linguística nas escolas do país.

Nem todos os alunos que compõem a turma sentiram-se à vontade para disponibilizar as redações corrigidas pelo Enem para análise. Os textos selecionados foram de dois alunos que de certa forma acataram a maior parte das instruções e conseguiram apreender o conteúdo programado ao longo do ano de 2012, e principalmente aplicar a literatura em suas produções. A maioria da turma valeu-se dos métodos propostos e obteve notas acima da média nacional, o que configura uma prova de que a leitura de bons textos literários sedimenta a escrita, entretanto não caberiam neste espaço todos os textos com boas notas, por isso a opção pela avaliação de apenas dois deles.

Além das leituras imprescindíveis para a construção de um aluno capaz de redigir um bom texto, o uso de figuras de linguagem foi estimulado para fugir dos textos padronizados, e encantar o corretor tanto pelo conteúdo quanto pelo material humano, ou seja, redigir uma redação que apresente os recursos utilizados pelos autores que eles estudaram. Esses procedimentos os levaria a atingir uma nota superior às notas mais frequentes.

O tema da redação do Enem 2012 foi *O movimento migratório para o Brasil no século XXI*. O assunto não foi trabalhado com os estudantes nas aulas de redação, e sim nas aulas de Atualidades, no entanto os jovens possuíam um arcabouço de leituras que permitiram a citação literária, o que muitos conseguiram fazer, se não com maestria, com arroubos de escritores conscientes de seu papel: transformar ideias e leituras em palavras escritas, a fim de convencer leitores especializados de que escrevem bem.

Essa manipulação textual consciente é perceptível no texto da estudante Daniella Chagas Mesquita. A relação intertextual literária é o atrativo de sua redação, a começar pelo título *Onde é Canaã?*, em que ao mesmo tempo remonta o sentido bíblico do termo e cita a obra pré-

-modernista de Graça Aranha. Além disso, complementa metaforizando o Brasil por meio do olhar de paraíso estabelecido tanto pelos cronistas do descobrimento quanto pelos imigrantes que aqui se estabeleceram. A aluna obteve nota 780 e conseguiu, ainda cursando o 2º ano do Ensino Médio, aprovação para o curso que pretende: Psicologia na Universidade Federal de Mato Grosso do Sul. Em 2013 a sua nota foi superior – obteve 900 pontos –, o Inep disponibilizou as correções para os alunos. A aluna conseguiu aprovação em Psicologia nas universidades que pretendia. Isso comprova que ter acesso às correções facilita a compreensão e a produção do texto que se espera. Ao proporcionar essas informações aos estudantes o Enem torna-se um processo mais democrático de avaliação uma vez que o mínimo que se exige por parte dos alunos é transparência.

Evidente que uma série de citações desconexas não constitui um texto dissertativo-argumentativo. A redação da estudante apresenta uma incoerência em uma de suas citações: no começo do 2º parágrafo, confunde o destino dos portugueses da obra *Os Lusíadas*, de Luís Vaz de Camões: ao invés de dizer que os nautas portugueses chegaram às Índias, afirmou que aportaram no Brasil, mas em seguida cita resumindo obras literárias de forma adequada, correlacionando ao tema *Iracema*, de José de Alencar, *Canaã*, de Graça Aranha, e arremata com *Amirk*, de Ana Miranda, obras que ilustram o processo migratório, desde o descobrimento do Brasil até o início do século 20, enfatizando e comprovando que tanto europeus quanto árabes transferiram-se para o Brasil em busca de realização pessoal e profissional. No 3º parágrafo a estudante retoma a ideia de paraíso inclusa no título e compara com a imigração de bolivianos e de haitianos impulsionados pela miséria e pelas catástrofes naturais; faltou problematizar melhor esse trecho, uma vez que apenas cita o fato, sem elaborar argumentação mais profunda.

FOLHA DE REDAÇÃO

Onde é Canaã?

Minha terra tem estrangeiros que fazem a minha cultura, que tem imigrantes que aqui buscam o futuro que já não encontram por lá. A nação brasileira, que já foi Pindorama dos índios tupi, teve sua história arquitetada com o auxílio de estrangeiros, primeiramente com a sua descoberta por Cabral, e em seguida pela vinda da Família Real portuguesa.

A relação dos brasileiros com seus imigrantes é registrada na literatura em diversas obras. "Os Lusíadas", que registra todos os acontecimentos desde que o navio português saiu de Portugal território da coroa e atracou nas terras do pau-brasil. "Iracema", a virgem dos lábios de mel da tribo tabajara, que se apaixona por Martim, um estrangeiro europeu, e modifica todo seu ser em função deste amor. "Canaã", a busca de três alemães pela terra prometida (Brasil). E por fim, "Amar", a história de um senhor e uma moça, que saem de Lisboa e vêm para a América, em busca de melhoria de vida.

Distante, o país permanece atraindo a imigração de diversas civilizações no século XXI, continua sendo a Canaã para muitos, em especial pela sua economia e simpatia. Entre os episódios mais contemporâneos estão os haitianos e os bolivianos, os primeiros imigraram devido a hecatombe ambiental ocorrida em seu território no ano de 2010, já o segundo iniciou seus movimentos migratórios por causa de sua situação social-econômica lamentável.

Sendo o Brasil arquitetado por estrangeiros de nações distintas, com diversos costumes, comidas, raças e etnias, e ainda sendo a terra prometida para muitos, o governo deveria investir no auxílio destes imigrantes, com vidas humanitárias, mais vagas no mercado de trabalho, um acolhimento de braços abertos, e então permaneceremos sendo um país de todos.

Nome: DANIELLA CHAGAS MESQUITA

D A N I E L L A   C H A G A S   M E S Q U I T A

Número do CPF: 034.443.241-62

0 3 4 4 3 2 4 1 6 2

E no último parágrafo, em sua conclusão, destaca o que o Enem configura como proposta de intervenção, ou seja, o estudante deve oferecer soluções para o problema (algo que não foi bem aprofundado no texto), respeitando os direitos humanos. Na proposta apresentada pela estudante não há uma exequibilidade e o texto foi finalizado com o uso de um chavão, o que talvez, tenha prejudicado a nota. Não há, porém, como negar a originalidade da redação, aliada ao olhar crítico da sociedade e a um repertório literário esses elementos desnudam um texto mais sedutor, criativo, diferente da maior parte dos textos produzidos por alunos oriundos do Ensino Médio brasileiro.

De forma geral, de acordo com o manual disponibilizado pelo Inep que orienta sobre os pré-requisitos imprescindíveis para a elaboração da redação,

> o terceiro aspecto a ser avaliado no seu texto é a forma como você selecionou, relacionou, organizou e interpretou informações, fatos, opiniões e argumentos em defesa do ponto de vista defendido como tese. Ou seja, é preciso que você elabore um texto que apresente, claramente, uma ideia a ser defendida e os argumentos que justifiquem a posição assumida por você em relação à temática levantada pela proposta de redação. Além disso, é necessário que as ideias desenvolvidas no texto correspondam aos conhecimentos de mundo relacionados ao tema. Essa Competência trata da inteligibilidade do seu texto, ou seja, de sua coerência, da possibilidade de ele ser entendido pelo leitor, correspondendo ao seu conhecimento do mundo. Está, pois, ligada à compreensão, à possibilidade de interpretação. O leitor "processa" esse texto, e é levado a refletir a respeito das ideias nele apresentadas (Brasil, 2014, p. 20).

O outro texto a ser analisado, de autoria de Victor Barbosa Lima, opta por um viés mais político, porém não menos poético. O seu título inusitado demonstra a criatividade: *Macabeas Internacionais*. O estudante faz referência ao livro *A hora da estrela*, de Clarice Lispector, e por si só já chama a atenção do leitor para a analogia que será feita por meio da capacidade criadora. O primeiro parágrafo começa com dados referentes a informações geopolíticas, e posteriormente há a justificativa do título, a comparação entre o êxodo rural brasileiro e a chegada de estrangeiros no Brasil. O estudante apresenta por meio da literatura um olhar local, uma perspectiva de seu país equiparada aos anseios internacionais. Seja migrante ou imigrante os motivos pelos quais as pessoas deslocam-se de seu local de origem são os mesmos: tragédias naturais, conflitos locais ou em busca de melhores condições de vida. A referência remete à própria história da autora citada: uma imigrante que em *A hora da estrela* escreve sobre uma migrante.

No segundo parágrafo há a problematização do tema baseado em dados informacionais. Por meio de uma estruturação antitética compara os dois polos da imigração: o daqueles que possuem uma formação acadêmica e acarretariam acréscimo intelectual ao mercado de trabalho, e o daqueles que estão em situação de miséria tal qual parte da população do Brasil e trariam despesas ao governo brasileiro.

No terceiro parágrafo o autor relativiza comparando a reação dos europeus em relação à imigração, a reação que os brasileiros demonstram, geralmente positiva, e apresenta outra informação relevante para a argumentação, que é o retorno de brasileiros, que um dia já foram imigrantes, e que por causa da crise retornam a sua terra natal, outro fluxo migratório considerável. Esse tipo de informação prova que o estudante, além de ter um bom arcabouço literário, conhece a realidade contemporânea.

Em sua proposta de intervenção, apresentada no último parágrafo, a postura altruísta está de acordo com os direitos humanos: opta pela inserção e integração dos povos. Coloca a imigração como processo natural, inevitável e fator positivo ao país, destacando a importância de inserir os imigrantes em nossa sociedade e economia.

O aluno obteve nota 840, e embora tenha partido de argumentos previsíveis, não se deteve somente às informações dos textos de apoio, e o que é totalmente inusitado e atrai os leitores é o processo de intertextualidade, a forma como recortou e articulou seus saberes de maneira coesa, cativa. Essa bricolagem eficiente proporciona ao leitor uma leitura mais agradável, e embora seu texto indique o domínio da norma culta, o aluno grafa *sinonimo, realisar, prejuizos, regeitados, necessario, etnica*. Obteve, entretanto, 180 pontos nesse requisito, o que significa que atingiu 90% desse item em sua avaliação. Ao mesmo tempo em que se percebem "erros" de ortografia, esses "erros" tornam-se quase que imperceptíveis pela sequência lógica textual agradável. Um avanço em termos de correção, isso demonstra que muitos avaliadores compreendem a real importância da língua, e além de respeitarem "as diferenças" que são justificáveis em termos de adaptabilidade da língua, reconhecem que muitos alunos dominam a chamada norma culta e nem sempre conseguem produzir um bom texto, um texto fluido e agradável. E afinal, não é isso que importa?

FOLHA DE REDAÇÃO

Macabeas Internacionais

O Brasil como país emergente, incluindo nos BRICS (Brasil, Rússia, Índia, China e África do Sul), virou sinônimo de oportunidades, desenvolvimento e melhoria de vida, pois têm uma das classes médias que mais cresce por ano. Do mesmo modo que centenas de milhares de nordestinos foram para o sudeste no século XX buscando uma vida melhor ou realisar um sonho, assim como a personagem Macabea em "A hora da estrela", estrangeiros estão migrando para o Brasil.

Estes imigrantes são refugiados ou de países com IDH menor que o brasileiro. Dependendo de sua origem e de sua classe social, os mesmos podem ter baixa ou alta qualificação profissional e, dependendo desta, modifica a dificuldade de entrar no mercado de trabalho. Outra barreira é a falta de documentação, o que força o trabalho informal, o qual gera problemas sociais e prejuízos para o governo.

A imigração em muitos países europeus é regeitada pela população e pelo governo que cria políticas contra o imigrante e deixa-os na beira da sociedade. Entretanto, o Brasil sempre criticou estas medidas pois grande parte desces imigrantes eram brasileiros, e após a crise econômica de 2008, muitos destes estão voltando a terra natal.

Estes processos recentes de imigração para o Brasil deve ser visto como uma oportunidade para crescer e alimentar o nosso mercado de trabalho, e para isso é necessário a documentação, qualificação, punir a discriminação e evitar a exclusão social. Apenas assim poderíamos conviver com as diferenças etnicas e desenvolver economicamente e socialmente.

Nome: VICTOR BARBOSA LIMA

Esse aluno ao longo do ano sempre apresentou termos redigidos da maneira como são ditos, e isso não advém de uma má-formação, mas talvez de uma formação tradicionalista, como sempre apresentou esse tipo de dificuldade, Victor cursou o Método Kumon de Língua Portuguesa e formou-se na disciplina. Esse tipo de acompanhamento escolar baseia o estudo da língua em processos de repetição, memorização e leitura, mas o enfoque é realmente a repetição de exercícios à exaustão: se o aluno erra uma atividade é obrigado a refazê-la três vezes no mínimo, até não "errar" mais. O que comprova que a língua precisa atingir outro patamar no ensino, um patamar em que esteja em constante movimento significativo, que deverá ser usada como processo de atração, e não somente como uma série de regras a serem decoradas, e nisso a literatura por meio de sua inventividade e riqueza é o melhor percurso para a ilustração desses recursos. Para Bagno:

> Em relação à língua escrita, seria pedagogicamente proveitoso substituir a noção de erro pela tentativa de acerto. Afinal, a língua escrita é uma tentativa de analisar a língua falada, e essa análise será feita, pelo usuário da escrita no momento de grafar sua mensagem de acordo com seu perfil sociolingüístico (Bagno, 2002, p. 126).

O ensino de língua materna precisa mudar porque tanto os alunos de escolas particulares quanto os de escolas públicas precisam praticar a leitura de boas obras e a escrita arraigada as suas leituras literárias. Daí uma das soluções para ajudar na construção de um sujeito-leitor o uso da literatura como o primeiro esteio, para encantar e nutrir.

A favor dos educadores há instrumentos pedagógicos que os encaminham para o uso constante da literatura, na medida em que ao longo da história do ensino de Língua Portuguesa avançaram bastante com a inserção de conceitos linguísticos nos currículos escolares. O que se comprova é que leitores assíduos são aptos a escrever, simples assim. Contundentes são as palavras de Castro Alves "Oh! Bendito o que semeia/ Livros... livros à mão cheia.../E manda o povo pensar!/O livro caindo n'alma/É germe – que faz a palma,/É chuva – que faz o mar" (Alves,

2014, p. 7), e mesmo que o aluno não obtenha uma nota o suficiente para os seus objetivos, ao menos teremos a certeza de que podemos por meio da literatura enquanto ideologia, transformá-lo em um ser capaz e sabedor de sua função no mundo: pensar semeando suas ideias em palavras escritas, assim, pequenos agricultores de textos plantaremos.

Referências

ALVES, Castro. Espumas flutuantes. In: *Poesias completas*. São Paulo: Ediouro. (Prestígio). A Biblioteca Virtual do Estudante Brasileiro. Disponível em: <http://www.bibvirt.futuro.usp.br>. Acesso em: 29 jun. 2014.

BAGNO, Marcos. *Preconceito linguístico:* o que é, como se faz. 31. ed. São Paulo: Loyola, 2002.

BAKHTIN, Mikhail. *A estética da criação verbal*. São Paulo: Martins Fontes, 2003.

BORTONI-RICARDO, Stella Maris. *Educação em língua materna:* a sociolinguística na sala de aula. São Paulo: Parábola, 2004.

BRAIT, Beth (Org.). *Bakhtin:* conceitos-chave. São Paulo: Contexto, 2005.

_____. *Bakhtin II:* outros conceitos-chave. São Paulo: Contexto, 2006.

BRASIL. MEC/Inep. *A redação no Enem 2012*. Guia do participante. Brasília: MEC. Disponível em: <http://download.inep.gov.br/educacao_basica/enem/downloads/2012.pdf>. Acesso em: 29 jun. 2014.

BRASIL. MEC. *Orientações Curriculares para o Ensino Médio*. Brasília: MEC; Semtec, 2006. p. 17-81.

_____. *Parâmetros Curriculares Nacionais:* Ensino Médio. Brasília: MEC; Semtec, 2002.

EAGLETON, Terry. *Teoria da Literatura:* uma introdução. São Paulo: Martins Fontes, 2003.

FIORIN, José Luiz. *Linguagem e ideologia.* 8. ed. São Paulo: Ática, 2004.

GARCIA, Othon M. *Comunicação em prosa moderna:* aprenda a escrever, aprendendo a pensar. 27. ed. Rio de Janeiro: Editora FVG, 2010.

LARA, Glaucia Muniz Proença; DANIEL, Maria Emília Borges; LIMBERTI, Rita de Cássia Pacheco. *Bicho de Sete Cabeças II:* as redações nota 10 do Vestibular UFMS/2004 Inverno. Campo Grande: EDUFMS, 2004.

MENDONÇA, Marina Célia. Língua e ensino: políticas de fechamento. In: MUSSALIM, F.; BENTES, A. C. (Orgs.). *Introdução à lingüística:* domínios e fronteiras. São Paulo: Cortez, 2012. p. 273-306. V. 2.

SOARES, M. B. *Linguagem e escola:* uma perspectiva social. São Paulo: Ática, 1986.

SUASSUNA, Lívia. *Ensino de língua portuguesa:* uma abordagem pragmática. 2. ed. Campinas: Papirus, 1999.

TRAVAGLIA, L. C. *A coerência textual.* 17. ed. São Paulo: Contexto, 2006.

"LITERATURA BOTA MANTIMENTO EM 'CASA' SIM"!
REFLEXÕES SOBRE O ENSINO DE LITERATURA NOS CURSOS DE LETRAS

Marta Aparecida Garcia Gonçalves

Mas esse tal fraseador bota mantimento em casa? Eu não queria ser doutor, eu só queria ser fraseador. Meu irmão insistiu: Mas se fraseador não bota mantimento em casa, nós temos que botar uma enxada na mão desse menino pra ele deixar de variar. A mãe baixou a cabeça um pouco mais. O pai continuou meio vago. Mas não botou enxada (Manoel de Barros, 2010)[1]

---
[1] Barros, Manoel de. Fraseador. In: *Memórias inventadas:* as infâncias de Manoel Barros. Iluminuras de Martha Barros. São Paulo: Editora Planeta do Brasil, 2010. p. 39.

É como se estivéssemos privados de uma faculdade que nos parecia segura e inalienável: a faculdade de intercambiar experiências (Walter Benjamin, 1985)[2]

A epígrafe primeira e o título do nosso trabalho, advindos da produção poética de Manoel de Barros, ao elencar o fazer poético como algo não pragmático, não útil, por assim dizer, reforça o sentido da praticidade cartesiana que necessitamos encontrar em nossas ações, o imperativo de buscar uma utilidade prática – preferencialmente ligada aos valores capitalistas de geração de dinheiro – para tudo o que fazemos que, no caso do irmão do eu-lírico, personagem do poema, seria a de sustentar a família e de se autossustentar por meio da ocupação escolhida, no caso, o fazer-poético, o "ser-fraseador". O ensino e talvez até o interesse pela Literatura na atualidade não fogem muito dessa questão, conforme buscaremos mostrar neste estudo. Numa crônica recente publicada em jornal, o escritor e repórter José Castello[3] insurgia-se contra a banalização e o esfriamento da Literatura que ocorre quando ela é vista como simples distração ou tão somente como objeto de estudos nas universidades:

> Vivemos em um mundo dominado pelas respostas enfáticas e poderosas, enquanto a literatura se limita a gaguejar perguntas frágeis e vagas. A literatura, portanto, parece caminhar na contramão do contemporâneo. Enquanto o mundo se expande, se reproduz e acelera, a literatura se contrai, pedindo que paremos para um mergulho "sem resultados" em nosso próprio interior. Sim: a literatura – no sentido prático – é inútil. Mas ela apenas parece inútil. A literatura não serve para nada – é o que se pensa. A indústria editorial tende a reduzi-la a um entretenimento para a beira de piscinas e as salas de espera dos aeroportos. De outro lado, a universidade – em uma direção oposta, mas igualmente

---

[2] Benjamin, Walter. O narrador: considerações sobre a obra de Nikolai Leskoo. In: *Magia e técnica, arte e política:* ensaios sobre literatura e história da cultura (Obras escolhidas, Vol. 1). Trad. Sergio Paulo Rouanet. São Paulo: Brasiliense, 1985. p. 198.

[3] Conforme Castello, José. O poder da literatura. In: *A literatura na poltrona.* Disponível em: <http://oglobo.globo.com/blogs/literatura/posts/2012/05/30/o-poder-da-literatura-444909.asp>. Acesso em: 30 maio 2012.

improdutiva – transforma a literatura em uma "especialidade", destinada apenas ao gozo dos pesquisadores e dos doutores. Vou dizer com todas as letras: são duas formas de matá-la. A primeira, por banalização. A segunda, por um esfriamento que a asfixia. Nos dois casos, a literatura perde sua potência. Tanto quando é vista como "distração", quanto quando é vista como "objeto de estudos", a literatura perde o principal: seu poder de interrogar, interferir e desestabilizar a existência (2012).

Embora creiamos que haja um tanto de demasia em alguns pontos da afirmação do escritor e repórter José Castello, observamos que entre as definições usuais que cercam a Literatura, pode-se pensar que há uma dicotomia que abraça as suas aplicações: prazerosa, por um lado, pois permite a experiência com textos literários e o contato com a ficção. Por outro lado, porém, temos a literatura disposta como um saber institucionalizado, acadêmico, transmitido nos cursos de Graduação ou de Pós-Graduação. E em um terceiro viés ainda, é colocada a questão profissional, de carreira, de possibilidade de ganho financeiro e intelectual do futuro docente.

Na conciliação desses dois primeiros eixos – o do prazer da leitura e o do ensino da Literatura – situam-se algumas das dificuldades encontradas pelos profissionais do ensino literário, especialmente no que se refere à repetição de sistemas de ideias cristalizados, que transformam o ensino da Literatura em um aglomerado de autores e datas.

O texto literário, nesse sentido, esbarra de leve na sala de aula, sendo apenas necessário para ilustrar os chamados períodos literários, ou seja, o ensino da *Literatura* se transforma em ensino da *História da Literatura*. Caio Meira, na apresentação à edição brasileira do estudo *A Literatura em perigo* assinala – sintetizando as palavras de Todorov (2009) – o perigo de se adotar um único enfoque no ensino:

> O perigo mencionado por Todorov não está, portanto, na escassez de bons poetas ou ficcionistas, no esgotamento da produção ou criação poética, mas na forma como a literatura tem sido oferecida aos jovens desde a escola primária até a faculdade: o perigo está no fato de que por uma estranha inversão, o estudante não entra em contato com a Literatura mediante a leitura dos textos literários propriamente ditos, mas com alguma forma de crítica, de teoria ou de história literária. Isto é, seu acesso à literatura é mediado pela forma "disciplinar" e institucional. Para esse jovem, Literatura passa a ser então muito mais uma matéria escolar a ser aprendida em sua periodização do que um agente de conhecimento sobre o mundo, os homens, as paixões, enfim, sobre sua vida íntima e pública (Todorov, 2009, p. 10).

O uso da periodização literária enquanto metodologia de ensino voltada para o Ensino Médio possui muitas funcionalidades, mas o seu uso exclusivo e excessivo apaga a "leitura da Literatura" por meio da memorização de datas, de nomes de autores e da catalogação de títulos de obras, conforme expusemos anteriormente. Nazar David,[4] ao tratar do ensino da Literatura Portuguesa também pondera: "No entanto, se os estilos de época por um lado facilitam, por outro lado podem se transformar numa armadilha pelo apelo que trazem ao reducionismo. O currículo por estilos de época é interessante, mas pede habilidade ao professor, que deve ver que literatura não é estilo de época" (David, 1996, p. 88).

Esta situação, embora ocorra com maior incidência no Ensino Médio, também está presente em muitos cursos de Letras pelo país afora, em que os alunos, advindos da formação historiográfica no Ensino Médio, trazem em sua bagagem dificuldades para avistar o que existe para além da dita periodização. Talvez para procurar alternativas para estas várias questões, o professor, desejoso em despertar a leitura e o gosto pela literatura nos acadêmicos, propõe novas formas de intercâm-

---

[4] Conforme o estudo "O ensino da Literatura Portuguesa no segundo grau", de Sérgio Nazar David, publicado na *Revista Idioma*, do Centro Filológico Clóvis Monteiro, Departamento II do Instituto de Letras, Uerj, ano XV, n. 18, 2 semestre 1996.

bio ou substituição do texto literário por outras formas de linguagem como o cinema, a música, o que, a nosso ver, não supre a leitura do livro, assim como não contempla a análise e os estudos, excluindo também categorias de apreciação da teoria literária, atinentes aos estudos intra e extraliterários.

Conhecer o enredo de um livro por meio de outras linguagens que não a do próprio livro pode levar ao conhecimento superficial, caso não se leve em consideração que se está trabalhando com formas diversificadas de dizer, com campos de produção sígnica distintos, com outras percepções cognitivas: do cinema, do teatro, da televisão, etc. Esta tentativa – muitas vezes desesperada – do professor ocorre também em razão da maior facilidade que os alunos apresentam em lidar com a imagem, ao invés da leitura: um filme dura cerca de 90 minutos, ao passo que a leitura de uma obra pode durar dias.

Não se desmerece com isso a adaptação de textos literários para outras linguagens, o que, pelo contrário, fortalece a sua produção e pode sim, servir de subsídio ao ensino, resguardadas as diferenças estruturais e semânticas, etc. O que não se compreende como adequada é a simples substituição de um pelo outro, quando ambos deveriam ser trabalhados em conjunto, oportunizando debates riquíssimos sobre a especificidade das linguagens literária, teatral, musical, televisiva ou cinematográfica, como sugere Corseuil, ao tratar da adaptação de obras literárias para o cinema: "qualquer comparação entre um filme adaptado e o texto literário poderá ser mais produtiva se levadas em conta, tanto as especificidades de cada meio como as similaridades das narrativas adaptadas, e, a partir daí, propor uma reflexão crítica sobre os efeitos que a adaptação conseguiu ou não criar" (Corseuil, apud Bonnici, 2009, p. 370).

Esse retrato leva à reflexão sobre outra questão, a da interdisciplinaridade, remetendo ao conceito de que a Literatura nasce e frutifica no centro de um conjunto de múltiplos discursos vivos, que caminham lado a lado com o literário. Uma forma de se buscar resultados mais incisivos para o ensino da Literatura foi pensada sob a perspectiva da interdisciplinaridade, surgida no Romantismo alemão com pensadores como Schelling, Schlegel, Novalis, dentre outros, que pregavam que o valor estético de uma obra deveria ser atribuído de acordo com o poder de despertar um conjunto de reflexões no espectador.

Nessa perspectiva, o conhecimento se erigia sob uma pluralidade de vozes, sobretudo exercitando o diálogo entre a Filosofia e a Literatura, conforme aponta Schlegel no Fragmento 116 de Athenäum:

> A poesia romântica é uma poesia universal progressiva. Sua destinação não é apenas reunificar todos os gêneros separados da poesia e pôr a poesia em contato com filosofia e retórica. Quer e também deve ora mesclar, ora fundir poesia e prosa, genialidade e crítica, poesia-de-arte e poesia-de-natureza, tornar viva e sociável a poesia e poéticas a vida e a sociedade, poetizar o chiste, preencher e saturar as formas da arte com toda espécie de sólida matéria para cultivo, e as animar pelas pulsações do humor (Schlegel, 1997, p. 64).

Essa proposição que destaca que toda forma de arte é capaz de imprimir uma sensação de liberdade de pensamento nos sujeitos foi depois ampliada pelo filósofo Walter Benjamin em seus escritos, ao apontar o pensamento como ação, combatendo a aquisição do conhecimento por meio apenas do discurso racional, ou seja, por um viés único. Peter Osborne, no livro *Filosofia de Walter Benjamin* (1997) observa que para o teórico alemão, a Filosofia, a política e a estética seriam esferas da experiência humana que, em sua relação mútua, constituiriam o pensamento como ação. Nesse sentido, destacam-se os *Ensaios sobre Goethe* (1974), que podem ser vistos como representativos do método de investigação benjaminiano que se baseia em uma nova forma de análise multidisciplinar que conecta Filosofia, Estética, Sociologia e Teoria Literária, em que antecipa e inspira novos métodos de análise de textos, principalmente a partir da segunda metade do século 20.

Assim, para se refletir a Literatura, sua leitura e seu ensino no século 21, é preciso lembrar que ela se situa na esfera ampla das Humanidades e seu ensino deve acompanhar a inteligência interdisciplinar da ciência contemporânea.

Nessa esteira de pensamento advindo do Romantismo alemão e depois desenvolvido por Walter Benjamin, o crítico e estudioso Eduardo Portella – durante o 10º Congresso Internacional da Abralic, realizado no Rio de Janeiro em julho de 2006, em conferência sobre o Lugar dos Estudos Literários – ao abordar a questão da interdisciplinaridade reforçou que esta se constitui em fundamental para que se possa abarcar a grande extensão e o progresso que o conhecimento tem alcançado na atualidade, especialmente nos últimos decênios. Para Portella ainda, o fechamento no interior de uma disciplina pode constituir o que ele denominou de "gueto disciplinar", surgido em função da especialização pela qual passaram os estudos universitários, mas hoje vê uma necessidade de abertura em função da complexidade que abarca nosso entorno no que refere à razão, ao conceito de real, à História e ao próprio homem enquanto produtor de conhecimento. O fechamento decorrido da especialização dificultou o pensamento dentro da própria Literatura e da Teoria Literária. Não era mais possível pensar a disciplina e tampouco o seu ensino, de forma que ocorreu uma necessidade de se abrir para novos espaços, que incluem outros saberes e práticas artísticas, que contribuem para a formação humanista crítico-analítica tanto dos professores quanto dos alunos.

De qualquer modo, ampliar o ensino da Literatura, interligando-o com outras áreas do conhecimento humano, requer um esforço maior por parte dos docentes e dos alunos, que terão de reaprender e reensinar a prática literária. Ressalte-se ainda que exigir algo mais da leitura teórica e da literária, forçando a construção de um sujeito emancipado e emancipador, provoca, na maioria das vezes, uma recusa por grande parte dos sujeitos, situando-se eles próprios no que podemos denominar de zona de conforto social, que mascara o indivíduo na sociedade: as facilidades do sistema que regem "Continue como estás em teu lugar seguro".

E o que é possível fazer, com as ferramentas de que se dispõe, para transformar esta situação? A nosso ver, nos cursos de Letras, a leitura literária deve se dar consoante a duplicidade apresentada em nossa epígrafe: a gratuidade da leitura e da arte literária e a obrigatoriedade e preocupação com a leitura enquanto uma possibilidade de abertura para uma carreira, ou seja, o aprendizado da Literatura como potencial de formação de um caminho, um percurso profissional e pessoal que possa gerar tanto a experiência estética quanto "botar mantimento em casa", possibilitando uma condição de subsistência pessoal e familiar, como predizia o irmão do poeta. Para que esse intento se realize, é necessário que se ampliem os horizontes do literário em sala de aula, vendo-o não apenas como estético ou como prazer, mas também como ferramenta ou instrumental de trabalho e ainda como ético.

Outra questão já consensual entre os estudiosos preocupados com o esvaziamento da leitura, na reflexão sobre o ensino da Literatura, neste caso da leitura enquanto experiência, situa-se em relação ao tempo na atualidade, que se quer sempre mais abreviado. Já não se tem mais tempo para nada, ainda mais para se ler ou se escrever algo *aparentemente inútil*, como demonstrou o irmão do eu-lírico barrosiano no poema da epígrafe.

Em meio ao turbilhão das imagens, onde ficam os textos? – perguntam-se alguns. O que se percebe é que as leituras, impelidas talvez pelas imagens, são fragmentadas, especialmente as teóricas, em que se leem partes ou fragmentos de um pensador, buscam-se resumos e análises dos textos literários na rede mundial de computadores, trechos de livros são baixados por meio de *downloads*, análises prontas de sites especializados substituem a leitura e a apreciação da leitura literária, ou seja, prevalecem as informações do *Mestre Google* em detrimento da leitura de um livro completo.

Nessa direção Nicholas Carr, no livro *The Shallows: What the Internet Is Doing to Our Brains* (2010), defende a ideia de que precisamos olhar criticamente a tecnologia e apresenta uma reflexão sobre o impacto que a *Internet* pode causar em nosso cérebro, salientando os efeitos ruins do seu lado rápido, distrativo e por vezes, errático. Assim, segundo Carr, a *Internet* se constituiria em um sistema de "interrupção", uma máquina que funciona na base da "divisão da atenção" dos seus usuários, acabando por "superficializá-los".

A *Internet* exerce uma grande atração nos sujeitos e, para Carr, a perda da capacidade de concentração ocorreria especialmente em relação à leitura de livros, em que a leitura completa, natural e profunda se transforma em esforço pela automatização do trabalho da mente, pela perda da concentração.

Dessa forma, ainda que se verifiquem usos ineficazes, não se pode defender ou rechaçar insensatamente o uso da *Internet*, pois há espaços, como os *blogs*, por exemplo, que podem atender a diversas situações, incentivando o uso da leitura e da escrita, o que talvez os transforme em palcos de manufaturas literárias em potencial, pois funcionam como verdadeiros espaços de socialização de escrita.

Uma vez que incorremos na chamada "pressa da contemporaneidade", não poderíamos deixar de registrar que esta se estende aos currículos dos cursos de Letras também, em que um conteúdo que até recentemente seria desenvolvido ao longo de um ano, hoje se abrevia a um semestre apenas, como no caso de nossa experiência com as Literaturas em Língua Portuguesa: como efetuar leituras tão enriquecedoras como a de Camões, Eça de Queirós, José Eduardo Agualusa, Antònio Ferreira, Mia Couto, dentre outros, em um semestre apenas?

Engessados ficamos, escolhendo entre tantos e tão diferentes, uma leitura apenas de cada autor. Isso quando não se recebe a seguinte pergunta: – Professora, são muitos livros? ou ainda: – Professora, tem que ler o livro todo? – Puxa, o texto é imenso. E por aí afora.

E aí se reforça todos os "comos" e os "porquês" da necessidade da leitura na íntegra, até mesmo pelo próprio envolvimento que o curso de Letras exige dos seus alunos, isto não só no decorrer dos cursos de Graduação, mas ao longo de sua vida profissional pela constante necessidade de atualização pedagógica, quer se refira ao Ensino Fundamental, ao Médio ou ao Superior. Um dos objetivos basilares do curso de Licenciatura é exatamente a formação do professor-leitor, e talvez fosse interessante estender o pré-requisito do "gosto pela leitura" aos ingressantes no curso.

Nesse sentido, e para se complementar o pensamento, amparam-nos as palavras do poeta Ferreira Gullar (2007, p. 79), quando expõe: "Acredito que o meio de expressão condiciona a percepção. Você aprende o mundo não só porque ele é como é; ele é uma invenção. Aprendo o mundo através da minha capacidade de expressá-lo". Se apreendermos um mundo fragmentado, não o expressaríamos também em fragmentos?

Então, que atitude deve adotar o professor para transigir essas questões? O que dizer do ato de leitura hoje em dia? E do ensino da leitura literária? Jacinto do Prado Coelho (1976, p. 46) já assumia uma posição de ruptura ao afirmar que: "A literatura não se fez para ensinar: é a reflexão sobre a literatura que nos ensina". O teórico ressalta a necessidade de separar o ensino da Literatura da Pedagogia, uma questão controversa, que talvez necessite ser mais bem pensada. Já a teórica e estudiosa Marisa Lajolo (1993, p. 59) propõe que a leitura se realiza no processo de significação:

> Ler não é decifrar como num jogo de adivinhações, o sentido de um texto. É, a partir de um texto, ser capaz de atribuir-lhe significação, conseguir relacioná-lo a todos os outros textos significativos para cada um, reconhecer nele o tipo de leitura que seu autor pretendia e, dono da própria vontade, entregar-se a esta leitura ou rebelar-se contra ela, propondo outra não prevista (Lajolo, 1993, p. 59).

Tanto na afirmação de Coelho quanto na assertiva de Lajolo, está evidente o ensino da Literatura e, por conseguinte, o da leitura, em consonância com a gratuidade, o que se distancia da realidade vivenciada na sala de aula. Lê-se, lembrando outra vez Lajolo (1993), para identificar sinais, sejam eles barrocos, realistas, românticos, e assim obter pontuação em disciplinas. Desse modo, a repetição de posturas relacionadas ao ensino enquanto periodização ocorre também nos cursos de Letras, o que, de certo modo, aumenta a distância entre o aluno e o texto literário.

Proposta interessante é realizada pelo médico, escritor e estudioso de Literatura Moacyr Scliar, que no texto *A função educativa da leitura literária*, proferido em forma de palestra no Congresso de Leitura do Brasil (Cole), além de ressaltar a importância da família na sua formação de leitor, no seu amor pelos livros, explicando que "a minha infância decorreu sob o signo da imaginação (...) eram pessoas que gostavam de contar histórias (...) as histórias que essas pessoas contavam me deixaram boquiaberto e encantado" (1995, p. 162), pontua algumas questões importantes para o ensino de Literatura, uma das primeiras no que diz respeito à emoção do texto: "de ler e sentir um apelo emocional". Scliar afirma:

> Os livros que eu li, os livros aos quais eu cheguei, os livros que me encantavam não tinham sido jamais indicados pelos meus professores. Meus professores me indicavam clássicos que eu lia admirando a forma literária, mas sentindo que muito pouco eu tinha a ver com aquilo que estava escrito (1995, p. 169).

Para ele, uma das questões fundamentais para quem trabalha com a Literatura no plano pedagógico liga-se à questão da interpretação do texto: "Não é uma questão pacífica, precisa ficar claro. Nem todo mundo acha que a interpretação é a melhor mediação entre o leitor e o texto" (1995, p. 170). O escritor cita como exemplo o ensaio da escritora e teórica Susan Sontag intitulado *Contra a interpretação*, no qual, segundo Scliar, "diz que o ato da interpretação é um ato de vingança do intelecto sobre o mundo. (...) Ao invés de uma hermenêutica precisamos é de uma erótica da arte" (1995, p. 171).

Nesse sentido, em conformidade com o que pondera Scliar, acreditamos que uma das diferenças basilares situa-se na maneira como, enquanto professores, ensinamos Literatura: se a ensinamos enquanto *problema* ou a ensinamos enquanto *mistério*:

> O filósofo Gabriel Marcel faz uma diferença entre um problema e um mistério. Problema, diz ele, é algo que obstrui minha passagem, e mistério é algo em que me encontro envolvido. O problema é uma coisa que se quer resolver e o mistério é uma coisa que se quer vivenciar. Diz que a literatura não é um problema, diz que a literatura é um mistério. A literatura não exige soluções, exige envolvimento (Scliar, 1995, p. 171).

Uma das questões de se colocar a Literatura como um problema é a ação do professor como um *guardião da esfinge*, que é exatamente o que decide se o Édipo-aluno decifra o enigma ou se "vai ser devorado pela esfinge de uma sociedade extremamente competitiva" (1995, p. 172).

Dessa forma, são dois os papéis possíveis do professor: o primeiro, "como guardião da esfinge" e o segundo, o "professor como mediador emocional. O professor como recriador – aos olhos dos seus alunos – do texto literário" (1995, p. 173). Scliar rememora:

> Eu me lembro de professores assim e, quando falo de professores, não me refiro só aos professores formais, às pessoas com quem eu convivi no banco escolar. Eu estou falando dos outros professores, dos amigos que eu tinha e que me diziam que leram tal livro, que gostaram muito, acharam fantástico e que eu precisava ler. Eu lia o livro não tanto pelo livro, pelo título ou pelo autor, mas pelo jeito que esses amigos me falavam do livro. Tal era a emoção contida naquele conselho de amigo, que aquilo me fazia ler livros (1995, p. 173).

O que Scliar defende é o papel do professor enquanto mediador do texto literário, talvez não na forma de um "guardião da esfinge", mas sim enquanto possibilidade de aperfeiçoamento, de emancipação intelectual e pessoal, uma forma de não se renunciar à razão e de se deixar envolver em correntes que colocam a magia como solução para os problemas. Dessa forma, o próprio ato de interpretar se configura também como uma forma de arte em que o uso da palavra se transforma em um instrumento precioso para se conhecer a realidade:

> A arte da interpretação é uma arte fundamental, ela deve ser conjugada com a emoção do texto. Não há o dilema esfinge x emoção, na verdade uma coisa se complementa com a outra. Na verdade, a emoção do texto conduz à curiosidade, à necessidade de conhecer melhor o texto. Conhecer melhor o texto aumenta a carga emocional que este texto nos conduziu. O trabalho do mestre é justamente equilibrar a carga de emoção com a carga de razão (1995, p. 176).

Não se pode esquecer que interpretar é um ato inerente ao ser humano e está ligado ao cotidiano dos sujeitos, percorrendo até mesmo os caminhos da religião, como nas parábolas bíblicas em que os ensinamentos se dão sempre de maneira curvilínea, ou seja, exigem uma interpretação.

Assim, para manter aceso o fogo prometeico da razão, acreditamos que o ensino do literário deve abrir mão dessas acepções que apresentam uma separação entre as ciências cujos discursos são objetivos e, portanto, racionais, daquelas cujos discursos são subjetivos, como a literatura, a pintura, as artes em geral: "A tarefa de deslindamento crítico consiste num processamento ideológico, corresponde a um interminável esforço de compreensão da verdade. Compreender a verdade é localizar-se no interior do seu jogo e acompanhar a sua dinâmica interna[5]" (Coutinho, 1974). Talvez seja uma possibilidade para devolver à Literatura o seu lugar de conhecimento: a leitura e a escrita – como afirmamos por meio dos ensinamentos benjaminianos –, como experiência, em que a ação é partilhada, é transmitida ao outro e assim ultrapassa o caráter da finitude que ocorre quando uma ação se esgota simultaneamente ao seu acontecer.

Dito isso, estendemos este entendimento ao trabalho com a Literatura que os alunos precisam desenvolver para serem bons profissionais, ou seja, a emoção da leitura deve ser conjugada ao necessário exercício da interpretação, leitura lúdica e leitura teórica podem e devem estabelecer uma relação de sinonímia, acrescentando-se a responsabilidade do aluno para com a sua formação, elegendo o curso de Letras como uma possibilidade futura de carreira profissional, com degraus a galgar. Uma base sólida na Graduação abre novas possibilidades para melhoria da qualidade de vida, não só em conhecimento angariado, mas, espe-

---

[5] Coutinho, Eduardo. No jogo da verdade a crítica é criação. In: *Fundamentos da investigação literária*. Academia Brasileira de Letras, 1974. Disponível em: <http://www.academia.org.br>.

cialmente, em possibilidades para que os alunos trilhem um caminho profissional de Pós-Graduação com concursos, parcerias, etc., enfim, com a possibilidade para muitos de se autossustentarem por meio de uma carreira escolhida.

O profissional de Letras pode conjugar seu tempo e atenção em algo ao mesmo tempo prazeroso e de sustento pessoal, que lhe permita, em seu aparente "não servir para nada" conhecer mundos autônomos e autárquicos, visualizar novos e antigos sistemas morais e políticos, conhecer a singularidade de experiências nacionais diversas, e ainda exercitar o prazer no livre funcionamento das faculdades imaginativas.[6]

Assim, nunca é demais recordar as palavras de Luís Costa Lima, em conferência proferida durante o 10º Congresso Internacional da Abralic em 2010, em que assinala: "[...] estamos diante de uma alternativa drástica: ou tomamos consciência do que se exige de nós e assumimos uma atitude ativa, diria mesmo agressiva, ou aceitamos a esterilização lenta, mas gradual de nossas profissões".

Ao que se adiciona a possibilidade de – contrariando a afirmação do irmão do eu-lírico barrosiano –, *a Literatura botar mantimento em casa, sim*! Trabalho, subsistência familiar, prazer, inteligência e beleza estética conjugados, por que não?!

Referências

ADORNO, Theodor. *Educação e emancipação*. Tradução Wolfgang Leo Maar. Rio de Janeiro: Paz e Terra, 1995.

---

[6] Conforme: Durão, F. A. Sobre a relevância dos estudos literários hoje. *Linguasagem*, v. 2, p. 2, 2008.

BARROS, Manoel de. *Memórias inventadas*: as infâncias de Manoel de Barros. Iluminuras de Martha Barros. São Paulo: Editora Planeta do Brasil, 2010.

BARTHES, Roland. *Aula*. São Paulo: Cultrix, 1987. p. 7.

BENJAMIN, Walter. Experiência e pobreza. In: *Obras escolhidas:* magia e técnica, arte e política. São Paulo: Brasiliense, 1985. Vol. 1.

_____. O narrador: Considerações sobre a obra de Nikolai Leskov. In: Magia e técnica,

_____. Sobre a linguagem em geral e sobre a linguagem humana. In: *Sobre arte, técnica, linguagem e política*. Lisboa: Antropos, 1992.

_____. Experiência. In: *Reflexões sobre a criança, o brinquedo e a educação*. São Paulo: Duas Cidades, Ed. 34, 2002.

BORDINI, Maria da Glória; AGUIAR, Vera Teixeira de. *Literatura*: a formação do leitor: alternativas metodológicas. 2. ed. Porto Alegre: Mercado Aberto, 1993.

CARR, Nicholas. *Os superficiais:* o que a internet está a fazer aos nossos cérebros. Lisboa: Gradiva, 2012.

CARR, Nicholas. *The Shallows* – what the Internet is doing to our brains. New York: W. W. Norton, 2010.

CARR, Nicholas. *A geração superficial* – o que a Internet está fazendo com nossos cérebros. Trad. M. G. F. Friaça. Rio de Janeiro: Agir, 2011.

COELHO, Jacinto Prado. *Ao contrário de Penélope*. Lisboa: Livraria Bertrand, 1976.

CORSEUIL, Anelise Reich. Literatura e cinema. In: BONNICI, Thomas; ZOLIN, Lúcia Osana (Org.). *Teoria Literária*: abordagens históricas e tendências contemporâneas. 2. ed. Maringá: Eduem, 2005.

COUTINHO, Eduardo. No jogo da verdade a crítica é criação. In: *Fundamentos da investigação literária*. Academia Brasileira de Letras, 1974. Disponível em: <http://www.academia.org.br>. Acesso em: fev. 2013.

DAVID, Sérgio Nazar. O ensino da Literatura Portuguesa no segundo grau. In: *Revista Idioma*, do Centro Filológico Clóvis Monteiro, Departamento II do Instituto de Letras, Uerj, ano XV, n. 18, 2 semestre 1996.

DURÃO, Fabio Ackcelrud. Sobre a relevância dos estudos literários hoje. In: *Linguasagem*, Revista eletrônica de popularização Científica em Ciências da Linguagem. UFSCAR, v. 2, p. 2, 2008.

FAZENDA, Ivani C. A. *Interdisciplinaridade:* história, teoria e pesquisa. 4. ed. Campinas: Papirus, 1994.

GULLAR, Ferreira. Não sou viciado em poesia. In: BASTOS, Dau (Org.). *Papos contemporâneos 1:* entrevistas com quem faz a literatura brasileira. Rio de Janeiro: UFRJ, 2007.

LAJOLO, Marisa. *Literatura:* leitores e leitura. São Paulo: Contexto, 1997.

LAJOLO, Marisa P. O texto não é pretexto. In: ZILBERMAN, Regina (Org.). *Leitura em crise na escola:* as alternativas do professor. Porto Alegre: Mercado Aberto, 1993. Col. Novas Perspectivas.

LAJOLO, Marisa; ZILBERMAN, Regina. *A formação da leitura no Brasil*. São Paulo: Ática, 1982.

LIMA, Luís Costa. *Dispersa demanda*. Ensaios sobre literatura e teoria. Rio de Janeiro: Francisco Alves Editora, 1981.

_____. A teoria da literatura entre nós. In: *Floema*. Caderno de Teoria e História Literária, n. 2 B, Vitória da Conquista: Uesb, 2006. Proferida também como palestra no X Congresso Internacional da Abralic, em 1° ago. 2006.

MAIO, S. R. Imagens em Walter Benjamin: universo ficcional e Literatura. In: *Revista FronteiraZ*, São Paulo: PUC, v. 2, n. 2. dez. 2008.

RANCIÈRE, Jacques. *O mestre ignorante* – cinco lições sobre a emancipação intelectual. Tradução Lilian do Valle. Belo Horizonte: Autêntica, 2002.

SCHLEGEL, Friedrich. *O dialeto dos fragmentos*. Trad. Márcio Suzuki. São Paulo: Iluminuras, 1997.

SCLIAR, Moacir. A função educativa da leitura literária. In: ABREU, Márcia. *Leituras no Brasil*: antologia comemorativa pelo 10° Cole. Campinas, SP: Mercado das Letras, 1995.

SILVA, Ezequiel Theodoro da. *Leitura & realidade brasileira*. 2. ed. Porto Alegre: Mercado Aberto, 1985.

TODOROV, Tzvetan. A literatura em perigo. Trad. Caio Meira. Rio de Janeiro: Difel, 2009.

VENTURELLI, Paulo. A literatura na escola. *Revista Letras*, Curitiba, n. 39, p. 259-269, 1990.

A LEITURA DE NARRATIVAS LITERÁRIAS COMO ATO DE CONHECIMENTO E MODO DE EXPERIÊNCIA:
A PRESENÇA DE AUTOR E LEITOR IMPLICADOS

Eunice Terezinha Piazza Gai

Para iniciar minhas reflexões sobre o estudo da Literatura, gostaria de trazer à cena uma questão que foi fundamental para Gadamer: "El problema que me ocupa desde hace decênios és este: qué es propiamente leer?" Trata-se de uma pergunta ontológica, que não se reduz a uma teoria literária da leitura; além do que, conforme pretendia o próprio Gadamer, a *experiência da arte* não deveria reduzir-se a determinadas caracterizações da "experiência estética" (Gabilondo, 2011, p. 14).

A questão que, por tanto tempo, fez parte das reflexões desse reconhecido teórico da hermenêutica apresenta algumas implicações importantes para a área dos estudos de Literatura. Afinal, a principal tarefa dos mesmos é a leitura de textos. Além disso, ela aponta para a necessidade de refletir a respeito de vários problemas relacionados à palavra leitura, ou seja, ler está para compreender, ler significa alcançar alguma forma de explicação a respeito do que foi lido, ler é um ato de conhecimento, é também uma forma de experiência e de produção de sentido.

A partir dessa indicação é possível antever a intencionalidade do texto que se seguirá. Apesar de se inserir numa publicação que discute o tema metodologia do ensino de Literatura, não deverá constituir-se como um método propriamente dito, mas como reflexão sobre a prática de leitura de textos no âmbito acadêmico: como ela é e como poderia ser. Pretendo, antes, questionar determinadas atitudes ou práticas canônicas dentro das instituições para mostrar que tais convicções, mais do que estarem já canonizadas, constituem exemplos de perpetuação de preconceitos e de equívocos teóricos que assumem o estatuto da autoridade. Depois, apresento alguns pressupostos hermenêuticos com o intuito de defender uma perspectiva de leitura mais aberta, menos dogmática, mais significativa para o leitor. Por fim, entendo que a leitura de textos literários, e aqui vou me referir predominantemente às narrativas ficcionais, propicia uma espécie de conhecimento específico, de experiência, que também se traduz em sentido para si mesmo.

A LEITURA LITERÁRIA NO ÂMBITO ACADÊMICO:
Preconceitos Teórico-Metodológicos
e Ausência de Sentido

São várias as razões que me levam a considerar que os estudos de Literatura no Brasil efetivam-se sob um enfoque predominantemente autoritário, raramente dialógico, eivado de preconceitos e de pouca relação com a vida e as obras em si mesmas. Cito algumas: a presença, em boa parte dos cursos de Letras, de currículos e programas que se fixam especialmente na recapitulação dos períodos literários conforme apresentados nos manuais, ou em extenuantes teorias, geralmente defasadas em termos significativos; a permanente e tediosa metodologia que leva o leitor a se filiar a alguma teoria extraliterária e depois obrigar o texto literário a significar algo previamente intentado; ou então, a análise formal, muitas vezes escrava da semiótica, que se perde nas elucubrações sígnicas e quando quer alcançar algum sentido, com ares de competência, bate sempre na mesma tecla: o narrador não é o autor; este, principalmente, precisa ser alijado dos estudos, tornou-se um fantasma que é preciso exorcizar. Afinal, a subjetividade implícita na inclusão de um autor ou leitor implicados na leitura de um texto literário pode comprometer definitivamente as pretensões científicas dos arautos de uma teoria literária que vem investida de poder e autoridade, na medida em que pode garantir, além de verbas, *status* de cientificidade. Este último, o desejo de ser científico, constitui um grande entrave para as reflexões metodológicas em relação aos estudos de Literatura e da leitura propriamente dita.

Apresento um exemplo que comprova aspectos da crítica anteriormente delineada, decorrente da análise de um parecer recebido após submissão de um projeto a órgão de fomento, especificamente ao CNPq, e que, obviamente, foi negado, apresentando como justificativa o desacordo do parecerista em vista de determinada abordagem proposta no projeto, que lhe parecia ultrapassada e genérica demais. A abordagem a que ele se refere é a hermenêutica, a respeito da qual é possível perceber um completo desconhecimento de sua parte e também de boa parte do corpo de acadêmicos qualificados para emitirem pareceres na área da teoria literária, visto que outros projetos foram submetidos e sumariamente desencorajados por outros pareceres "cegos". Além disso, a hermenêutica não tem "casa" no próprio âmbito institucional, uma vez que ela não consta como subárea na Filosofia, e tampouco na Literatura.

Sem a intenção de fazer uma defesa do projeto enviado, mas buscando mostrar como a Literatura, no contexto institucional e autorizado em termos de estabelecimento de valores, está aprisionada num sistema arcaico e preconceituoso, situo alguns fatos. Eis que, em determinado momento, no projeto, é citado o reconhecido hermeneuta Luiggi Pareyson:

> Pareyson considera que a interpretação é o encontro de uma pessoa com uma forma. Ela ocorre quando se instaura uma simpatia, uma congenialidade, uma sintonia, um encontro entre um dos infinitos aspectos da forma e um dos infinitos pontos de vista da pessoa.[1]

O parecer recebido do CNPq, em referência a essa citação é o seguinte:

> Em outro momento, se define interpretação como "sintonia entre um ponto de vista pessoal com um aspecto da obra". Já faz bastante tempo que noções ligadas a biografismo e identificação pessoal com a obra têm sido combatidas em estudos de crítica literária.[2]

---

[1] Projeto de pesquisa enviado ao Edital de Bolsa de Produtividade do CNPq, em 2013, mas retirado de Pareyson (2001, p. 226).

[2] Parecer recebido do CNPq, constante na sua página e acessado diretamente, via senha pessoal, na Plataforma Carlos Chagas.

Chamo a atenção para a sumária condenação: biografismo e identificação pessoal. Ora, mesmo uma pessoa de poucos estudos no campo da hermenêutica sabe que não se trata de biografismo, mas que a atitude hermenêutica exige essa congenialidade de que fala Pareyson, pois, além da compreensão possível, o que é profundamente válido é a transformação do indivíduo leitor a partir da sua experiência de leitura. São os estereótipos e preconceitos que se tornaram oficiais e que determinam os parâmetros da verdade e da validade científicas, uma legítima atitude neopositivista, dentro do círculo das humanidades. Trata-se de um verdadeiro problema para a área, principalmente para os estudos de Literatura.

A impressão que fica é de que os detratores da hermenêutica, em seu profundo desconhecimento, são muito semelhantes em diferentes momentos históricos. Com efeito, Pareyson torna-se veemente e repetitivo na exposição de sua teoria, sempre acentuando o caráter pessoal da realização artística: "As teorias impessoalistas não se dão conta de que nada ocorre na arte senão através da mediação ativa e criadora da pessoa" (*Os problemas da estética*, 2001, p. 102). E, além disso, antes de ser uma perspectiva teórica biografista, é mesmo uma teoria que deriva de Nietzsche, pois, observa: "Toda a relação humana, quer se trate do conhecer ou do agir, do acesso à arte, ou das relações entre pessoas, tem sempre um caráter interpretativo" (Pareyson, 2005, p. 51).

Além do mais, a atitude tecnicista e de matiz realista não é prerrogativa das instituições acadêmicas brasileiras. Richard Palmer (2011) faz a seguinte observação:

> Os intérpretes e teóricos americanos caíram num modo de encarar a sua tarefa grosseiramente naturalista e tecnológica. Na atual perspectiva em que se situam nem mesmo podem colocar-se a si próprios a questão que mais precisam de colocar: "o que acontece quando compreendemos um texto literário"? Uma questão desse gênero é quer tratada de um modo abstrato, lógico, e tecnológico,

> quer posta de lado como irrelevante, pois poderia parecer que não se estava a lidar com o objeto de análise, mas com a experiência subjetiva que dele temos (p. 225).

Essa situação de repulsa ao subjetivismo que caracteriza a crítica americana, é preciso destacar, não é de agora. O livro de Palmer, *Hermeneutics*, traduzido para o português como *Hermenêutica* (2011), foi publicado pela primeira vez em 1969, portanto, está a se referir aos estudos próximos daquele período. É possível, todavia, que semelhante posicionamento crítico denunciado por Palmer continue a exercer a sua autoridade, no âmbito americano, enquanto que no Brasil representa de fato a voz dominante da crítica acadêmica contemporânea. Palmer apresenta ainda uma objeção de origem ontológica para se contrapor a semelhante ponto de vista:

> Mas o que é que se pressupõe? Que podemos falar de um objeto de análise em termos de sua forma e do "seu significado objetivo" de tal modo que a obra parece existir independentemente da experiência que dela temos! A pouco e pouco, começa a não haver correlação entre a análise do objeto e a nossa experiência quando o compreendemos (p. 225).

A crítica de fundo realista e tecnológico continua a pressupor que há uma separação entre sujeito e objeto (o texto literário, neste caso) e que nem o leitor, nem o autor podem estar implicados nessa crítica que se constitui numa leitura asséptica e sem relação com a compreensão e a interpretação propriamente ditas.

Dois autores expressivos da teoria e da crítica literária contemporânea, Antoine Compagnon e Tzvetan Todorov, referem-se a uma crise da Literatura e da leitura na academia e revelam alguns motivos para o fenômeno. Concluem com um posicionamento semelhante, de que se faz necessário, na contemporaneidade, fazer uma defesa da Literatura.

Todorov, em *A literatura em perigo* (2009), destaca o ensino da Literatura na escola como causa do crescente desinteresse pela leitura literária. Segundo este autor, "Na escola, não aprendemos acerca do que falam as obras, mas sim do que falam os críticos" (2009, p. 27). Analisando os programas oficiais do ensino de Literatura na França, conclui que não só a ênfase, mas a totalidade dos tópicos refere-se aos métodos de análise, situações de enunciação, noções de gênero, etc., e nenhum tópico relaciona-se "ao que falam as obras em si, seu sentido, o mundo que elas evocam" (p. 28). Assim, "Ler poemas e romances não conduz à reflexão sobre a condição humana, sobre o indivíduo e a sociedade, o amor e o ódio, a alegria e o desespero, mas sobre as noções críticas tradicionais ou modernas" (p. 27). Ora, essa prática, tão profundamente instalada na oficialidade, parece ser um desvio de foco bastante significativo no que respeita à leitura literária.

Para corroborar essa ideia, de que a crítica e a teoria têm a prevalência no âmbito dos estudos literários, cito a referência que Bruner (2002) faz do poeta Czeslaw Milosz:

> Muitos livros eruditos sobre poesia foram escritos e obtiveram, pelo menos em países do Ocidente, mais leitores do que a própria poesia. Isso não é um bom sinal. (...) Um poeta que quisesse competir com aquelas montanhas de erudição teria que fingir possuir mais autoconhecimento do que os poetas estão autorizados a ter (p. 5).

Compagnon escreveu *Literatura para quê?* (2012). Nesse pequeno livro apresenta uma síntese do que a instituição acadêmica francesa, na voz de seus mais destacados críticos, estabeleceu como critério de valor e julgamento a respeito da atividade de criação literária. Mostra que as teorias, a partir do século 18, revezando-se no tempo ou combatendo-se no mesmo período, giram em torno da dicotomia entre retórica e poética de um lado e História e Filologia de outro. Tomando como exemplo a ocupação das cátedras do Collège de France, observa: "A alternância da Filologia e da poética foi, portanto, durante muito tempo, a regra. Reprovava-se à história literária ser somente uma sociologia da instituição, fechada ao valor da obra e ao gênio da criação" (p. 19). No século 20, com Barthes, houve uma possibilidade de conciliar as duas tendências, direção que também é a de Compagnon.

Este professor se propõe as mesmas e eternas questões sobre a Literatura, por exemplo: Quais valores a Literatura pode criar e transmitir ao mundo atual? Que lugar deve ser o seu espaço público? Ela é útil para a vida? Por que defender sua presença na escola? E acentua a existência de uma crise atual da Literatura na escola, na imprensa, na situação da vida em geral, mas dá continuidade ao texto fazendo um amplo e significativo elogio da Literatura: "É tempo de se fazer novamente o elogio da Literatura, de protegê-la da depreciação na escola e no mundo" (p. 56). E avança em suas observações e em seu elogio, a partir da proposição de Italo Calvino (1993), de que "há coisas que só a Literatura com seus meios específicos pode nos dar".

Parece, enfim, que a crise enunciada relaciona-se mais diretamente aos métodos de estudo da Literatura, das formas de entendê-la e de extrair sentidos. E, portanto, do aprisionamento da arte ao dogmatismo acadêmico, institucionalizado.

O ESTUDO DA OBRA LITERÁRIA E A ATITUDE HERMENÊUTICA

Os estudos da hermenêutica constituem um campo muito amplo e complexo, mas podem contribuir de modo profícuo, válido e instigante para o entendimento da Literatura. Ela poderia ser utilizada como método de compreensão dos textos, dependendo da filiação a determinados teóricos que dela se ocuparam. A hermenêutica, contudo, também funciona como pensamento filosófico, que pode balizar a prática da leitura e da crítica literárias. Neste caso, não seria um modo de equacionar a relação entre privilegiar a teoria ou a crítica e voltar-se para a obra literária, como pretendia Compagnon, uma vez que, não sendo um método a ser aplicado, dispensa a sobreposição das teorias.

Nesse sentido, a atitude hermenêutica caracteriza-se como um processo de escuta do texto literário. Nele emerge a voz do autor, que tem, sim, uma intencionalidade ao escrever e a deixa transparecer na elaboração de sua escrita. Não se trata de biografismo, nem de buscar a subjetividade do autor, mas de situar a interpretação no âmbito do que é histórico. O autor e suas circunstâncias, o leitor e suas circunstâncias são elementos inseparáveis e insuperáveis da prática interpretativa.

Além disso, hoje, pode-se considerar a hermenêutica como uma prática não autoritária, porquanto não está mais em jogo a leitura correta de textos religiosos, mas a compreensão e a interpretação de qualquer texto, especialmente aqueles que são designados de literários, ficcionais, pois são carregados de simbologias que precisam ser reveladas ou desveladas. Acima de tudo, a hermenêutica constitui um ponto de vista, um posicionamento diante da tarefa de entender um texto.

Para Bottiroli (2006), uma interpretação não se limita a reproduzir uma forma inicial, precisa ser uma elaboração, um desenvolvimento criativo. Ela também não é uma opinião, nem um juízo ou um capricho subjetivo, é antes de tudo, articulação. Por fim, ainda cabe acrescentar que a interpretação não é mimética, admite a voz do outro, é um processo de escuta, mas também é necessário fazer a obra falar, a partir das perguntas adequadas.

No entendimento de Luigi Pareyson (2005, p. 226-227), interpretar significa conseguir sintonizar toda a realidade de uma forma mediante a feliz adequação entre um de seus aspectos e a perspectiva pessoal de quem a olha. A interpretação exige um processo. Trata-se de sintonizar um ponto de vista pessoal com um aspecto da obra e para procurar essa correspondência, é preciso um esforço hábil e atento, vigilante e controlado, dúctil e preciso, agudo e multiforme, senão a compreensão não acontece. O risco permanente da incompreensão é essencial e constitutivo da interpretação que só é bem-sucedida como vitória consciente e superação ativa da contínua ameaça de malogro que a espreita no decorrer do processo. O processo da interpretação consiste num movimento que vai pouco a pouco representando os esquemas de uma imagem destinada a revelar a verdadeira realidade da obra. Para que a imagem seja bem-sucedida são necessários movimentos diversos, como descartar os falsos, corrigir os inexatos, escolher os adequados, etc.

Gadamer, em *Verdade e método* (2005), postula a ideia de que é necessário revisar o posicionamento moderno que privilegia a conduta objetiva das Ciências Humanas. Esse fato, que exige um distanciamento do indivíduo em relação ao contexto, ao texto, produz também um distanciamento alienante do indivíduo com relação ao sentimento de pertencer a um mundo. Ele leva adiante a ideia de que a experiência estética é a verdadeira experiência que transforma quem a vive e que não pode ser sonegada, como o foi na modernidade, pela perspectiva de distanciamento necessária a toda teoria que se pretendesse séria. É a ideia da indiferença kantiana descomprometida com a ontologia, conforme evidenciada por Heidegger.

CONHECIMENTO E SENTIDO:
Uma Associação Possível

Estudos sobre a natureza e finalidades da Literatura multiplicam-se na tradição ocidental desde Platão e as questões sobre a razão de ser da arte literária ficcional são seguidamente repropostas.

Nos últimos anos, conforme o exemplo dos autores já citados, Todorov e Compagnon, há uma preocupação com uma possível crise da leitura, principalmente do romance, e assim, a pergunta sobre as razões para ler ficção torna-se, de novo, urgente. A resposta, ou as inúmeras respostas, parecem não aliviar as tensões. Cabe assinalar que as preocupações maiores surgem de dentro do próprio âmbito da Literatura: são professores, críticos, teóricos da disciplina que se questionam sobre a sua ausência ou o seu sucessivo minguar na academia, bem como a falta de interesse por parte dos alunos em relação a ela. Uma possibilidade de torná-la significativa é associá-la ao conhecimento.

Tendo em vista a ideia também já enunciada de Ítalo Calvino, de que "há coisas que só a literatura com seus meios específicos pode nos dar" (1993), julgo que se faz necessário aprofundar os estudos de natureza estética que sejam característicos dessa especificidade a que se refere o autor e que esses aspectos sejam explicitados no fazer acadêmico.

Há uma espécie de conhecimento vinculado às narrativas ficcionais, mas não é o conhecimento em sentido amplo, ou relacionado a algum sistema filosófico particular. Não se trata do conhecimento conceitual, histórico-real, que deve ser procurado no interior do texto literário. Palmer (2011) considera uma espécie de pobreza definir a compreensão em termos de conhecimento conceptual, pois leva a análises que em nada contribuem para experimentar o poder que uma obra literária tem de nos falar (p. 233).

Vigotski (2004) considera um equívoco psicológico nocivo à educação o fato de considerar que a educação estética seja um meio de ampliação de conhecimento dos alunos. Refere-se a concepções que admitiam que os objetivos estéticos eram menos de ordem moral e mais de caráter social e cognitivo. Segundo o autor, a obra de arte não reflete a realidade em sua verdade real e por isso não deve ser meio para adquirir conhecimentos sobre a realidade, os fatos.

Outro autor que também se ocupou do assunto foi Platone (1996), em vários textos; segundo ele, não é lícito buscar o conhecimento sobre os fatos em si, ou a ciência, ou a Medicina, por exemplo, em textos de natureza ficcional.

Assim sendo, não é o sentido usual que a palavra conhecimento possui, não só no senso comum, como no âmbito científico, que poderia ser aplicado ao estudo das narrativas ficcionais. Trata-se de uma forma de conhecimento específica, subjetiva, incerta, talvez, mas ainda assim, conhecimento. A seguir, algumas possibilidades de caracterização desse tipo de conhecimento.

O conhecimento próprio dos textos narrativos tem a sua especificidade ligada à busca de sentido que é intrínseca a todos os seres humanos e cuja realização, em todas as tradições, ocorre nas práticas de narrar. A arte de contar histórias pode ser considerada uma das mais antigas formas de comunicação entre os homens. Forster (1974, p. 20) ressalta que o Homem de Neanderthal, por sua estrutura craniana, já se tornara um contador de histórias: "A audiência primitiva era uma audiência de cabeludos, bocejando ao redor do fogo, fatigada das contendas contra o mamute ou o rinoceronte peludo [...]".

Uma das primeiras caracterizações do conhecimento vinculado à arte vem de Platão (1996). Para ele, trata-se de um conhecimento intuitivo, inspirado, divino. Os poetas não sabem o que fazem, fazem-no por intermédio de um sopro divino. A *Apologia de Sócrates* e Íon apresentam a ideia de que a arte é inspiração. No primeiro texto, ao defender o filósofo da condenação à morte que lhe havia sido imputada pelos atenienses, explicando e ao mesmo tempo argumentando sobre as razões de sua conduta questionadora em relação ao conhecimento, observa que procurou entre todas as categorias de profissionais, saber o que é que eles' sabiam. Refere-se aos poetas trágicos considerando que não faziam por sabedoria o que faziam, mas por "certa natural inclinação e intuição", tal como os adivinhos e vates e que embora digam muitas e belas coisas, não sabem nada daquilo que dizem.

No livro Íon, Platão apresenta a narrativa de um rapsodo que declama Homero e se sente inspirado sempre que o faz. A habilidade de Íon não se baseia em conhecimento ou ciência, mas ocorre por divina inspiração; esta, em primeiro lugar, atinge os poetas criadores, mas depois atinge o rapsodo e a seguir os que o ouvem, numa espécie de cadeia.

Na tradição cultural, essa ideia foi seguidamente reiterada. Lembro aqui, além da estética romântica, que já é suficientemente criticada no contexto mencionado, de posicionamentos semelhantes na contemporaneidade. O filósofo J. Hessen refere-se à obra artística como resultado da inspiração, ou da intuição, e assim se manifesta em seu livro *Teoria do conhecimento*: "A interpretação do mundo feita pelo artista provém tão pouco do pensamento puro quanto a concepção de mundo do homem religioso. Também ela deve sua origem muito mais à vivência e à intuição" (2000, p. 11).

O poeta Milosz, citado por Bruner, no texto já referido (2002, p. 5), pronuncia-se do seguinte modo: "Francamente, em toda a minha vida eu estive em poder de um demônio e não entendo muito bem de que forma os poemas ditados por ele criaram vida".

Assim, embora a Estética, enquanto ramo da Filosofia, se ocupe do conhecimento inerente às artes, a concepção de conhecimento não racional, difícil de delimitar, talvez dependente de forças maiores, associado à arte, ainda persiste. É possível observar que ainda paira certa aura nebulosa sobre o tema, o que leva à necessidade de recolocá-lo sempre em pauta. Nesse sentido, apesar das "caras torcidas" de alguns dos atuais críticos neopositivistas, que estremecem com comentários semelhantes ao de Milosz, caberia aprofundar as reflexões sobre as relações entre a arte e a intuição, a arte e a inspiração. Afinal, estados de espírito menos racionais e mais transcendentes, envolvendo a criação, são mencionados por muitos artistas.

Um outro aspecto que caracteriza o conhecimento associado à arte é apresentado por Bruner (2002). Ele refere-se à existência de dois modos de funcionamento cognitivo, cada um fornecendo diferentes formas de ordenamento da experiência, da construção de realidade. Um, lógico-científico, "tenta preencher o ideal de um sistema formal e matemático de descrição e explicação" (p. 13). Emprega a categorização e a conceituação para formar um sistema. O modo narrativo volta-se para as ações e intenções humanas e busca localizar a experiência no tempo. É o panorama da consciência. Os dois são complementares, mas irredutíveis um ao outro e têm princípios operativos próprios, e as histórias convencem da sua semelhança com a vida, enquanto o processo argumentativo tenta convencer a respeito da sua veracidade. Em outra obra (Bruner, 1997) o autor também acentua a importância das narrativas, não só porque por meio delas os seres humanos contemplam as suas crenças, as suas origens culturais, mas também porque a experiência imediata, o que ocorreu ontem, as pessoas o exprimem desse modo.

Próximo desse ponto de vista, mas com algumas implicações a mais, está o modo de conceber o texto literário, narrativo, como conhecimento relacionado à experiência humana. Pela sua constituição, pela sua especificidade, a narrativa está muito próxima da experiência vivida e, por isso, constitui um valioso material para o estudo da natureza humana, das condições históricas, das formas de construir sentidos. Apesar disso, a narratividade como processo de conhecimento tem sido relegada por boa parte da tradição filosófica no Ocidente que busca, antes de tudo, a verdade racional.

O campo estético ou dos valores, entretanto, depende mais da intuição e da experiência. Com efeito, é impróprio tentar revelar a outra pessoa a beleza de um quadro ou paisagem que alguém vivenciou, por meio de operações do entendimento. Se a outra pessoa não passou pela experiência, de nada adiantará a utilização de meios discursivos para aquele fim. Assim, autoconhecimento e emoção estética, a vivência do eu e o sentimento constituem campos do conhecimento importantes, mas sempre são vistos como subjetivos. Em geral estão situados fora do âmbito do que é considerado conhecimento. No campo das ciências cognitivas, por exemplo, em suas versões mais tradicionais e iniciais, nem a arte nem a Literatura são tomadas como fontes de estudos sobre a mente, por conterem excessivos elementos de incerteza.

Por outro lado, a experiência, pela sua natureza, não pode ser tomada como método de conhecimento, pois ela é, antes, algo que nos ocorre. Como, então, considerar a experiência no âmbito da interpretação e do estudo de textos literários? Algumas reflexões sobre o termo são feitas por Palmer (2011). Para ele:

> Compreender uma obra é experienciá-la. E a experiência não é um subesquema no interior do contexto da dicotomia sujeito-objeto; não é um tipo de conhecimento ahistórico, atemporal, abstrato, fora do tempo e do espaço, onde uma consciência vazia e não localizada recebe uma configuração de sensações ou de percepções. A experiência é algo que acontece aos seres humanos possuidores de vida e de história (p. 233).

Segundo o autor, a experiência não constitui um objeto, mas participa de um modo invisível em todos os eventos da compreensão. Ela possui um elemento de negatividade, que contraria as expectativas. Por intermédio da experiência aprendemos o que não sabíamos. Para ele, na interpretação literária, a lição que colhemos da estrutura da experiência é mantermo-nos sensíveis ao fato de que as suas dimensões ultrapassam toda a conceptualização (Palmer, 2011, p. 234). Além disso,

>...a experiência possui um caráter englobante e não objetificável. A experiência não segue o modelo de resolução de um problema no interior de um sistema; é o meio de sair do sistema, o meio de uma transcendência criativa, é o abalar do sistema. Quando encontramos uma obra de arte ou de literatura verdadeiramente grandes, transformamos a nossa compreensão; vemos a vida com uma nova frescura... mas essa frescura escapa a um olhar analítico (a que poderíamos chamar de cegueira analítica) (p. 234-235).

Assim, a ideia de relacionar a experiência ao conhecimento não vem em socorro de uma necessidade metodológica. Afinal, descrever a experiência apenas é sempre uma tarefa pouco produtiva. A relação do tema da experiência no âmbito do que está sendo aqui tratado diz respeito ao autoconhecimento, uma vez que experiência é vivência, e representa transformação no modo de conceber o mundo. É nesse aspecto que o conhecimento associado à experiência, mediante uma processualidade hermenêutica, pode transformar-se em construção de sentido para o ser humano, para o intérprete que compreende uma obra de arte. É assim que Palmer refere-se ao tema:

> Portanto, ler uma obra não é adquirir conhecimento conceptual por meio da observação ou da reflexão; é uma experiência, uma ruptura e um alargamento do nosso antigo modo de ver as coisas. Não foi o intérprete que manipulou a obra, pois esta mantém-se fixa; foi antes a obra que o marcou, mudando-o de tal modo que ele nunca mais pôde recuperar a inocência que perdeu com a experiência (Palmer, 2011, p. 250).

O conhecimento vinculado às narrativas ficcionais e a constituição de sentido a respeito delas, aproximam-se em termos de resultados oriundos das reflexões teóricas propostas. É possível equacionar essas relações a partir de um processo interpretativo que investigue, sem ferir, a natureza intrínseca da obra ficcional. Para tanto, em primeiro lugar, faz-se necessário estabelecer um processo de escuta da obra, atento e livre de preconceitos, para depois buscar o modo mais adequado para ampliar os horizontes de significação dela decorrentes.

A ideia de associação da narrativa ficcional ao conhecimento pode constituir uma visão que, se não é nova, ao menos refere outros caminhos para os estudos literários. Trata-se de uma perspectiva que aponta para a necessidade de a Literatura voltar-se para diferentes dimensões, além daquelas que tradicionalmente têm ocupado as pesquisas acadêmicas da área. Sem abdicar de considerar a problemática dos gêneros, ou a historiografia literária, ou as questões estruturais, por exemplo, a possibilidade de uma abordagem que associa narrativas e conhecimento a partir da visão hermenêutica, pode contribuir para rediscutir o papel da Literatura, na instituição acadêmica e na vida, uma vez que ela constitui uma importante forma de conhecimento do ser humano, de seus espaços exteriores e interiores. Trata-se, é certo, de uma visão hermenêutica que leva em conta as intencionalidades e historicidades de autor e leitor, e também que desenvolve acuradamente um processo de escuta da obra, mantendo com isso a sua autonomia.

Sem pretender ser moralista, em termos indicativos para o bem ou para o mal, o que a atividade literária não pode ser, é certo, todavia, que a leitura transforma o ser humano e as suas percepções sobre o mundo e é essa experiência significativa que deveria ser o propósito maior dos estudos literários.

Referências

BRUNER, Jerome. *Realidade mental e mundos possíveis*. Porto Alegre: Artmed, 2002.

_____. *La cultura dell'educacione*. Nuovi orizzonti per la scuola. Milano: Feltrinelli, 1997.

CALVINO, Italo. *Por que ler os clássicos?* São Paulo: Companhia das Letras, 1993.

COMPAGNON, Antoine. *Literatura para quê?* Belo Horizonte, Editora da UFMG, 2012.

FORSTER. E. M. *Aspectos do romance.* Porto Alegre: Editora Globo, 1974.

GABILONDO, Ángel. Introdução. In: GADAMER, H.-G. *Estética y hermenêutica.* Madrid: Editorial Tecnos, 2011.

GADAMER, H.-G. *Verdade e método.* Petrópolis: Vozes, 2005.

HESSEN, Johannes. *Teoria do conhecimento.* São Paulo: Martins Fontes, 2000.

PALMER, Richard. *Hermenêutica.* Lisboa: Edições 70, 2011.

PAREYSON, L. *Os problemas da estética.* São Paulo: Martins Fontes, 2001.

_____. *Verdade e interpretação.* São Paulo: Martins Fontes, 2005.

PLATONE. *Tutti gli scritti.* Milano: Rusconi, 1996.

TODOROV. T. *A literatura em perigo.* Rio de Janeiro: Difel, 2009.

VIGOTSKI, L. S. *Psicologia pedagógica.* São Paulo: Martins Fontes, 2004.

VALOR(IZ)AÇÃO DO (PRE)TEXTO LITERÁRIO

João Luis Pereira Ourique

A explicação do título proposto é necessária para que o teor dos argumentos apresentados façam-se claros. Uma simplificação da ideia geral poderia ser a "valorização do texto literário"; essa visão, no entanto, já está por demais desgastada e deve ser pensada em antecipação aos problemas advindos de suas simplificações. No âmbito dos estudos literários, quando pensamos em valorizar acabamos por deixar outras vozes ressoarem sem dissonância. Acabamos por reiterar noções vinculadas a valores universais e atuar em defesa de um suposto patrimônio cultural que deve ser preservado e transmitido às próximas gerações, esquecendo que o mais importante não é o patrimônio reificado, mas sim a formação dessas novas gerações que dependem de um olhar constantemente renovado e não de um eco de estruturas limitadoras da(s) própria(s) cultura(s).

Considerando que as relações humanas são complexas e mutáveis ao longo de sua trajetória histórica, é necessário evidenciarmos essa situação muito comum e recorrente no debate acerca do tema proposto: valor, ou melhor, o juízo de valor que emitimos em relação ao mundo que nos circunda, tanto física quanto *imaginariamente*. Nessa perspectiva de inserção, salientamos, ainda, posições binárias que comprometem a interpretação sobre algum ponto específico, sobre algo que nos preocupa ou instiga, indigna ou desafia; estabelecendo uma *mimese com a cultura*[1] deturpada e corrompida que não leva mais em consideração a experiência em seu caráter ambivalente e plural.

---

[1] Essa relação com o mundo pode ser melhor definida neste ensaio a partir das reflexões de Günter Gebauer e Christoph Wulf presentes na obra *Mimese na cultura:* agir social, rituais e jogos, produções estéticas. São Paulo: Annablume, 2004. No capítulo I, *Mimese na cultura*, Gebauer e Wulf estabelecem uma relação entre Walter Benjamin, Theodor Adorno e Jacques Derrida com vistas a discutir a cultura como uma forma de representação e de ordenação do próprio homem a partir da mimese. Segundo os autores, "É marcante na concepção de Benjamin que a mimese compreende muito mais que uma semiótica: ela é tomada muito mais como uma capacidade antropológica fundamental. (...) A singularidade do mimético da arte é caracterizado por Adorno por meio da imagem do aconchegar-se à realidade social. A mimese estética forma um tipo de molde que reflete as relações externas da sociedade, as assimetrias, cisões, rupturas e divisões da práxis social. O ajustamento da práxis social dá-se na obra de arte, sem a participação das forças subordinadas à natureza: o sujeito desaparece na obra de arte. Nela são atualizadas camadas básicas da experiência. (...) A discussão de Jacques Derrida com a mimese tem como ponto central o conceito de texto. Textos são indisponíveis. Eles mantêm relação com o precedente. Eles nunca são nem origem, nem interior, nem exterior, mas sempre duplos. Todo texto começa como um dublê: não há começo nem precedente. A mimese do texto é feita sem um modelo originário. A intertextualidade dela exige desconstrução. Como nos hieróglifos, o que vale é o decifrar do indizível deles. Textos são rastros dos homens" (p. 34-35).

Um desses binarismos – talvez o mais recorrente por simplificar e nivelar a partir de conceitos generalizantes várias questões históricas e culturais – se constitui a partir da *universalidade*. Sua apropriação sem os devidos filtros acaba por manter valores que permanecem inalterados através da História, posições que uma determinada *evolução* apresentou como sendo um paradigma inquestionável perante a sua sociedade, tão imperioso e inabalável que se projeta para todas as culturas e todos os tempos.[2] Assim, torna-se difícil negar alguns valores histórico-culturais de nossa formação, principalmente quando não possuímos algo "melhor" para colocar em seu lugar, normalmente um conceito que dê novos contornos sobre o conjunto das coisas em questão, entrando em um círculo vicioso, incapaz de percebermos o próprio labirinto em que nos encontramos.

Propormos alternativas ao invés de novos conceitos, mantermos vivo o questionamento em confronto com as verdades absolutas, considerarmos que o sujeito histórico, exatamente pelo fato de ser histórico, está relacionado com a sua própria formação cultural, podem ser atitudes que venham a resultar em opiniões e interpretações distantes, cada vez mais, de ideologias e demagogias. Assim como nós mesmos hoje, esse(s) sujeito(s) pertencem a uma época, a um conjunto de valores, devendo ser(em) lido(s) em sua relação com o momento histórico vivido.

O fato de afastarmos o nosso pensamento interpretativo dessa temporalidade pode vir a marcar a leitura da realidade que nos cerca, achando que o *mundo* (o mundo social, bem explicado, com a devida

---

[2] A reflexão de Hugo Achugar no ensaio *Sobre o "balbucio teórico" latino-americano* (In: _____. *Planetas sem boca:* escritos efêmeros sobre arte, cultura e literatura. Belo Horizonte: Editora UFMG, 2006) nos auxilia no esclarecimento dessa postura contra o universalismo a partir da noção de "história local": "A 'recuperação das histórias locais como produtoras de conhecimento' (Mignolo), ou a condição da leitura a partir da periferia em função de 'interesses locais e concretos' (Lie), como é óbvio, se bem podem funcionar do mesmo modo ou no mesmo sentido, não necessariamente implicam que as histórias locais sejam as mesmas para todo o mundo, inclusive nas 'margens', ou nas 'periferias'. A 'história local' de um sujeito social não é a mesma 'história local' de outro, mesmo que ambos pertençam à mesma comunidade; ou, dito de outra forma, não somente se produz em função de uma 'história local', como também em função de 'posicionamentos' – os 'interesses locais e concretos' – dentro das ditas histórias locais" (p. 28-29).

ênfase à noção de cultura) possui uma ordem natural das coisas e que o homem pouco interfere nela, chegando ao ponto de direcionar o pensamento em função de determinados interesses, alheios aos nossos – mas quais seriam os nossos? Estamos tão carregados de influências, além daquelas que nos formam enquanto seres sociais, que elas entram em nosso imaginário contradizendo aquilo que está presente.

Uma observação sobre isso talvez resida na tentativa de buscarmos, muitas vezes de maneira incansável, impor como verdade a "nossa" verdade,[3] fazer com que o outro sucumba a nossa cultura de um lado e, ao mesmo tempo, sucumbirmos ao ideal universalista ao desrespeitarmos as peculiaridades que diferenciam e reafirmam cada ser social. Esse processo de alteridade ocorre, frequentemente, não na pura e simples negação do Outro, pois negar traz a contradição de aceitar a existência, em virtude de que o Outro está presente, necessitando ser combatido. Também não ocorre apenas com o apagamento, com o esquecimento, porque esse sujeito tem a possibilidade de se construir enquanto ser histórico, ativo e presente, às vezes tão próximo de nós que não somos capazes de percebê-lo de imediato, mas sentimos sua presença e força.

Com isso, uma possibilidade de impormos nossa forma de pensar como ideal prevalente está em reconhecermos a existência; não mais negarmos o Outro, nem tampouco tentarmos apagá-lo da nossa realidade, mas sim em constituirmos uma visão dele como um não eu, ou seja, ele passa a existir em oposição ao que eu represento, uma versão equivocada, errada, da nossa almejada sociedade perfeita. Assim, fica cada vez mais difícil sabermos que valores devemos seguir. E se a resposta estiver exatamente em não precisarmos seguir um conjunto

---

[3] Queremos romper com um conceito de verdade que nos antecede, que nos antecipa em nossa leitura do mundo cultural, conforme já nos alertava Walter Benjamin: "'A verdade não nos escapará', é o que se lê num dos epigramas ['Sinngedicht'] de Keller. Assim é formulado o conceito de verdade com o qual pretende-se romper nestas exposições" (Benjamin, Walter. *Passagens*. Belo Horizonte: Editora UFMG; São Paulo: Imprensa Oficial do Estado de São Paulo, 2006. p. 205).

de valores preexistentes, mas sim reconhecermo-nos enquanto sujeitos históricos e não construí-los em definitivo, mas debatê-los constantemente, à luz de reflexão crítica a fim de, ao menos, dirimirmos suas contradições?

Essa é uma possibilidade, remota, é verdade, mas isso passa por um reconhecimento de que a História se constitui de uma constante releitura dos seus modelos, dos seus conceitos, dos seus papéis sociais. Cada vez mais percebemos a necessidade de teorias e formulações visando a dar conta do mundo em que vivemos. Parece, também, que uma impossibilidade de "pensar" o mundo está mais e mais forte. Isso não evidencia, é claro, uma exaltação do empirismo, da observação dos fenômenos apenas por meio da experiência individual, tampouco da imersão total ao cientificismo, esquecendo o que foi anteriormente mencionado: a interpretação e a releitura desse mesmo mundo.

Interpretá-lo também não significa compreendê-lo em sua plenitude, antes disso, passa por reconhecer a impossibilidade de o fazermos, assim como relativizar não deve ser entendido como uma atitude de desprezo ou de acomodação, mas sim como uma tentativa de inserção de vários aspectos necessários para que possamos nos incluir criticamente no produto cultural desse mesmo mundo. Um mundo plural que nos desafia a decifrá-lo... já sabendo que ao termos essa pretensão não seremos capazes de fazê-lo, visto que o desafio maior é aceitarmos a impossibilidade e incorporarmos essa limitação como a mais importante das aprendizagens.

A ingenuidade de uma compreensão absoluta leva a questionamentos superficiais, que retomam a discussão sobre as altas literaturas. Como vimos, esse é um conceito universalizante e, obviamente, fadado a contradições e exclusões. Isso não quer dizer que a relatividade que devemos ter para com essa afirmação passe pela impossibilidade de interpretar, de nos posicionarmos perante determinado texto e salientarmos alguns pontos importantes a fim de elaborarmos não *o* valor, mas *um* juízo de valor acerca dessa obra ou do que ela nos apresenta.

Há, portanto, a preocupação com outros elementos que não o próprio texto, elementos que interferem tanto na sua produção quanto na sua *interpretação*.[4] Destacar o termo interpretação é importante pelo fato de que ele nos é apresentado como uma leitura consensual, aquela que completa a si mesmo, que justifica sua estrutura e a ordem dos acontecimentos; a interpretação pretendida, não em oposição, mas em complemento àquela, está pautada na correlação entre esses elementos externos ao texto e que convergem para a obra de várias formas. Devemos, a partir dessa noção, refletir também sobre a *abnegação* do leitor. Pode parecer estranho – tão estranho quanto familiar –, mas nos é exigida uma *suspensão do eu* para que o processo interpretativo ocorra. O

---

[4] Podemos afirmar, juntamente com Marco Antonio Casanova, "que a hermenêutica gadameriana procura ultrapassar desde o início a suposição de que os processos interpretativos são marcados pelo intuito primordial de alcançar uma verdade previamente dada e constituída. Tradicionalmente, a filosofia assumiu a posição de que verdade é algo que precisa ser conquistado por meio de uma aproximação de estruturas universais. (...) Normalmente orientados pelo projeto iluminista de suspensão de todos os pressupostos e de autonomia radical da razão, pensamos que um conhecimento só encontra seu ponto de legitimidade quando zeramos por assim dizer nossas crenças. O problema de tal pressuposto, contudo, é que ele passa completamente ao largo do que propriamente acontece em todo e qualquer processo hermenêutico. Na verdade, não é apenas impossível produzir tal suspensão de nossos pressupostos; se realmente conseguíssemos alcançar algo assim, o que teríamos seria por fim ao mesmo tempo indesejável. A suspensão de nossos pressupostos significaria propriamente uma dissolução de toda a orientação prévia e de toda a expectativa de sentido em relação ao que se deveria interpretar. Sem tal orientação e tal expectativa, porém, não teríamos nem mesmo como nos aproximar do que deveria ser interpretado, uma vez que é essa orientação e essa expectativa que conduzem à aproximação" (p. X-XI). Nas palavras do próprio Gadamer encontramos uma reflexão importante que provoca a nossa percepção e a nossa definição sobre arte literária: "Como é que a poesia pode levar a termo o fato de precisarmos compreender mesmo quando nos opomos? Com certeza, podemos denominar hermenêutica a reflexão sobre isso. Hermenêutica significa a teoria da compreensão. No fundo, porém, uma tal teoria não é outra coisa senão autoconscientização daquilo que propriamente acontece quando se dá algo a compreender a alguém e quando se compreende. Desse modo, gostaria de falar de poesia e diálogo e de procurar tornar clara a proximidade interna tanto quanto a tensão interna entre essas duas formas de indicação por meio da linguagem" In: (Gadamer, Hans-Georg. *Hermenêutica da obra de arte*. Seleção e tradução Marco Antonio Casanova. São Paulo: Martins Fontes, 2010. p. 380).

espaço da formação acaba sendo superado pelo do ensino empobrecido, pelo papel da escola que não reconhece a sua precariedade e limitação e acaba por corromper a formação de sujeitos-leitores.[5]

As contradições nunca são aparentes, até mesmo não existem, visto que somente um olhar atento e não condescendente, preocupado em fazer emergir a dor da lucidez, pode propor algo dentro do cristalizado, do senso comum inquebrantável. Dessa forma, salientamos a dicotomia proposta entre análise e fruição do texto literário, como se a suspensão do prazer ou a sua total imersão fossem as únicas formas possíveis. A crítica ao prazer em si não vai necessariamente contra a ideia da arte enquanto ludicidade, antes o reconhece de uma maneira mais relevante para a formação humana. A tentativa – podemos até lamentar que se trate de uma realização – de segmentar a literatura e valorizá-la por si mesma, sem relação com as suas várias funções[6] implica limitações

---

[5] Destacamos que esse problema está vinculado ao clima de mal-estar pedagógico, gerado em razão da crise do projeto da racionalidade moderna, o qual tem causado sérios questionamentos sobre o real significado da educação na sociedade regulada pelo mercado. Sendo produto da evolução e diferenciação da modernidade, a escola não ficou imune à crise da racionalidade ocidental, pois, de símbolo por excelência de uma época comprometida com a emergência do novo, ela acabou sucumbindo a uma instrumentalização pedagogizante. A pressão exercida por essas realidades é tão forte que o professor sente a necessidade inquestionável de buscar métodos, técnicas e conteúdos que apresentam receitas prontas para serem reduplicadas na sua prática diária profissional. A proliferação desses modelos fechados em pacotes mercadológicos requer dos educadores, fundamentalmente, o esquecimento do papel imprescindível que deve desempenhar a reflexão no trabalho pedagógico. O professor também tem de conviver hoje com uma fluidez desconexa ocasionada pelo excesso de informações que compromete o sentido da experiência. A banalização da formação faz com que o indivíduo, em permanente choque com a realidade, não seja capaz de perceber o seu estado de fragilidade diante dos problemas que o cercam, naturalizando questões e situações que podem vir a destruí-lo.

[6] Nesse ponto, abordamos o ensaio de Antonio Candido – A literatura e a formação do homem. In: _____. *Textos de intervenção*. São Paulo: Duas Cidades; Ed. 34, 2002, no qual o crítico afirma que "a idéia de função provoca não apenas uma certa inclinação para o lado do valor, mas para o lado da pessoa; no caso, o escritor (que *produz* a obra) e o leitor, coletivamente o público (que recebe o seu impacto). De fato, quando falamos em função no domínio da literatura, pensamos imediatamente: 1) em função da literatura como um todo; 2) em função de uma determinada obra; 3) em função do autor – tudo referido aos receptores" (p. 78). Mais adiante, Candido comenta para além do sistema de obras, abordando a força humanizadora da literatura, como sendo "algo que exprime o homem e depois atua na própria formação do homem" (p. 80). Antonio Candido afirma que um "certo tipo de função psicológica é talvez a primeira coisa que nos ocorre quando pensamos no papel da literatura. A produção e fruição desta se baseiam numa espécie de necessidade universal de ficção e fantasia, que decerto é coextensiva ao homem" (p. 80). Ao perguntar, partindo dessas reflexões, se a Literatura possui uma função educacional, Candido comenta que "seja como for, a sua função educativa

que se tornam relevantes não por estarem erradas em seus aspectos pontuais, mas por não reconhecerem essa pontualidade do argumento, o que acaba por ampliar o específico e esvaziar o sentido.

Partimos, dessa forma, da seguinte questão: Uma obra de arte não pode ter "apenas" o seu valor estético, um livro não pode trazer em si "somente" o lúdico? Mesmo que a obra pudesse ser capaz de se desprender totalmente do contexto político-social, os sujeitos-leitores ainda assim estariam fazendo parte de um sistema e, para poderem se manter como sujeitos, teriam de ser capazes de saber que o prazer proporcionado não é o único elemento em questão.

O prazer provocado, as respostas dadas (muitas vezes dotadas de uma enganosa obscuridade, mas que se apresentam de maneira quase sempre clara e direta) não possuem uma preocupação com o suposto *amadurecimento* do leitor. Ao contrário, trabalham com a constante submissão aos dogmas autoritários, pois não se comprometem com problemas em que os *sinais* ou os *poderes* não se constituam em solução, muitas vezes sem qualquer justificativa interna. Assim como a educação, também a Literatura possui seu antagonismo interno: o de conservar, pactuar com o momento presente e ser também uma das possibilidades de contestação e de questionamento do *status quo*. Com isso, o distanciamento de questões que evidenciam a necessidade de posicionamentos críticos sempre presentes e alertas, faz com que a reificação atinja dimensões que ultrapassam o seu próprio conceito. Sabemos que o

---

é muito mais complexa do que pressupõe um ponto de vista estritamente pedagógico" (p. 83). É nesse ponto que sustentamos nossa crítica ao modelo pedagogizante – especialmente ao do papel do educador como vinculado tão somente ao *prazer* da leitura. Procuramos, com isso, concordar com Candido quando ele admite "que a obra literária significa um tipo de elaboração das sugestões da personalidade e do mundo e que possui autonomia de significado; mas que esta autonomia não a desliga das suas fontes de inspiração do real, nem anula sua capacidade de atuar sobre ele" (p. 85).

sujeito reificado, relegado à condição de objeto pelo sistema[7] é algo tão banal e corriqueiro nas sociedades dos dias atuais. O incrível é que ele parece que não se percebe mais como sujeito, ou seja, objetos não apenas possuem um valor maior do que as pessoas, como também passam a ser atores da história, *afirmando-se* enquanto sujeitos históricos.

O desvio (provocado?) do olhar sobre o meio social, sobre certos acontecimentos cotidianos, acabam fazendo com que a percepção fique cada vez mais míope, mais despreocupada com a exclusão, o preconceito, o racismo e a violência. Material de publicidade sempre foi um caso à parte, pois se constitui em um coadjuvante do mercado. E, quando este mesmo espaço acaba por colocar o seu público consumidor em uma condição de objeto, podemos perceber o momento perigoso em que a sociedade vive.

O exemplo de *marketing* referido anteriormente e que trazemos para discussão é um comercial da calça Lewis. O cenário de um grande conglomerado urbano no qual apenas dois jovens – um rapaz e uma moça – transitam pelas ruas desertas é abalado pelo estouro de uma manada de búfalos que vai arrasando tudo o que encontra pela frente. Os jovens, que se encontram no caminho dos animais descontrolados, ao invés de procurarem refúgio, limitam-se a se olhar e permanecer imóveis. Durante a aproximação é destacado o momento em que a marca do produto é refletida nos olhos de um dos animais e o reconhecimento faz com que todos os búfalos se desviem do casal. Podemos afirmar, portanto, que o sujeito presente naquela publicidade não era o homem ou a mulher ou sequer os búfalos, mas sim a calça, mais que isso, a marca da referida calça que permaneceu inalterada com o passar do tempo, desde os pioneiros norte-americanos até os nossos dias. Essa passagem

---

[7] Refere-se a todas as formas de dominação e de exclusão em que o indivíduo não é mais reconhecido enquanto sujeito, caracterizando-se como apenas mais uma engrenagem da "máquina social", servindo ao *capital* ou ao *Estado* sem possibilidade de questionamento.

do tempo é enfatizada com um contador que muda rapidamente do ano de 1865 para 2002, ano de exibição do comercial. Enfim, um objeto, uma coisa, passa a ser mais importante do que as pessoas, a ponto de ser reconhecido enquanto sujeito histórico.

Muitos podem pensar que isso não importa, que é algo banal e sem importância, afinal é apenas um comercial, uma propaganda de uma calça. Quantos direitos humanos foram atingidos por meio de banalidades? Quantos indivíduos têm o seu valor social minimizado em virtude de interesses maiores que os do cotidiano? E quantos livros contribuem para que o apagamento da realidade presente se constitua em uma cada vez maior justificativa para a desigualdade social em que vivemos?

Leituras descomprometidas de obras descompromissadas pactuam com essa nova "ordem social". A incapacidade (que se confunde em alguns casos com impossibilidade) de inserção crítica deveria ser uma preocupação de todos. Debater textos literários, obras de arte – mesmo aquelas de qualidade duvidosa – poderia vir a evitar com que as pessoas sucumbissem aos objetivos finais desses "produtos": o comércio. Nesse ponto, a significação do ensino de Literatura parece ser muito mais relevante se este for capaz de oportunizar condições à formação das pessoas para sua individualidade e, ao mesmo tempo, para sua atuação na sociedade em que vive. O ensino, dessa forma, não pode estar dissociado da formação e nem a noção de formação se afastar da sociedade e das problemáticas culturais.

Outro ponto a ser destacado nesse momento em que abordamos mais diretamente a perspectiva do ensino é a questão do *pretexto*. Se o *valor* e a *ação* pedagógica acabam por enfatizar um caráter utilitário antes de uma função do texto literário, devemos refletir fora dessas amarras. A confusão entre valor e utilidade passa ser uma constante nesse campo, ou seja, é difícil aceitar que o valor de uma obra literária reside exatamente na sua inutilidade perante as estruturas e os valores consensuais. Até pode operar em sua direção, mas reside no fazer literário – e deveria estar presente ainda mais no seu processo de leitura – uma certa inadequação, uma insatisfação que relembra o inconformismo humano. Não estamos falando sobre o pré-texto, aquilo que antecede autor, texto, leitor e leitura, mas sim o que relega ao texto a condição de um objeto definido em sua imanência e que sua apropriação ocorre pelo viés utilitário. Também não vamos nos reduzir a exemplos simplórios (ainda que relevantes e igualmente problemáticos que persistem no cenário educacional, como é o caso do ensino de gramática a partir de textos literários, reduzindo a possibilidade interpretativa destes), pois pretendemos discutir aspectos que não são facilmente visíveis e se travestem de elementos positivos que, ao supostamente valorizar a Literatura, acabam por comprometê-la.

Gostaríamos de destacar, portanto, o conceito de *biblioterapia*. Este termo de origem grega – *biblio* (livro) e *qerapeía* (terapia) –, designa a terapia feita por meio de livros. Trata-se de uma abordagem vinculada à Psicanálise e que evidencia, com correção, a importância do ato de narrar e de ler. A terapia – o trabalho de recuperação da psique do indivíduo a partir das associações livres, do relato de suas angústias, também pode encontrar um espaço importante na leitura de obras literárias. O problema é que tal processo não pode ser confundido com a formação de sujeitos-leitores e muito menos com o entendimento de que a leitura possui esse papel de cura psicológica.[8] A cura não depende da Literatura ou do texto literário em si, mas de um processo muito mais

---

[8] Precisamos enfatizar que o processo de cura não é o mesmo que Walter Benjamin utiliza no pequeno texto *Conto e cura*. Naquela reflexão Benjamin aborda um processo de troca, um diálogo e uma interação que evidenciam uma metáfora para a ideia de cultura e de construção do indivíduo nesse processo, no qual suas visões se diluem em nome da participação em algo maior. A diferença não é de ordem estritamente conceitual, mas sim a adequação e apropriação de conceitos de forma limitadora, o que acaba por empobrecer tanto a Psicanálise quanto a leitura literária ao destacar o viés utilitário já mencionado.

amplo, conforme o próprio conceito carrega. Pensar que atividades de leitura de textos literários irão resolver problemas psicológicos e outros de ordem disciplinar na escola é algo extremamente limitador.

A possibilidade de cura que a definição de biblioterapia nos traz já reduz o texto literário, mas nossa preocupação volta-se para os processos que limitam as possibilidades interpretativas e relegam o leitor à condição de paciente. Reflexões que são aparentemente inquestionáveis como: *a palavra é vida; a palavra modifica comportamentos; a palavra propicia a catarse (alívio de tensões); a palavra é dialógica (conduz à interação)*, propiciam uma aura de certeza[9] nas suas práticas que obscurecem possibilidades interpretativas. As narrativas tradicionais, especialmente os contos de fada, acabam sendo empregados no ensino (talvez por se constituírem em uma das últimas narrativas unificadoras tradicionais, visto que as novas gerações não possuem as mesmas referências) como algo atemporal e universal.

Vamos imaginar, por alguns momentos, a seguinte situação: crianças em situação de vulnerabilidade social, entre 4 e 6 anos de idade, cujas famílias têm grandes problemas financeiros aliados a episódios de violência doméstica e abandono. Imaginemos que essas crianças ajam de forma violenta nas suas relações com os colegas na escola – na Educação Infantil e Séries Iniciais. Seriam bons pacientes para sessões de biblioterapia, certamente. Vamos pensar da forma mais usual: a da utilização

---

[9] É comum nos depararmos com visões que sustentam essas ideias. Pensar e articular essas perspectivas não é problema, mas se tornam problemáticas quando carregam a noção de verdade já comentada, ou seja, quando evidenciam, por exemplo, que *a palavra do outro pode comunicar afeto, pode influenciar, convencer, provocar dor, angústia, alegria, entusiasmo. Ora, se as palavras influenciam as pessoas, são meios eficazes para provocar a modificação de comportamentos. Isto ocorrerá com maior facilidade quando as palavras que ensinam e aconselham forem ditas de forma a provocar prazer, como aquelas dos bons textos literários.* Essas palavras carregam em si a ideia de que o texto literário tem uma única função antes de ser objeto para uma terapia. Os clichês sobre o prazer da leitura aliados aos aspectos didáticos de que somente se aprende pelo prazer – ou que este seja o único caminho a ser buscado – trazem muito mais problemas do que soluções, pois passam por cima da ideia de construção cultural ao nivelar as individualidades. Reiteramos que o problema não é a teoria em si, mas sua aplicação sem a devida leitura e compreensão mínima dos textos literários e de sua relação com a cultura, visando a enfatizarmos a crítica ao resultado imediatista atribuído aos textos literários.

dos contos de fada para essa atividade de recuperação. Escolhemos, nesse caminho já trilhado, a história de *João e Maria*. Ao final de várias sessões ou atividades de leitura dramatizada, pela atenção e pelo silêncio que as crianças demonstraram, julgamos obter um sucesso pleno, no entanto instauramos um terror, pois a narrativa traz a realidade cotidiana daquelas crianças. O medo do abandono, a desconfiança dos adultos, entre outras leituras presentes no conto, apenas reforçam o meio e não apresentam alternativas.

A falha ocorre na leitura do próprio educador – ou psicólogo –, que não é capaz de perceber essa função da literatura: a de construir o homem a partir de suas representações. Nesse caso, o pretexto acaba por reiterar aquilo que culturalmente pretendíamos desconstruir. Deixamos intocável uma possibilidade de experiência humana que reelabore a sociedade, naturalizando e encobrindo as contradições que vivemos e vivenciamos sem percebermos ou nos abalarmos decisivamente. A necessidade cada vez maior de uma reflexão acerca do uso sistematizado de obras literárias – percebido mediante abordagens facilitadoras – traz à tona a problemática questão da "literatura como pretexto" ou uma "terapia às avessas", pois não coloca em primeiro plano nem a obra literária nem o leitor, mas sim uma noção de sociedade e realidade que deve ser "medicada".

A literatura nos apresenta, talvez como seu elemento mais relevante, a questão do perceber de outra forma. Muitas vezes somos nós os leitores que restringimos as possibilidades das obras, limitando-as naquilo que possuem de mais importante: o admissível, a dúvida, o rompimento com o já dado, a ampliação da polissemia do signo e uma espécie de redenção do humano a partir de seus medos, fraquezas e limitações. Revelar o *humano* ao *ser* é algo que não se limita ao prazer da leitura nem se restringe aos cânones, mas exige do leitor algo mais do que a mera existência. Para amparar essa reflexão citaremos dois exemplos de obras literárias que são tão distantes quanto próximas. Certamente não sustentaremos a noção de universalidade e atemporalidade, mas abordaremos a questão do sábio, de personagens que representam essa ideia formativa.

> Por mim se vai à cidade das dores; por mim se vai à ininterrupta dor; por mim se vai à gente condenada. Foi Justiça que inspirou o meu Autor; fui feito por Poderes Divinais, Suma sapiência e Supremo Amor. Antes de mim, havia apenas coisas eternas, e eu, eterno, perduro. Abandonai toda a esperança ó vós que entrais.

No *Canto I* da *Divina Comédia* Dante, ao se deparar com essa inscrição nos portões do Inferno, procura o alento do seu mestre, Virgílio, na tentativa de que ele desse outro significado àquilo que ele havia entendido de maneira clara, mas que precisava ver de outra forma para que não sucumbisse ao desespero.

> Estas palavras, em letreiro escuro, vi escritas por cima de uma porta. Eu disse: "Mestre, o sentido delas me é obscuro". E Virgílio, atento aos meus receios, respondeu, rápido: "Aqui, convém deixar de lado toda a suspeita, toda a debilidade".[10]

A resposta de Virgílio – que aqui entendemos como uma personificação de um saber que não explica o que já existe, mas que vê de outra forma – não contraria o *real* ali presente (no caso, o temor de estar passando pela porta do inferno), mas o percebe para além desse óbvio aparente, refletindo outra postura possível, tão real quanto os receios de Dante, mas capaz de despertar um sentimento de paz e harmonia.

---

[10] Alighieri, Dante. *A divina comédia*. Tradução Fábio Alberti. Porto Alegre: L&PM, 2006. p. 20.

Se a resposta do sábio Virgílio inverte a realidade assustadora, o conto de Jorge Luis Borges elabora o contrário. Em *There are more things*, Borges nos tira da acomodação do passar do tempo e nos devolve a angústia da condição humana de uma forma que nos choca e nos desloca:

> A punto de rendir el último examen en la Universidad de Texas, en Austin, supe que mi tío Edwin Arnett había muerto de un aneurisma, en el confín remoto del Continente. Sentí lo que sentimos cuando alguien muere: la congoja, ya inútil, de que nada nos hubiera costado hacer sido más buenos. El hombre olvida que es un muerto que conversa con muertos.[11]

Sim, talvez seja esse um dos papeis mais importantes da Literatura, se não for o principal. Com isso, relegar o leitor a uma função de fruição estética ou de análise ou de assimilação de um patrimônio é algo que empobrece a ambos: Literatura e leitor. A escola não é capaz de realizar a formação necessária. E isso não é uma crítica que deve ser respondida com metodologias, mas sim como uma constatação de que o processo formativo é mais amplo do que os muros escolares. Devemos nortear o ensino de Literatura a partir da impossibilidade de compreensão absoluta de uma obra, da negação da atribuição a ela de um valor utilitário e da aceitação de que o prazer não é algo a ser seguido como resultado de atividades escolares e acadêmicas, bem como evidenciar que a análise formal calcada na imanência da tinta sobre papel se mostra limitada. Esse *dever* – que parece tão categórico – parte de uma incompletude que vacila, tateia, oscila e se repensa no processo. Esse *dever*

---

[11] "A ponto de realizar o último exame na Universidade do Texas, em Austin, soube que meu tio Edwin Arnett tinha morrido de um aneurisma, naquele confim remoto do Continente. Senti o que sentimos quando alguém morre: a angústia, já inútil, de que não nos teria custado nada termos sido melhores. O homem esquece que é um morto que conversa com mortos" (Borges, Jorge Luis. There are more things. In: _____. *El libro de arena*. Buenos Aires: Alianza Editorial, 2008. p. 55).

ordena o desvelar do próprio dever, pois se preocupa não mais com a obra em si mesma, nem com os valores preestabelecidos (pela teoria, pela crítica ou pela historiografia), mas sim com a busca pela capacidade de se surpreender e, nessa surpresa permanente, compreender uma parte ao menos... da obra, da cultura, de nós mesmos.

DIMENSÕES DE LEITURA E ENSINO DE LITERATURA

Arnaldo Franco Junior

"Onde será que isso começa
A correnteza sem paragem
O viajar de uma viagem

> A outra viagem que não cessa
> Cheguei ao nome da cidade
> Não à cidade mesma, espessa
> Rio que não é rio: imagens
> Essa cidade me atravessa"
> (O nome da cidade – Caetano Veloso).

"Afinal, o que é que acontece quando a gente lê?" A pergunta atravessou a sala como "uma seta clara e fina" (Lispector, 1980, p. 17), cravando-se diretamente em mim, que conduzia, então, mais um dos cursos de capacitação destinados aos professores da rede estadual de ensino da região norte do Paraná. Silêncio. A questão acordara a sala, e todos os olhos se voltavam, com expectativa, para mim. "Pergunte de novo, por favor", respondi. "Eu quero saber o que é que acontece no momento que a gente lê. Nesses cursos, ninguém fala sobre isso!", ela me respondeu com a voz levemente alterada. Percebi que estava diante de uma questão vital, e não apenas para ela.

A professora tocara num ponto nevrálgico das relações entre leitura e ensino: não é comum que, no processo de ensino-aprendizagem, o professor que propõe a realização de leituras se detenha sobre *o que acontece no ato de leitura* realizado pelo aluno nem sobre a relação entre este *ato de leitura*, os processos cognitivos nele implicados e aquilo que ele, professor, pretende efetivamente ensinar. Compreendi que a pergunta dizia respeito a algo que o curso de capacitação deveria oferecer: uma base a partir da qual os conteúdos originalmente propostos (o ensino dos operadores de leitura do texto literário, principalmente de narrativa e poesia; a abordagem do plano figurativo do texto literário) pudessem ser organizados e pensados em termos da formulação/proposição de estratégias de trabalho concretizáveis em sala de aula.

O curso de capacitação tomou, então, outro rumo: deixamos para um segundo momento o que havia sido originalmente projetado como conteúdo principal, e nos voltamos para a investigação do que *acontece no ato de leitura*. Na verdade, subordinamos uma coisa à outra. O curso de capacitação obteve, deste modo, um êxito inédito em relação àqueles que eu já ministrara. Foi assim que, ao longo deste e de muitos outros cursos de capacitação que ministrei, nasceu o livrinho *Níveis de leitura: teoria e prática*, publicado em 1996, quando a Editora da Universidade Estadual de Maringá estava em formação. É deste livro, agora revisitado para a produção deste texto, que retiro algumas observações sobre as relações entre uma concepção "teórica" do *ato de leitura* e sua possível aplicação em sala de aula sob a forma de estratégia(s) de trabalho com o texto – seja ele literário ou não.

No tocante ao livro de 1996, é preciso, antes de tudo, fazer uma imprescindível correção no modo como, então, o *ato de leitura* foi concebido e apresentado. A ideia de que ele se constituía de *níveis*, que me pareceu boa à época, é um erro. O termo "níveis" sugere que o *ato de leitura* se estruture em etapas serializadas – o que é, no mínimo, problemático. A única condição imprescindível é a que, talvez, menos conte como produtora da compreensão do texto, estando ainda no plano da decodificação do código escrito: o leitor precisa ter sido iniciado no código linguístico que deve decifrar (precisa ser alfabetizado e ter um grau mínimo de letramento), para, efetivamente, ler. Fora daí, o *ato de leitura* é um fenômeno complexo constituído por distintas dimensões que, embora independentes, se manifestam simultaneamente. São elas: decodificação, associação, análise, interpretação. Detenhamo-nos, então, em cada uma de tais dimensões.

DIMENSÕES PRESENTES NO ATO DE LEITURA

Decodificação: Esta dimensão será aqui compreendida como vinculada ao reconhecimento da materialidade sígnica do texto (no caso do texto escrito, o código verbal) e seu *sentido primeiro*. É uma dimensão voltada para a exploração da *superfície textual*, que engloba desde o conjunto de signos linguísticos que constitui a materialidade da mensagem (o texto) até as informações e referências culturais básicas e necessárias à compreensão mínima daquilo que se lê. Nesta dimensão, a preocupação do leitor não ultrapassa a identificação objetiva, concreta e precisa do *sentido primeiro* do texto, ou seja, *do que diz o texto*.

Associação: Nesta dimensão do ato de leitura o pensamento por analogia (associação) constitui a fonte principal, pois o leitor, naturalmente, insere o texto que lê num conjunto de parâmetros que lhe são fornecidos, quase que automaticamente, pela memória, inclusive intelectual e afetiva. Dito de outro modo: o texto se expõe e expõe o leitor à memória e ao esquecimento: a) que o texto registra desde a sua produção por quem escreve (seja um grande escritor ou um escrevente comum); e b) que o leitor tem, a seu modo, ativados no ato de leitura. Sendo, portanto, constitutiva dos dois (texto e leitor), pode-se afirmar que essa memória, ao lidar com o esquecimento, não é apenas individual, mas, pelo contrário, fundamentalmente social. Ao chegar ao leitor, portanto, o texto se expõe a valores sociais e à hierarquização advinda desses valores. Ao mesmo tempo, expõe-se aos afetos, que, também produzidos no leitor, costumam, na tradição escolar do ensino de leitura, ter seus efeitos ignorados em favor de uma leitura marcada apenas pelo julgamento intelectual. Os afetos situam-se para além dos juízos de gosto e constituem um importante fator de construção de leitura, influenciando e, até mesmo, determinando a recepção e a interpretação do texto literário. Exatamente por apoiar-se no pensamento analógico, a dimensão da associação se revela, além de necessária, potencialmente "perigosa", uma vez que, na leitura realizada em âmbito escolar, o leitor terá de respeitar os limites e possibilidades de leitura que lhe são oferecidos: a) objetivamente pela materialidade do texto (literário ou não); b) pela interação texto-leitor, que admite variabilidade na leitura, mas não qualquer leitura. Nesta dimensão, a nossa preocupação principal – seja como leitores, seja como professores – é com aquilo a que associamos o texto lido, ou, dito de outro modo, com *o que o texto faz lembrar*.

Análise: Esta dimensão implica, no âmbito escolar, um conjunto maior de abstrações do que as dimensões anteriores porque ela se apoia, necessariamente, em proposições teóricas e sistemas conceituais de abordagem do texto (literário ou não) que são ensinados na escola. Para esta dimensão, importa ao leitor dominar um conjunto de conceitos (instrumental teórico-crítico) que lhe permita descrever e decompor o texto lido, identificando, nele, os elementos que o constituem e que, organizados de um modo específico, criam as relações que – na interação texto-leitor – produzirão o(s) sentido(s) do texto. No tocante à Literatura, os conhecimentos básicos de teoria, crítica e estética literárias são, aqui, fundamentais para a investigação tanto dos elementos constitutivos do texto como do modo com tais elementos se articulam para produzir sentido. Nessa dimensão, a principal preocupação é, pois, identificar *como o texto diz o que diz*.

Interpretação: Esta dimensão implica o estabelecimento de um distanciamento crítico entre o leitor e o texto lido – intervalo fundamental para que o leitor produza um posicionamento crítico sobre aquilo que leu. As três dimensões anteriores concorrem, nesta, para que a leitura crítica se realize plenamente. A afirmação de um *posicionamento interpretativo* do leitor sobre o texto lido é feita com base no conjunto heterogêneo de informações que o texto põe em *circulação* no *ato de leitura*. Se a dimensão da análise exige, necessariamente, numa *parada* que permita a "dissecação" do texto literário e uma identificação dos elementos que o constituem e constroem o(s) séu(s) sentido(s), a dimensão da interpretação implicará recolocar o(s) sentido(s) do texto *em movimento*, ou seja, implicará ir além de reconhecê-lo(s), exigindo um posicionamento do leitor sobre ele(s). O gesto de atribuição de sentido deixa de ser apenas um ato intelectual de interpretação para se alçar à qualidade de *resposta* e, portanto, de *ação*. O gesto interpretativo pleno, seja por meio de resposta verbal ou não verbal, sempre se caracteriza como uma ação do leitor relacionada com a leitura crítica de um texto, tenha sido ela favorável ou desfavorável ao que foi lido. Daí a importância, para esta dimensão do *ato de leitura*, da mobilização do *repertório* do leitor: sua experiência de vida e seus saberes, sejam estes decorrentes ou não da educação formal. Nesta dimensão o leitor se preocupa, portanto, com o alcance do(s) sentido(s) veiculado(s) pelo texto no que se refere ao diálogo que ele necessariamente estabelece com o contexto social, histórico e político do qual emerge e/ou para o qual se volta (que engloba desde a esfera individual até a esfera coletiva; desde aspectos particulares até aspectos universais da experiência humana). Nesta dimensão nos preocupamos, enfim, com *o que o texto quer dizer com o que diz do modo como diz*.

Como já antecipamos no início deste ensaio, é um erro dizer que no *ato de leitura* as quatro dimensões aqui abordadas manifestam-se em fases distintas e serializadas de leitura. Vale o mesmo para a tentativa de estabelecer, na prática, uma hierarquia entre as mesmas, ou, ainda, uma fórmula universalmente válida para ser aplicada em todos os casos. A especificidade de cada texto frustra essas tentativas, e, no caso do texto literário, que pode-se marcar em grau máximo pela ambiguidade e pela polissemia, tal impedimento, quando desconsiderado, tende a conduzir o processo de ensino-aprendizagem de literatura, que passa necessariamente pela leitura, ao fracasso.

A simples experiência comprova que, para o leitor devidamente alfabetizado/letrado, as quatro dimensões aqui apontadas manifestam-se *simultaneamente* em cada *ato de leitura*. Isso, ainda que essa manifestação se dê de um modo assistemático e limitado. Depreende-se, daí, que o leitor constrói, contínua e renovadamente, a cada ato de leitura, o texto que lê, colocando em circulação, a cada leitura, informações diversas que são recolhidas e organizadas de diferentes modos segundo diferentes épocas, graus de informação, prática(s) e experiência(s) de leitura. Além disso, é preciso ressaltar o fato de que, no *ato de leitura*, estas quatro dimensões de leitura se interpenetram, desembocando continuamente umas nas outras, criando relações de interdependência e interdeterminação, desnorteando o estabelecimento de limites rígidos entre as dimensões.

DA CONSIDERAÇÃO DAS DIMENSÕES DO ATO DE LEITURA PARA O TRABALHO COM O TEXTO

Pode-se definir uma estratégia de trabalho com o texto (literário ou não) a partir das proposições anteriormente expostas. A título de exemplo, passaremos da teoria à prática, abordando dois textos curtos: *Meio-dia na Sé*, de Alessandra P. Caramori, e P*oema tirado de uma notícia de jornal*, de Manuel Bandeira. Primeiramente, formularemos, para cada texto, questões com base em cada uma das dimensões de leitura anteriormente apresentadas e depois desenvolveremos, a partir das respostas obtidas, uma possível leitura crítica desses textos. Ressalte-se, entretanto, que não pretendemos transformar esses exemplos em modelo ou fórmula. Eles são apenas uma das muitas possibilidades de trabalho em sala de aula com base na compreensão do ato de leitura como fenômeno constituído por quatro dimensões simultâneas: decodificação, associação, análise, interpretação.

1) Meio-dia na Sé

> Meio-dia na Sé
> Alessandra P. Caramori
> Nossas bocas unidas
> Nossas línguas
> Um sino
> E dois badalos

Em relação a este texto, a primeira questão que surge é: para que leitor ele será fácil e para que leitor ele apresentará, ainda que em grau mínimo, dificuldades capazes de interferir na compreensão que se supõe necessária à realização de uma leitura?

Parece-nos que este texto será mais acessível ao leitor que já tenha certa experiência de vida, uma certa vivência do mundo dos afetos. Além disso, será mais acessível àquele que tiver uma noção básica da organização tradicional do espaço urbano no Brasil, da arquitetura da cidade brasileira. E, finalmente, será mais bem compreendido pelo leitor que já tenha ouvido alguma vez na vida o badalar dos sinos de uma igreja numa praça de alguma cidade brasileira.

Visando a favorecer o processo de ensino e aprendizagem da leitura, particularmente da leitura em âmbito escolar, passamos a formular questões a partir da consideração das quatro dimensões de leitura expostas. Eis um exemplo de uma *parada* investigativa sobre um texto, por meio da qual se espera chegar ao estabelecimento de uma leitura crítica:

a) Dimensão da Decodificação

1) O que é *Sé*?

2) O que é *sino*?

3) O que são *badalos*?

4) Qual é o horário marcado pelo texto?

5) Quantas bocas estão unidas?

Paremos por aqui com as questões. Note-se que elas parecem ter, todas, um caráter óbvio, apesar de demandarem uma investigação do vocabulário (ou por causa disso mesmo). Mesmo, no entanto, que pareçam ridículas para o leitor mais experiente, nem sempre o serão para o leitor principiante. Partindo do óbvio, que, como se sabe, não é jamais o mesmo para todos, pode-se propor uma primeira dimensão de circulação da leitura em que o retorno objetivo e preciso aos signos que constituem o texto funcione como garantia de realização de uma leitura atenta por leitores particulares.

Observe-se, também, que se a compreensão de um sentido primeiro das palavras "bocas", "línguas", "nossas" não apresenta, no texto, maior dificuldade para o leitor, o mesmo não se dá com as palavras "Sé" e "badalos" – talvez as duas palavras que apresentem maior dificuldade de decodificação para o leitor deste poema (e isso, note-se bem, independentemente do caráter conotativo-figurativo que a segunda, "badalos", impõe para a sua interpretação).

b) Dimensão da Associação

1) Você já viu e/ou ouviu um sino?

2) Já esteve na praça central de uma cidade?

3) Conhece a Praça da Sé?

4) Já beijou? Sabe que há diferentes tipos de beijo?

Note-se que questões formuladas para o trabalho com esta dimensão de leitura saem da órbita da abordagem restrita do texto, dirigindo-se à experiência de vida e ao conjunto de saberes do leitor. Experiência de vida e repertório de saberes, longe de serem neutros ou estáticos, podem constituir caminhos de leitura e atuar fortemente quando do processo de associação entre vida e texto. Muitas vezes "deformam" a leitura e a compreensão do(s) sentido(s) do texto por favorecerem o apelo imediato à memória (inclusive, a afetiva) em lugar de serem considerados na relação – mais objetiva – com a materialidade do texto, vista como elemento a partir do qual vários (mas não quaisquer) sentidos são postos em circulação.

Tal "deformação", no entanto, é, em certa medida, incontornável. Lemos com a nossa experiência de vida (vivida por nós ou recontada a partir da experiência dos outros), com os nossos afetos e o nosso repertório de saberes. Diante de cada novo objeto de leitura, acionamos, imediatamente, via associação, dados de nossa experiência de vida e de saberes a que tivemos acesso para, com isso, enfrentar os desafios de leitura propostos pelo novo objeto a ser lido. A incorporação do trabalho com a dimensão da associação pode favorecer a definição, por parte do leitor, quanto a gostar ou não de imediato do texto lido. Pode, também, ser utilizada como argumento explicativo quanto ao fato de ele gostar ou não de um texto em razão, por exemplo, de relacioná-lo com fatos vividos ou conhecidos e/ou com outros textos lidos. Pode servir, portanto, para que o universo de referências pessoais do leitor venha à tona, expondo, mais do que um modo de ler o texto, um modo de ver, de viver o mundo e de se situar nele. O nível da associação abre-se, pois, para a irrupção das *histórias pessoais* do leitor no universo da leitura. Inserindo-se no processo de compreensão, elas atuam como chave-de-leitura cujo fascínio e perigo fazem parte do pensamento analógico que atua tanto na produção da leitura – como procuramos mostrar – quanto no próprio processo de produção do texto levado a efeito, a seu modo, por seu autor.

c) Dimensão da Análise

1) Qual é o *título* do texto?

2) O texto está escrito em *prosa* ou em *poesia*?

3) Quantos *versos* há no texto?

4) Quantas *estrofes* há no texto?

5) Que tipo de *rima* há no texto?

6) Quantas *personagens* há no texto?

7) Qual é o *espaço* presente no texto?

8) Qual é o *tempo* presente no texto?

9) Que *figuras de linguagem* há no texto?

10) Qual é o *conflito dramático (intriga)* do texto?

Paremos por aqui. Note-se que o trabalho com esta dimensão de leitura implica questões que solicitam do leitor o conhecimento e o domínio de conceitos que podem funcionar – e, se bem ensinados e aprendidos, funcionam! – como um fator de facilitação e desenvolvimento da leitura. Isso porque a reflexão requisitada por esta dimensão implica um distanciamento a ser efetivado entre o leitor e aquilo que ele lê – o que é mais difícil de acontecer nas dimensões anteriores, sobretudo na da associação. Trata-se, aqui, de levar o leitor a criar e ampliar uma relação de distanciamento com o texto lido para, a partir dela, poder refletir sobre o objeto de leitura.

Diferentemente da dimensão da associação, a dimensão da análise é passível de maior controle, desde que apoiada num domínio e numa democratização do instrumental teórico-conceitual básico para a leitura do texto literário (instrumental que, diga-se, já é contemplado há tempos pelas exigências curriculares oficiais do Ensino Básico, e que precisa ser ensinado para incrementar o desenvolvimento da leitura realizada pelos alunos).

A resposta às questões formuladas para essa dimensão exige que o domínio dos conceitos básicos de teoria da Literatura e de teoria linguística alie-se a uma sistemática prática concreta de sua identificação no texto literário, com direito, inclusive, à realização de exercícios e de provas para, com isso, promover de fato a compreensão e o domínio do aparato teórico-crítico e conceitual que essa dimensão exige. A passagem da teoria à prática só é eficaz, aqui, se exercitada regularmente e mediante diferentes estratégias pelo leitor (no caso da escola, leia-se: pelo aluno e pelo professor, que, antes de tudo, é também leitor).

d) Dimensão da Interpretação

1) Que sentido(s) se estabelecem entre o *título* e o *tema* do texto?

2) O que quer dizer a *imagem* presente nos dois últimos versos?

3) Que relação se estabelece entre esta *imagem* e o *título* do texto?

4) Por que o eu-lírico se "oculta", nos dois primeiros versos, sob a metonímia ("nossas bocas"; "nossas línguas")?

5) Que efeito de sentido causa a ausência de pontuação no texto?

6) Seria possível articular a forma do poema com dados de seu conteúdo?

7) Considerando o conflito dramático, qual é o *tema* do texto?

Fiquemos por aqui. Note-se que na dimensão da interpretação nossa preocupação volta-se para a elucidação de uma rede de relações que se estabelece entre os diversos elementos que compõem o texto, criando uma série de *sentidos possíveis*. E isso se dá tanto no plano da forma quanto no plano do conteúdo – intrinsecamente articulados pela escrita e não negligenciáveis quando da elaboração de uma leitura que respeite a integridade da obra de arte.

A consideração do chamado plano extratextual – constitutivo e, portanto, inseparável do plano do texto tanto em sua produção quanto em sua leitura – caracteriza, como já referimos, a dimensão da associação. Esta, por sua vez, carece de uma precisão restritiva. O limite da interpretação, entretanto, é determinado pelo próprio conjunto de possibilidades estabelecidas pela materialidade do texto (aquilo que, do plano extratextual, pode, efetivamente, ser afirmado a partir de registro explícito ou de sentido(s) sugerido(s) a partir do texto) bem como pelo alcance da significação do texto pelo grau de ambiguidade que ele *cria*, pelo que ele escolhe não dizer, etc.

DO TRABALHO COM AS DIMENSÕES DE LEITURA À CONSTRUÇÃO DE UMA LEITURA POSSÍVEL

No que se refere à decodificação, o poema "Meio-dia na Sé" é, talvez, quase transparente. E, no plano interpretativo, não apresentará maiores dificuldades de compreensão para os leitores que saibam o que é um beijo de amor. Uma vez decodificadas as palavras "badalos" e "Sé", sua interpretação torna-se, pelo menos num primeiro momento, fácil. Isso porque a primeira palavra remete o leitor à compreensão da metáfora que sustenta o efeito poético condensado nos dois últimos versos e, por outro lado, a segunda palavra amplia a dimensão da metáfora do beijo, caracterizando-a como uma sinestesia em que o tato se confunde com a audição.

O plano referencial da palavra "Sé" tanto pode ser genérico, significando a Igreja Matriz de muitas das cidades brasileiras, quanto pode ser específico, remetendo à Praça da Sé de São Paulo. "Meio-dia" é um horário importante porque é quando o sino toca mais vezes, o que remete a uma duração sinestésica maior e, portanto, a um beijo percebido, ao menos subjetivamente, como mais demorado. Além disso, não é inútil lembrar que o sino representa a centralidade espaçotemporal da igreja na cidade e que o horário do meio-dia é um dos momentos que mobilizam, maximamente, a vida da cidade, potencializando a sua agitação (e também, metonimicamente, e por efeito de analogia, a agitação do beijo).

As "bocas unidas" são, como comprova o número de "badalos", duas. Com a identificação de tais elementos, já podemos reconhecer que o poema lírico – escrito na 1ª pessoa e registrando uma experiência individual do sujeito que, nele, fala – faz a *representação* de um beijo trocado em pleno meio-dia diante da Igreja Matriz de uma praça central, ou, caso queiramos, diante da Catedral da Sé, em São Paulo. Teremos, com isso, decifrado o que é fundamental no plano do conteúdo do texto.

A leitura, entretanto, não se esgota nessas constatações. Os sentidos atribuíveis ao poema se ampliam quando se investiga e estuda o trabalho de linguagem presente em sua construção. Há, por exemplo, uma ligação vital entre o título e a estrofe única de que se compõe o poema – vital a ponto de um não poder sobreviver sem o outro sem que se desfigurem a singularidade e o sentido do texto. É o título do poema que, demarcando os referentes de tempo ("Meio-dia") e espaço ("na Sé"), garante precisão à significação da estrofe que compõe o poema. A sinestesia que caracteriza a imagem do beijo, neste poema, só existe por causa das relações de sentido criadas entre o *título*, com a delimitação espaçotemporal que inclui o dado culturalmente conhecido do badalar do sino, e a *estrofe única* que constitui o corpo do poema.

Além disso, a interação entre os procedimentos de linguagem presentes nos dois primeiros versos (inclusividade e metonímia) e nos versos finais (metáfora, sinestesia e metonímia) apreende e expressa um traço importante da afetividade moderna: a sua condição de se realizar na experiência do instantâneo, do fugaz e do fragmentário, o que marca o tipo de entrega do sujeito, que pode lhe roubar a intensidade daquilo que o beijo possa prometer, e que fica, desse modo, elíptica. Prova disso é a presença – no poema – de:

a) um procedimento de inclusividade[12] por meio do qual o uso do pronome possessivo "nossas" inclui o eu-lírico na ação do beijo (com ou sem inclusão do destinatário);

b) um uso da metonímia, nos dois primeiros versos, como recurso de ocultação por meio do qual o eu-lírico se mostra sem se expor ("Nossas bocas [...] / Nossas línguas [...]");

c) uma metáfora de caráter sinestésico nos dois últimos versos, figura de linguagem por meio da qual a experiência amorosa do eu-lírico (o beijo que faz o corpo, os sentidos e o ser vibrarem, por efeito de associação, como um sino) é registrada: "Um sino/e dois badalos";

d) uma associação, criada por efeito de sugestão, entre a pressuposta agitação da praça central, em que se encontra a Igreja Matriz, ao meio-dia e os sentimentos e sensações experimentados pelos que aí se beijam.

Nos dois primeiros versos do poema há uma repetição: "Nossas" [...] / Nossas [...]". Aparentemente desimportante, esta figura de linguagem ganha peso quando percebemos que o poema eterniza – num presente alheio à passagem e à ação do tempo – o momento de felicidade do beijo de amor dado em frente à Igreja Matriz ("Sé") e, por efeito de sugestão, em plena praça central da cidade. Deste modo, este beijo (e suas íntimas e múltiplas sensações em que se confundem o tato e a audição, configurando uma sinestesia) se sobrepõe à vida ordinária da cidade e de seus outros habitantes.

---

[12] Note-se que a inclusão do sujeito na ação do beijo é um efeito criado pelo eu-lírico e por seu correspondente no texto, o destinatário presumido. É um efeito textual, portanto. Esse efeito não acarreta, de modo algum, que o sujeito empírico que escreve, a autora do texto, ocupe o papel do eu-lírico (embora, potencialmente, possa fazê-lo). Essa não correspondência no plano do autor/eu-lírico fica mais compreensível quando lembramos que, do mesmo modo, o leitor concreto que está diante do texto não é o destinatário presumido (embora, potencialmente, também possa sê-lo).

A força da repetição se manifesta na própria sugestão de que o poema nasce, como texto, de um presente reatualizado por meio da memória, ou seja, de que o poema surge da lembrança de um beijo vivido num determinado momento do passado. O que eterniza este beijo guardado com tanto afeto na memória do eu-lírico é, pois, a escrita, o fato de o eu-lírico manipular a linguagem para transformar o que fora um fragmento mínimo da sua vivência amorosa num *monumento* que, neste poema, oblitera todas as outras possíveis lembranças ou vivências, ganhando a força de um momento mítico no imaginário do sujeito que nos fala de uma experiência particular.

O trabalho de linguagem realizado com a sonoridade das palavras nos remete, sutilmente, ao som dos sinos. Para perceber isso, basta notar que a força das sílabas tônicas destaca: a) a nasal em "*N*ossas", "u*n*idas", "lí*n*guas" e "si*n*o"; b) o contraste entre o timbre da vogal posterior [*o*] e o da anterior [*i*] em "*N*ossas", "*b*ocas", "u*n*idas" "si*n*o"; e, finalmente, sugere o ritmo e o efeito sonoro das badaladas no último verso: "*e d*ois *ba-da-lo*s". Note-se que, se, por um lado, a brevidade do beijo destacado pelo eu-lírico caracteriza a fugacidade e a fragmentariedade da sua experiência amorosa, por outro lado a sinestesia cumpre a função de ampliar a significação do momento em que esse beijo se concretiza. Deste modo, a sinestesia, como a repetição, concorre para a eternização do beijo, conferindo-lhe um significado especial: não se trata de qualquer beijo nem de um simples beijo, mas *daquele* beijo que, gravado com a intensidade do que foi vivido apaixonadamente, dá-se ao leitor para que este resgate de sua própria experiência íntima, por identificação com o que lê, um momento de emoção semelhante.

Outro aspecto passível de leitura no tocante às relações entre forma e conteúdo do poema é aquele que identifica uma certa correspondência entre ambas. Observe-se:

Nossas bocas unidas
Nossas línguas
Um sino
E dois badalos

Essa correspondência sugere, dada a forma de disposição gráfica da estrofe, que o poema *reproduz* a forma de um sino de duas bocas que tem língua(s) em seu interior – o que o aproxima da poesia concreta. Aliás, em termos materiais, esta forma de um sino com duas bocas tem, literalmente, "nossas línguas" em seu interior.

Estabelecemos, aqui, uma leitura possível do poema. Se quiséssemos, poderíamos desenvolver uma outra explorando o contraste que se estabelece entre a ação ali descrita (o beijo) e o espaço em que ela se realiza (diante da Sé). O contraste entre a praça pública, a Igreja (e o que ela ainda hoje sustenta como discurso sobre a repressão sexual) e o beijo (e o que ele, nesse novo possível sentido, significa em termos de transgressão) nos dariam elementos suficientes para engendrar toda uma outra leitura possível, e não necessariamente oposta, do mesmo poema. Fica aqui registrada, então, a sugestão de que o leitor leve o projeto adiante, respeitando a metodologia aqui proposta, que tem no texto (e no que ele inclui da exterioridade) o seu ponto de partida e o seu ponto de chegada para a construção da leitura crítica.

2) "Poema tirado de uma notícia de jornal"

Poema tirado de uma notícia de jornal

João Gostoso era carregador de feira-livre e morava no morro [da Babilônia] num barracão sem número
Uma noite ele chegou no bar Vinte de Novembro
Bebeu
Cantou
Dançou
Depois se atirou na Lagoa Rodrigo de Freitas e morreu afogado (Manuel Bandeira, 1985).

A proposição da leitura deste poema de Manuel Bandeira poderia ter um começo bastante instigante se fizéssemos uma primeira pergunta exploratória: Como se classifica o tipo de morte ali afirmado? E se prosseguíssemos: Qual a justificativa para a resposta dada? O resultado obtido será, quase com certeza, uma polêmica entre duas posições mais óbvias: a) a maioria dos leitores identificará a morte de João Gostoso como um suicídio, argumentando, para tanto e com base no próprio texto, que ele "se atirou" e, também, que ele tinha uma vida de pobreza e dificuldade; b) um grupo menor de leitores identificará a morte de João Gostoso como um acidente, argumentando, para tanto e com base no próprio texto, que nada garante que ele "se atirou" com o propósito de se matar; c) muito provavelmente, apenas uma parte ínfima de leitores (e, muitas vezes, nenhum deles) identificará essa morte como uma espécie de "homicídio" (veremos, mais adiante, que tipo de argumentação seria necessária para sustentar essa possibilidade de interpretação da morte do personagem).

Este poema nos permite demonstrar que a interpretação do texto porta, sempre, uma variabilidade que afeta o plano da interpretação – o que se torna um desafio a ser constantemente enfrentado na leitura realizada em âmbito escolar. No caso da Literatura, é sempre importante lembrar que as possibilidades de interpretação tendem a ser maiores do que aquelas oferecidas pelos textos não literários (que, entretanto, também contêm ambiguidades, polissemia, abrindo-se a mais de uma interpretação). Antes, contudo, de chegarmos às possibilidades de interpretação, passemos pela formulação de questões a partir das dimensões de leitura.

a) Dimensão da decodificação

1) Qual era a profissão de João Gostoso?

2) Onde João Gostoso morava?

3) O que é um barracão?

4) O que fez João Gostoso após chegar no bar Vinte de Novembro?

5) O que aconteceu a João Gostoso após se atirar na Lagoa Rodrigo de Freitas?

6) Onde fica a Lagoa Rodrigo de Freitas?

A exploração da dimensão da decodificação promove uma exploração daquilo que, embora pareça, não é uniformemente óbvio para todos (e por não ser uniformemente óbvio para todos não pode ser dado como pressuposto, sobretudo pelo professor, quando da proposição da leitura de um texto). Deste modo, constrói-se, para a leitura realizada em âmbito escolar, um patamar comum de leitura a partir do qual a leitura do texto pode ser desenvolvida. As constatações realizadas nesta dimensão de leitura, por óbvias que pareçam, afetam as demais dimensões – associação, análise, interpretação – embasando mais de uma possibilidade de leitura.

b) Dimensão da Associação

1) Você conhece o trabalho de um carregador de feira-livre? Relate o que sabe sobre o assunto.

2) Como você imagina que deve ser morar num barracão sem número que fica em um morro? Por quê?

3) No que você pensou quando leu o nome "João Gostoso"? Por quê?

4) Você já mergulhou em uma lagoa? Conte como foi.

5) Você conhece alguém que tenha morrido afogado? Sabe de alguma história de afogamento? Relate o que sabe.

O *repertório*, entendido, aqui, como o conjunto das experiências de vida e dos saberes do leitor será fundamental para que ele identifique o tipo de vida vivida por João Gostoso. A compreensão de que se trata de uma vida possivelmente marcada por dificuldades (de ordem econômica, comportamental e/ou afetivo-existencial) depende de que o leitor estabeleça uma associação entre a profissão ("carregador de feira-livre"), a moradia ("barracão sem número"), o local da moradia ("morro da Babilônia") e, mesmo, o próprio nome do personagem ("João Gostoso" – ambiguamente situado entre nome próprio e apelido) para, então, interpretar tais dados (observe-se, aqui, que uma dimensão de leitura desemboca em outra, implicando-se e afetando-se mutuamente). No contexto brasileiro, morar no morro, sobretudo na cidade do Rio de Janeiro (metonimicamente indicada, no texto, pela Lagoa Rodrigo de Freitas), parece não oferecer maiores problemas para a identificação de uma vida provavelmente marcada por pobreza e dificuldades. Para o leitor que desconheça tal contexto, porém, e quanto mais distante do conhecimento dele este leitor estiver, mais difícil se tornará associar os dados do poema à ideia de uma vida de pobreza e dificuldade. Daí que o trabalho com a dimensão da associação deva, sempre, ser submetido à prova de sua pertinência ou não às possibilidades de leitura oferecidas pelo texto em suas interações com o leitor.

Por outro lado, o nome "João Gostoso" sugere, por associação, que o personagem principal do texto, embora more num barracão sem número e no morro da Babilônia, não apresenta apenas características que podem soar como negativas. "Gostoso" é um termo ambíguo que se abre, no poema, à multissignificação, podendo sugerir desde que o personagem seja desejado até que ele seja folgazão, malandro – o que pode, também, por efeito de sugestão, relativizar ou não o peso dramático dos signos que, no texto, remetem à ideia de pobreza e vida difícil.

c) Dimensão da Análise

1) Quem é o *autor* do poema?

2) Há um *narrador* no poema? Em que *pessoa do discurso* ele narra?

3) Por que o texto de Manuel Bandeira é um *poema*?

4) Quantas *estrofes* tem o poema? Como se classificam?

5) Quantos *versos* tem o poema? Como se classificam?

6) Quantas *sílabas poéticas* têm os versos do poema?

7) Há *rima* no poema? Justifique a sua resposta.

8) Identifique as *figuras de linguagem* presentes no poema.

9) Quais são os *espaços* referidos no poema?

10) Quais foram as *ações* realizadas por João Gostoso?

11) Por que João Gostoso é o personagem *principal* do poema?

12) Como se caracteriza o *conflito dramático* presente no poema?

13) Há um *clímax* no texto? Qual? Justifique a sua resposta.

14) Qual é o *desfecho* da história de João Gostoso?

15) A que *gênero textual* o poema remete? Por quê? Justifique a sua resposta.

O trabalho com a dimensão da análise pode fazer com que o leitor reconheça estar diante de um poema modernista, composto por uma única estrofe e marcado pelo verso livre (sem métrica regular) e branco (sem obrigatoriedade de rima externa), que narra a história funesta de um personagem pertencente às camadas populares da população brasileira ("carregador de feira-livre"), valendo-se da apropriação de traços da linguagem característica do gênero notícia de jornal – dado assinalado no próprio título do texto e reforçado pela narração distanciada e objetiva (narrador de 3ª pessoa, neutro) de um fato vinculado a uma vida que sai do anonimato exatamente porque se torna notícia.

Este personagem, João Gostoso, protagoniza o conflito dramático do poema e, por isso, classifica-se como personagem principal. O conflito dramático organiza-se, em última análise, como um conflito vida X morte, que se particulariza, no caso do personagem protagonista, pela oposição pobreza X riqueza, indivíduo X estrutura socioeconômica e, mesmo, cultural. Alguns dos espaços presentes no texto reiteram a oposição pobreza ("barracão sem número", "morro da Babilônia") X riqueza (sugerida pela Lagoa Rodrigo de Freitas). O conflito vida X morte é sugerido e reforçado pelo contraste estabelecido entre os espaços do bar Vinte de Novembro (em que João Gostoso bebe, canta e dança) e a Lagoa Rodrigo de Freitas (na qual João Gostoso se atira e morre afogado). As ações realizadas por João Gostoso também reiteram o conflito vida X morte, marcando uma enumeração, talvez a figura de linguagem mais importante neste texto, que pode ser vinculada, já na dimensão da interpretação, ao reconhecimento de uma gradação nas ações enumeradas: João Gostoso chega no bar, bebe, canta, dança, se atira na lagoa e morre (observe-se como a exploração de uma dimensão de leitura pode precipitar o leitor em outra dimensão; no caso, a dimensão da análise lança o leitor à da interpretação).

d) Dimensão da Interpretação

1) Como se pode interpretar a morte de João Gostoso (suicídio, acidente e/ou homicídio)? Por quê? Justifique a sua resposta com base no próprio texto.

2) Como se pode interpretar o nome "João Gostoso"? Por quê?

3) Qual era o estado psicológico de João Gostoso após chegar no bar? Por quê? Justifique a sua resposta com base no próprio texto.

4) Qual é o espaço mais importante da história narrada no poema? Por quê?

5) A que *classe social* pertence João Gostoso? Como isso pode se relacionar com o conflito dramático que ele protagoniza? Justifique a sua resposta.

6) Como se explica, neste caso, a relação entre os gêneros poema e notícia de jornal?

7) Como você interpreta o fato de um personagem como João Gostoso figurar no gênero poema e, também, numa notícia de jornal?

O trabalho com esta dimensão nos mostrará que, sobretudo no caso do texto literário, precisamos estar atentos às muitas possibilidades de sentido que emergem da interação texto-leitor. Em sala de aula e, sobretudo, no trabalho com literatura, negligenciar as diversas possibilidades de interpretação de um texto pode resultar na produção de fracasso escolar e frustração do processo de formação do leitor.

Comecemos pelo problema da classificação do tipo de morte presente no poema. Se a ocorrência dessa morte, na história narrada, é um dado inegavelmente explicitado pelo próprio texto, o mesmo não ocorre com a sua interpretação. E o texto admitirá, com diferentes graus de probabilidade para diferentes leitores, a possibilidade de que tal morte seja interpretada: a) como um suicídio; b) como um acidente; c) como uma espécie de "homicídio". Vejamos, então, cada uma dessas possibilidades.

a) *Suicídio:* concorrerão para esta interpretação, principalmente, os signos que remetem à ideia de pobreza, trabalho pesado e vida difícil ("carregador de feira-livre"; "morava no morro da Babilônia num barracão sem número" e, também, as ações realizadas por João Gostoso após sua chegada ao bar ("Bebeu / Cantou / Dançou / Depois se atirou [...] morreu"). Dentre esses elementos, o segmento "se atirou" é o mais relevante para criar a sugestão de que o personagem se jogou na lagoa para, deliberadamente, morrer afogado (a anteposição do "se" ao verbo sugeriria, aí, uma possível vontade de se matar). A isso articula-se o fato de que a enumeração das ações constrói, no texto, uma gradação que remete, por efeito de alusão, ao estado de espírito do personagem que as realiza, caracterizando-o, também por efeito de sugestão, como negativo (melancólico, triste, frustrado...). Enumeração e gradação, aí, construiriam, então, uma ironia no texto porque João Gostoso realiza ações cujo sentido usual remete às ideias de celebração, alegria, felicidade. Ele, entretanto, beberia, cantaria e dançaria – por ironia, e como que se despedindo de uma vida difícil, antes de se matar. A ironia, aí, também se estruturaria no contraste entre o nome do personagem e a ação de se matar. Nessa possibilidade de interpretação, o próprio nome "João Gostoso" seria, intrinsecamente, irônico, implicando uma tensão entre "Gostoso", termo que sugere positividade, e "João", o nome próprio do personagem. Os espaços mais importantes, nesse caso, seriam o barracão sem número no morro da Babilônia, o bar Vinte de Novembro e a Lagoa Rodrigo de Freitas por reforçarem a ideia de uma vida difícil mediante o contraste entre as ideias de pobreza e riqueza.

b) *Acidente:* concorrerão para esta interpretação, principalmente, os signos que remetem, por efeito de sugestão, às ideias de despreocupação, sucesso na vida erótico-amorosa, irresponsabilidade, alegria ("Gostoso", "feira livre", "bar", "Bebeu", "Cantou", "Dançou", "se atirou". Tais signos não eliminam, no texto, a presença de signos que remetem às ideias de pobreza e vida difícil, entretanto eles tendem a relativizar, na interpretação da morte como um acidente, o peso dramático conferido aos signos que expressam negatividade. Note-se que, nessa possibilidade de interpretação, a enumeração das ações também constrói uma gradação, mas de sentido oposto àquela identificada na interpretação da morte como suicídio: aqui, a sequência "Bebeu / Cantou / Dançou / [...] se atirou" afirmaria, articulada ao nome "João Gostoso" um estado de espírito alegre, prazenteiro, compatível com as ideias de celebração e de certa irresponsabilidade característica do tipo folgazão. Para esta possibilidade de interpretação, a enumeração e a gradação não construiriam uma ironia vinculada às ações do personagem nem caracterizariam, para o segmento "se atirou" um projeto deliberado de se matar. A ironia, aqui, manifestar-se-ia na própria morte imprevista, que ceifaria a vida do personagem no auge de sua apresentação de alegria e positividade vinculado à ação de se atirar na lagoa. Dito de outro modo: é inegável que o personagem se atirou na lagoa, mas não há nada no texto que determine que o tenha feito com o propósito deliberado de se matar. Isso reforça, portanto, a possibilidade de que a sua morte seja interpretada como um acidente que torna impactante e irônica a morte que lhe ceifa a vida no auge da alegria. Os espaços mais importantes, aqui, seriam o bar Vinte de Novembro e a Lagoa Rodrigo de Freitas, porque reforçariam o conflito vida X morte. Perdem peso dramático, nessa possibilidade de interpretação, os signos que remetem às ideias de pobreza e vida difícil, não servindo, como na possibilidade anterior, para justificar a interpretação da morte de João Gostoso.

c) "*Homicídio*": esta hipótese de interpretação da morte de João Gostoso é a menos comum, embora seja, também, possível desde que se realize dentro de determinados limites. Não se trata, aqui, de um homicídio no sentido próprio do termo. O próprio texto destaca que não há um assassino e que João Gostoso não foi, a rigor, assassinado. É admissível, entretanto, a hipótese de que a morte de João Gostoso, seja ela um suicídio (ele se atirou na lagoa para morrer) ou um acidente (ele se atirou na lagoa e, inesperadamente, morreu), possa ser interpretada como um *assassinato social*, uma morte produzida por uma sociedade que produz experiências de vida como a deste personagem (marcada pela pobreza, pela dificuldade e/ou pela irresponsabilidade).

Note-se que esta possibilidade de interpretação depende, para se constituir, de uma das duas outras anteriormente aqui apresentadas. Dito de outro modo: só se pode ler na morte de João Gostoso um assassinato em que a sociedade é a promotora da morte (a "assassina") se, necessariamente, se levar em consideração uma das duas interpretações anteriormente exploradas. Note-se que este possível *assassinato social* será dramático tanto no caso de compreendermos a morte do personagem como suicídio quanto no caso de a vermos como acidente. No caso do suicídio, a escolha da morte pelo personagem indicaria uma frustração para com a vida – o que toca na condição de classe social, no tipo de trabalho realizado e na limitação dos horizontes de realização pessoal e satisfação pertinentes à vida de João Gostoso. Já no caso do acidente, a morte inesperada se constituiria num dado negativo que tiraria do personagem o único bem precioso que ele, social e existencialmente, tinha: a própria vida (triste ou alegre). E tal morte também tocaria na condição de classe social e na limitação dos horizontes de satisfação e de realização pessoal pertinentes à vida do personagem principal do texto.

Reitere-se que a interpretação da morte como um "homicídio", um *assassinato social*, não invalidaria o seu reconhecimento como suicídio ou homicídio. Pelo contrário: para se constituir, ela depende de uma ou outra delas.

Procuramos apresentar, aqui, uma abordagem "teórica" sobre como compreender o *ato de leitura*. Buscamos, com isso, sugerir que a compreensão de tal ato constituído por quatro dimensões – decodificação, associação, análise, interpretação – pode, no trabalho com o ensino de leitura, sustentar um procedimento a partir do qual ensinar a ler o texto (literário ou não) pode se concretizar sob a forma de estratégia(s) de trabalho.

A expectativa é que os exemplos apresentados sejam tomados mais propriamente como objeto de estudo para a formulação de estratégias de trabalho próprias e adequadas às condições reais de trabalho do professor em sala de aula (sobretudo o professor que trabalha com Literatura) do que como modelos ou fórmulas.

Reiteramos a importância de que aquele que trabalha com Literatura em âmbito escolar opere, em sua prática didática, com base numa concepção do que ocorre no *ato de leitura* para, a partir de tal concepção, formular estratégias, exercícios, tarefas, provas, etc. Essa base, cremos, permite acomodar de modo mais efetivo os demais conteúdos que determinam o trabalho docente na escola (o corpo teórico-crítico, historiográfico e/ou estético a ser ensinado) – conteúdos que, note-se bem, devem ser dominados pelo professor para que ele saiba discernir o melhor modo de ministrá-los, adequando-os ao horizonte de formação e experiência dos leitores com os quais trabalha para, a partir daí, diversificar, enriquecer e ampliar essa formação e essas experiências, colaborando para a construção de leitores bem preparados, críticos e responsáveis por suas leituras.

Referências

BAKHTIN, M. Os gêneros do discurso. In: _____. *Estética da criação verbal*. Trad. Maria E. Galvão. São Paulo: Martins Fontes, 1992. p. 277-326.

BANDEIRA, M. Poema tirado de uma notícia de jornal. In: _____. *Obra completa*. 4. ed. Rio de Janeiro: Aguilar, 1985. p. 214.

CARAMORI, A. P. *Meio-dia na Sé*. São Paulo: Centro Acadêmico de Letras da FFLCH – USP, 1985 (exemplar xerocopiado).

CHKLÓVSKI, V. Arte como procedimento. In: EIKHEMBAUM, B. et al. *Teoria da literatura* – formalistas russos. Trad. Ana M. R. Filipouski et al. Org. Dionísio de Oliveira Toledo. 3. ed. Porto Alegre: Globo, 1983. p. 39-56.

CORREA, M. L. G. Leitura e produção de textos: processos interferentes. *Estudos Ling*üísticos, São Paulo, XXIII, v. 1, p. 104-110, 1994.

ECO, U. *Lector in Fabula*. A cooperação interpretativa nos textos narrativos. São Paulo: Perspectiva, 1979.

FRANCO JUNIOR, A. *Níveis de leitura*: teoria e prática. Maringá: Eduem, 1996.

ISER, W. *O ato da leitura*. Rio de Janeiro: Editora 34, 1996.

LISPECTOR, C. *Perto do coração selvagem*. 9. ed. Rio de Janeiro: Nova Fronteira, 1980. p. 17.

VELOSO, C. O nome da cidade. 1984. In: BETHÂNIA, M. *A beira e o mar*. Universal Music/Philips – LP 824 187 – 1, 1984.

A EDUCAÇÃO PELOS/DOS SENTIDOS:
A PALAVRA COMO TESTEMUNHO EM PRIMO LEVI

Rosana Cristina Zanelatto Santos

Que não se atire ao nada ninguém que lá gostaria de estar. Que se procure o nada apenas para encontrar-lhe a saída, indicando-a a todos. Que se persista na tristeza, bem como no desespero, para se aprender a tirar deles os outros; mas não por desprezo da felicidade que cabe às criaturas, ainda que estas desfigurem e dilacerem umas às outras (Canetti, 2011).

O QUE SE VÊ

Vulgarmente, a eficiência e a eficácia da violência são medidas numericamente: quantas vítimas, feridos e outros alvos vieram abaixo. Isso acompanha a fascinação humana, misto de atração e de repulsa pela dor e pelo sofrimento do outro, e a vontade altruísta que por vezes move o sujeito, não necessariamente de ajudar o outro, mas de mostrar que o ajudou e expor ao público seu auxílio. Como assevera Jean Baudrillard:

> No nosso universo midiático, a imagem costuma ocupar o lugar do acontecimento. Ela o substitui e o consumo da imagem esgota o acontecimento por procuração. Esta visibilidade de substituição é a própria estratégia da informação – quer dizer, na realidade, a busca da ausência da informação por todos os meios (2004, p. 40-41).

Nessa proposição arguta está a presença da ausência promovida pela disseminação da imagem e, dissimuladamente, de quão efêmera e válida tão somente em si mesma é a imagem. Ela não substitui o acontecimento, o fato, sendo a lembrança dele, projetada nas imagens contemporâneas, fadada ao desaparecimento no médio e longo prazos. Como exemplo de suas observações, Baudrillard refere-se ao desmoronamento das torres gêmeas do *World Trade Center* em setembro de 2001 e como as imagens, tanto as reais (aquelas do momento do desabamento das *Twin Towers*) quanto as ficcionais (com algumas obras de ficção, com ênfase nas cinematográficas, surgidas posteriormente), desse evento de proporções hollywoodianas causaram "um arrepio a mais" (Baudrillard, 2004, p. 44) na assistência. A queda do WTC, numa alegoria do próprio autor, foi como o ruir de uma tela de proteção, estilhaçada em cacos que não se podem mais juntar (2004, p. 56) e que esta é a nossa assertiva: quebrou alguma coisa dentro de ser humano na sua relação com o outro.[13]

Como afirmamos, a violência não é somente material. Em *Sobre a violência*, Hannah Arendt (2009, p. 104) escreve sobre

> os processos de desintegração que se tornaram tão evidentes nos anos recentes[14] – o declínio dos serviços públicos: escolas, polícia, correio, coleta de lixo, transporte, etc.; a taxa de mortalidade nas estradas e os problemas de tráfego nas cidades; a poluição do ar e da água – são os resultados automáticos das necessidades das sociedades de massa que se tornaram incontroláveis.

Todos esses processos resultam em uma violência latente por parte das gentes, que (re)conhecem a vulnerabilidade dos sistemas políticos e partidários, que se esgarçam dia após dia, e vão se escondendo sob o aparato policial e de uma Justiça insidiosa. Como sobreviver à tensão constante dessa latência? Haverá algum "remédio" para que o ser humano não se afogue na violência e no reconhecimento da precariedade de seu papel como cidadão em Estados orientados pela liberdade, porém governados pelo sabor de acordos inconfessáveis?

Vislumbramos uma solução política, baseada na educação formal e informal dos sujeitos, que inclui a leitura, num trabalho de desestabilização de algumas (in)certezas e, posteriormente, num processo de reflexão que levará (ou que deveria levar) à compreensão e à desbarbarização. Por barbárie entendemos o que Theodor W. Adorno propôs:

---

[13] Vale lembrar que, em 2013, os noticiários norte-americanos trouxeram para a cena histórias de bombeiros (pessoas que ajudaram as vítimas por ocasião da queda das *Twin Towers*) que, se valendo de falsos laudos médicos sobre estados depressivos sofridos depois do trauma, enriqueceram ilicitamente com o dinheiro de seguros milionários, aposentaram-se e passavam seu tempo em praias do Caribe, por exemplo, numa demonstração de desprezo não somente por um Estado que lhes prestara homenagens, mas sobretudo pelas vítimas, seus parentes e toda uma sociedade que os aclamara como heróis.

[14] Em tempo: recentes para Arendt eram os anos da década de 60 do século 20.

> [...] estando na civilização do mais alto desenvolvimento tecnológico, as pessoas se encontram atrasadas de um modo peculiarmente disforme em relação a sua própria civilização – e não apenas por não terem em sua arrasadora maioria experimentado a formação nos termos correspondentes ao conceito de civilização, mas também por se encontrarem tomadas por uma agressividade primitiva, um ódio primitivo ou, na terminologia culta, um impulso de destruição, que contribui para aumentar ainda mais o perigo de que toda esta civilização venha a explodir, aliás uma tendência imanente que a caracteriza (2006, p. 155).

O processo de desbarbarização é educativo e crítico e não é binário ou encomiástico. Ele mobiliza, sinestésica e dialeticamente, os sentidos do ser humano: visão, audição, fala, olfato e gustação.

Diante das dimensões deste ensaio, começamos pelo aspecto crítico e reflexivo-resistente, tomando dois capítulos do livro de Primo Levi *Os afogados e os sobreviventes* (2004)[15] como *corpus* de análise: o 2º, intitulado "A zona cinzenta", e o 4º, "Comunicar", ambos versando sobre a palavra, sua força de comunicar e sua relevância no processo educativo/crítico do sujeito e como força reativa – mesmo que em potência (o testemunho) – ao *status quo*.

O QUE SE FALA E O QUE SE ESCUTA

No artigo *Sujeitos oprimidos, vozes silenciadas*, Rosani Ketzer Umbach (2011, p. 132), baseada na interpretação de Richard Aczel, afirma que

> [todo] indivíduo tem de entrar na "ordem simbólica" corporificada pela linguagem a fim de poder se tornar um sujeito social. Essa "ordem simbólica" seria anterior à existência do indivíduo e somente daria a este a possibilidade de se expressar e de aceitar

---
[15] Segunda edição brasileira.

uma identidade simbólica quando ele reconhecesse ou deixasse de reconhecer uma série de condições dadas como sendo suas próprias.

Como ser (a)dotado de/pela linguagem, o homem, *lato sensu*, representa em palavras aquilo que apresenta traços e validade universais, marcados pelo simbólico, nomeando as coisas. As palavras movimentam-se, impulsionando as questões humanas, contribuindo para a formação da consciência e para a acumulação de informações que podem ser acionadas e socializadas a qualquer momento.

Heidegger (2003, p. 14-15) observa nesse sentido:

> Nomear é evocar para a palavra. Nomear evoca. Nomear aproxima o que se evoca. [...] Mas evocar é retirar o que se evoca da distância que resguarda quando é evocado. Evocar é sempre provocar e invocar, provocar a vigência e invocar a ausência.

A priori, o existir do homem no mundo concentra-se na linguagem. Nos casos específicos deste texto, na linguagem escrita como testemunho[16] da linguagem oral, afinal, há outros meios de estabelecer contato com nossos pares. Definida como processo, a linguagem parte de um pressuposto: a escuta. Não basta, porém, escutar, é preciso compreender, o que coloca o sujeito, segundo Heidegger (2003, p. 191), "Diante da admiração profunda e do terror atroz" de perder as capacidades de escutar e de falar. Perdê-las significaria emudecer, silenciando especialmente o aparelho fonador – para sempre ou por tempo determinado –, mas não necessariamente silenciando o que se carrega consigo. É uma passagem em que a linguagem, desarticulada como parte do mecanismo

---

[16] Sabemos sobre as várias implicações que a expressão "testemunho" pode assumir. Aqui, tomamos sua acepção como dada pelo *Dicionário Etimológico da Língua Portuguesa*: "testemunho *sm*. [...] Do lat. *tĕstĭmōnĭum* || *testemunha sf*. 'pessoa chamada a assistir a certos atos autênticos ou solenes' 'pessoa que é chamada a depor sobre aquilo que viu ou ouviu' [ ]" (Cunha, 2000, p. 767).

sonoro-auditivo, recolhe-se, desrealizando-se como modo de comunicar. Durante o período de desrealização, que pode ser transitório, "A linguagem [perde] o eterno trabalho do espírito de tornar a articulação sonora capaz de exprimir o pensamento" (Heidegger, 2003, p. 196) e pode afastar o sujeito do mundo como estrutura precipuamente linguística.

Antes de prosseguir dissertando sobre a linguagem, abramos um parêntese para a ação de ouvir, aqui tomada como sinônimo de escutar. Quando pensamos, num primeiro momento, na testemunha como aquele que viu ou ouviu, a conjunção alternativa nos causa a impressão de que essas habilidades humanas são cambiáveis, contudo elas não o são. O ver permite a captação da realidade em compasso de simultaneidade, sob a luz de uma possível objetividade e, a um só tempo, a manutenção do distanciamento daquele que vê, mantendo um ideal de isenção, de não envolvimento (Moxter, 2012, p. 353). Já

> [...] o ouvir desde a origem tem a ver com o mutável e o inconstante. Objeto do ouvir, segundo Hans Jonas, só pode ser um objeto dinâmico, atemporal, ou seja, sequencial. Sendo assim, ver e ouvir diferenciam-se na mesma medida da diferença entre ser e devir (Moxter, 2012, p. 353-354).

O mesmo Michael Moxter, citando Hans Blumenberg, fortalece a dissociação entre ver e ouvir:

> Enquanto para o pensamento grego o "ouvir" constituía a comunicação indiferente à verdade e, num primeiro momento, facultativa de alguma *dóxa* como enunciado sempre a ser ainda confirmado pelo ver, na literatura veterotestamentária e na consciência de realidade por ela atestada o ver sempre já é previamente determinado, questionado ou superado pelo ouvir. O criado está formado na palavra (2012, p. 354).

Ou seja, a palavra funda-se no ato em que é proferida, fundando também a existência do mundo e das coisas do/no mundo. Não é preciso ver as coisas: ouvi-las dá ao ser humano a liberdade de interpretá-las, compreendê-las, sentir sua tonalidade e não se sujeitar tão somente ao ver.

> O "ouvir autêntico" [...] representa um procedimento existencial no qual o ouvir propriamente dito resulta daquilo que não é mais puro aceitar como dado, mas um entender por mim mesmo (p. 356).

Com o "gancho" existencial, voltamos a Heidegger. Considerando que o ato de ouvir também constitui a fala e que para falar é necessário o estabelecimento de uma compreensão sobre as coisas, Moxter (2012, p. 357), em remessa à obra *Ser e tempo*, observa que "O compreender pode se tornar metáfora do ouvir, porque, enquanto abertura para outras possibilidades, é indicativo do que se trata de ouvir". Se não ouvimos com nitidez – e a nitidez aqui vai para além de um som que se propaga: ela é o eco que reverbera sobre nossa capacidade de compreensão – o que o outro nos fala, pedimos para que ele o repita, para que ouçamos/entendamos o que se falou.

Façamos aqui um exercício de junção das considerações de Heidegger sobre a linguagem, enfatizando o ato de ouvir/de compreender, às proposições de Benjamin (1986) sobre o narrador. Para este último, ingressando no âmbito das narrativas, narrar/contar não é somente obra de uma estrutura corpórea/material: é a conjugação de pensamentos e de gestos que se conectam e se realizam no cotidiano e na convivência em meio aos afazeres mais banais e dos quais os sujeitos tomam conhecimento pelo viver, pelo ver e pelo ouvir. Em compasso de desconexão, a partir da modernidade e de suas formas fragmentárias – no caso, o trabalho maquinal e burocrático –, Benjamin (1986) refere-se ao mutismo dos combatentes que sobreviveram à Primeira Grande Guerra, enquanto nós pensamos nos campos de concentração nazistas (os *Lager*) como descritos por Primo Levi em *Os afogados e os sobreviventes*, quando deparamo-nos com a perda da linguagem como era antes da primeira metade do século 20, fundada na transmissão da tradição, da História e de si mesma. Retornemos, pois, à linguagem.

A linguagem, como já observamos, é fundadora, podendo fazer nascer e morrer um povo.[17] A perda da linguagem passa, então, pelos riscos/perigos que marcam a passagem do homem pelo reino deste mundo, sendo uma forma de violência, pois quem separa um sujeito de seu universo linguístico, impondo-lhe outra língua ou não lhe oferecendo alternativas, segrega-o do mundo e de si mesmo. No caso,

> o extermínio dos judeus na Alemanha nazi adquire [para Agamben] um sentido radicalmente novo. Enquanto povo que recusa integrar-se no corpo político nacional (supõe-se, na verdade, que cada uma das suas assimilações é apenas simulada), os judeus são os representantes por excelência e quase o símbolo vivo de um povo, [...] mas cuja presença já não se consegue de modo nenhum tolerar (Agamben, 2011, p. 34).

Não tolerada, essa presença precisa ser suprimida e os *Lager* são a solução final, que se inicia para aqueles que sobrevivem às viagens nos comboios que atravessam a Europa ou à recepção com a morte nos campos, pelo isolamento linguístico. Além disso, Mario Cámara (2005, p. 98), em resenha sobre *Infância e história*: destruição da experiência e origem da História, de Giorgio Agamben, observa que "Podemos, então, dizer que entre o fim da experiência e o esquecimento da história, encontra-se, rondando como um espectro, a fissura da transmissão".[18] Quem

---

[17] Pensamos, aqui, no conceito de povo de Hannah Arendt, como citado por Giorgio Agamben (2011, p. 31): "[...] a própria definição do termo [povo] nasceu da compaixão e a palavra tornou-se sinónimo (sic) de má sorte e de infelicidade – o povo, os infelizes aplaudem-me, costumava dizer Robespierre; o povo sempre infeliz, como se exprimia até Syeyès, uma das figuras menos sentimentais e mais lúcidas da Revolução".

[18] Tradução livre de: *"Podemos entonces decir que entre el fin de la experiencia y el olvido de la historia, se encuentra, rondando como un espectro, el resquebrajamiento de la transmisibilidad"*.

deixa de falar ou é calado por outrem não pode ser ouvido, o que rompe o processo de comunicação, pelo menos do modo como o conhecemos mais cotidianamente.

Além disso, Cámara (2005, p. 98) também desvenda um ponto crucial do que adiante demonstraremos no texto de Levi:

> [...] a infância, para Agamben, encontra-se irremediavelmente conectada à linguagem como limite interno e não externo. E ainda que não possa ser apreendida por este, é sobre ele que exerce seus efeitos. Ela o constitui e o condiciona de modo essencial. Sua presença, muda e operante, denuncia não somente a incompletude da língua, e talvez seja isso o mais significativo, mas também instaura um hiato entre língua e discurso, criando esse lugar entre. Nesse sentido, a infância não é nada menos que a condição de possibilidade de haver um lugar na/para a história, uma abertura para si.[19]

Essa possibilidade de abertura de um lugar na/para a História é o que Primo Levi lê em sua estadia em Auschwitz, descontruindo a monumentalização do passado dos *Lager* pela perda da língua e pela permanência construtiva do testemunho.

AFOGADOS OU SOBREVIVENTES?

Primo Levi permaneceu internado em Auschwitz durante o ano de 1944 e foi libertado em 1945 com a tomada do campo pelos aliados. Em 1947 publicou *É isto um homem?*, um retrato muito particular e chocante dos *Lager* e que causou, de modo geral, desconfiança e descon-

---
[19] Tradução livre de: "[...] *la infancia para Agamben se encuntra irremediablemente adherida al lenguaje como límite interno y no externo. Y aunque no pueda ser aprehendida por este, es sobre él que ejerce sus efectos. Lo constituye y lo condiciona de modo esencial. Su presencia, muda y operante, denuncia non sólo la incompletud de la lengua, sino, y es esto tal vez ló más significativo, que instaura un hiato entre lengua y discurso, es ese lugar entre. En este sentido, la infancia es nada menos que la condición de posibilidad del tener lugar de la historia, su apertura.*"

forto no mundo pós-Segunda Guerra Mundial. Entre as obras publicados posteriormente está *Os afogados e os sobreviventes*, com oito capítulos, um prefácio e um conclusão de autoria do próprio Levi. Nesse conjunto lemos uma relevante e acurada análise dos tempos da concentração, deixando um tanto de lado as situações e os acontecimentos passados em Auschwitz: ao invés de narrá-los, ele procura compreendê-los segundo a ótica do momento em que elas ocorreram e do que se escreveu, falou, filmou e dramatizou depois, por vezes de um modo duro e frio, como no caso dos capítulos que nos interessam, intitulados *Comunicar* e *A zona cinzenta*.

Comunicar é o quarto capítulo de *Os afogados e os sobreviventes*, no qual Levi declara que não acredita no termo "incomunicabilidade" como tratado pelo estruturalismo da década de 70. Além de considerá-lo um "monstro lingüístico", ele também observa que há razões particulares para acreditar nisso, e elas estão relacionadas à experiência no campo de concentração. Ele enfatiza isso com o exemplo dos falantes de italiano, como ele próprio, o que pode ser estendido para outros povos que não entendiam o alemão. Para quem não entendia os soldados da SS, em qualquer momento,

> [...] a ordem, que havia sido pronunciada com a voz tranqüila de quem sabe que será obedecido, era repetida em voz alta e enfurecida, depois berrada a plenos pulmões, como se faria com um surdo, ou melhor, com um animal doméstico, mais sensível ao tom do que ao conteúdo da mensagem.
>
> Se alguém hesitava (hesitavam todos, porque não compreendiam e estavam aterrorizados), vinham os golpes, e era evidente que se tratava de uma variante da mesma linguagem: o uso da palavra para comunicar o pensamento, este mecanismo necessário e suficiente para que o homem seja homem, tinha caducado (Levi, 2004, p. 79-80).

Os deportados eram então tratados como animais, "[...] não havendo diferença substancial entre o berro e o murro" (Levi, 2004, p. 80). Não saber alemão para os jovens "recepcionistas" nazistas tanto na viagem quanto na chegada aos *Lager* era o diferencial evidente de que aquelas pessoas, judeus em sua maioria, não eram homens, afinal, não falar/entender alemão era uma prova mais do que evidente da barbárie daquelas gentes. Ao assumir o discurso em segunda pessoa, como que nos apontando, para compartilhar conosco aquela experiência, Levi (2004, p. 81, o grifo é nosso) diz: "Em suma, *você* se vê no vazio e compreende à própria custa que a comunicação gera a informação e que, sem informação, não se vive".

Levi pôde/quis testemunhar, narrando/contando ao mundo o que compreendeu dos *Lager* (em tempo: o verbo testemunhar não é sinônimo de julgar, nem de perdoar). Por isso, segundo Giorgio Agamben (2008, p. 30-31),

> [ele] conseguiu isolar algo parecido com um novo elemento ético. [...] denomina-o "zona cinzenta". [...] Trata-se, portanto, de uma zona de irresponsabilidade e de *impotentia judicandi*, que não se situa além do bem e do mal, mas está, por assim dizer, *aquém* dos mesmos (o grifo é nosso).

O advérbio aquém em geral modaliza verbos que posicionam o sujeito e as coisas no/diante do mundo, indicando-lhes um lugar. O que significa, então, estar aquém do bem e do mal no contexto (ex)posto por Agamben?

Primo Levi, como testemunha, ultrapassou a concepção tradicional do que seja ética, problematizando o que está disciplinado como conceito aceito pelo senso comum. Sua postura é de reflexão em perspectiva de produção de um (novo) saber sobre os *Lager* e os homens que por ele circulavam. Ele não refuta os acontecimentos, nem se culpa por eles, indo além: Levi assume uma responsabilidade, a do testemunho.

É um passo difícil, conforme Agamben (2008, p. 33), e "Quem procurou [dá-lo] não pode ter a pretensão de voltar a entrar pela porta que acabou de fechar atrás de si". E qual porta se fechou? Talvez devamos perguntar: "Qual porta se abriu diante de nós?" Quando nos interessamos e mantemos nosso olhar, nossos ouvidos e nossa língua para situações-limite como os *Lager* e o extermínio, nós não os glorificamos, porém corremos o risco "[...] de descobrirmos que aquilo que o mal sabe sobre si, encontramo-lo facilmente também em nós" (2008, p. 42). Abrimos, então, a porta do mal.

No terceiro capítulo de *Os afogados e os sobreviventes*, intitulado *A zona cinzenta*, Levi nos adverte sobre o risco da simplificação à qual os acontecimentos do passado são submetidos: se por um lado simplificar é o início do processo compreensivo, por outro, quando a compreensão se instaura, é preciso rever os binarismos e suas oposições, no mais das vezes, maniqueístas: bons e maus, inocentes e culpados, nós e eles, sobreviventes e afogados. Essa advertência abre uma discussão espinhosa sobre a presença nos *Lager* dos prisioneiros a serviço dos alemães.

Primo Levi (2004, p. 42) aponta como "[...] um caso-limite de colaboração [os] *Sonderkommandos*". Na tradução para a língua portuguesa, podemos ter "comandos especiais" ou "esquadrões especiais": eram pessoas, a maioria judeus, selecionadas entre os que ingressavam nos *Lager*, havendo critérios os mais variados para sua escolha: capacidade aparente de sobrevivência, estudos anatômicos e fisiológicos, antecedentes criminais, recrutamento por punição e a desorientação da chegada em um lugar no qual a chance de sobrevivência era quase nula.

> A eles cabia manter a ordem entre os recém-chegados (muitas vezes inteiramente inconscientes do destino que os esperava) que deviam ser introduzidos nas câmaras de gás; tirar das câmaras os cadáveres; extrair o ouro dos dentes; cortar os cabelos das mulheres; separar e classificar as roupas, os sapatos, o conteúdo das bagagens; transportar os cadáveres para os fornos crematórios

e cuidar do funcionamento dos fornos; retirar e eliminar as cinzas. O Esquadrão Especial de Auschwitz contava, dependendo da época, com um efetivo entre setecentos e mil prisioneiros (Levi, 2004, p. 43).

Pouquíssimos foram os sobreviventes dos *Sonderkommandos*, pois os dirigentes dos *Lager* tomavam todos os cuidados para que eles não sobrevivessem: seus testemunhos seriam o atestado da realidade dos crematórios, ainda hoje contestados por fontes históricas – e não somente alemãs. Além disso, os sobreviventes ou não deixaram testemunhos, ou deixaram testemunhos como este, citado por Levi (2004, p. 45):

> Por certo, teria podido matar-me ou me deixar matar; mas eu queria sobreviver, para vingar-me e para dar testemunho. Vocês não devem acreditar que nós somos monstros: somos como vocês, só que muito mais infelizes.

Essas falas são desassossegantes, porque nos levam a pensar o que cada um de nós faria se estivesse trancafiado e à espera da morte: sobreviver ou se deixar afogar?

Ao final do capítulo 2, Levi (2004, p. 59) refere-se à esquecida e essencial fragilidade humana:

> [...] pactuamos com o poder, de bom grado ou não, esquecendo que no gueto estamos todos, que o gueto está cercado, que além de seu perímetro estão os senhores da morte, e que não muito distante espera o trem.

Nós não esperamos pelo trem, como não o esperavam milhões de judeus, de ciganos, de presos políticos, de mulheres, de crianças, não somente nos guetos da Europa da primeira metade do século 20, mas ainda hoje em todo o mundo. Continuar a falar/a escrever sobre a *Shoah* é uma experiência ética que ultrapassa a necessidade de (re)ver as cenas repugnantes dos *Lager*, para vislumbrar a vilania, a torpeza, o desespero, a dor, enfim, o turbilhão de sentimentos que assalta os homens quando em situações-limite e, quem sabe, aprender com eles a nos perguntar: "Eu quero ser (como) esses homens?".

Referências

ADORNO, Theodor W. A educação contra a barbárie. In: _____. *Educação e emancipação*. Tradução Wolfgang Leo Maar. 4. ed. São Paulo: Paz e Terra, 2006. p. 155-168.

AGAMBEN, Giorgio. "O que é um povo?" In: DIAS, Bruno Peixe; NEVES, José (Coord.). *A política dos muitos*. Povo, Classes e Multidão. Lisboa: Tinta-da-China, 2011. p. 31-34.

_____. *O que resta de Auschwitz*: o arquivo e a testemunha/*Homo Sacer* III. Tradução Selvino J. Assmann. São Paulo: Boitempo, 2008. (Col. Estado de Sítio).

ARENDT, Hannah. *Sobre a violência*. Tradução André de Macedo Duarte. Rio de Janeiro: Civilização Brasileira, 2009.

BAUDRILLARD, Jean. A violência mundial. In: BAUDRILLARD, Jean; MORIN, Edgar (Orgs). *A violência do mundo*. Tradução Leneide Duarte-Plon. Rio de Janeiro: Anima, 2004. p. 32-56.

BENJAMIN, Walter. Sobre o conceito de história. In: _____. *Magia e técnica, arte e política*. Ensaios sobre literatura e história da cultura. Tradução Sergio Paulo Rouanet. 2. ed. São Paulo: Brasiliense, 1986. p. 222-232. Vol. 1.

CÁMARA, Mario. Variaciones sobre el difícil arte de la transmissión. *Margens/Márgenes, Revista de Cultura*, Belo Horizonte, Buenos Aires, Mar del Plata, Salvador, Roma, n. 6-7, p. 98-99, jan./dez. 2005.

CANETTI, Elias. *A consciência das palavras:* ensaios. Trad. Márcio Suziki e Herbert Caro. São Paulo: Companhia das Letras, 2011.

CUNHA, Antônio Geraldo da. *Dicionário Etimológico da Língua Portuguesa.* 2. ed. Rio de Janeiro: Nova Fronteira, 2000.

HEIDEGGER, Martin. *A caminho da linguagem.* Tradução Márcia Sá Cavalcante Schuback. Petrópolis: Vozes; Bragança Paulista: Ed. Universitária São Francisco, 2003.

LEVI, Primo. *Os afogados e os sobreviventes.* Tradução Luiz Sérgio Henriques. 2. ed. São Paulo: Paz e Terra, 2004.

MOXTER, Michael. Verbete Ouvir. In: KONERSMANN, Ralf (Org.). *Dicionário das metáforas filosóficas.* Tradução Vilmar Schneider; Nélio Schneider. São Paulo: Edições Loyola, 2012. p. 353-376.

UMBACH, Rosani Ketzer. "Sujeitos oprimidos, vozes silenciadas". In: OURIQUE, João Luis Pereira; CUNHA, João Manuel dos Santos; NEUMANN, Gerson Roberto (Orgs.). *Literatura:* crítica comparada. Pelotas: Ed. Universitária Prec; UFPel, 2011. p. 131-143.

NOVAS PROPOSIÇÕES PARA O ENSINO DE LITERATURA:
A IMPORTÂNCIA DA DISCUSSÃO DE TEORIAS ACERCA DO ENSINO E DE NOVAS PROPOSTAS PARA PROFESSORES EM FORMAÇÃO

Lilian Greice dos Santos Ortiz da Silveira

Existem inúmeras concepções de ensino de Literatura e metodologias que visam auxiliar o desenvolvimento de um trabalho na área que seja satisfatório tanto para o professor quanto para o aluno. Algumas barreiras, porém, ainda precisam ser ultrapassadas e novas abordagens utilizadas para que haja uma melhoria no ensino de Literatura e na formação do profissional de Letras.

Tendo em vista a necessidade de apontamentos de novas formas de abordagem literária, o presente livro foi desenvolvido por pesquisadores de diversas instituições com o intuito de indicar novos caminhos. Em relação a isso, como ex-acadêmica do curso de Letras e professora, não há como negar que estes textos aqui inseridos são de extrema importância, pois ainda existem poucos trabalhos que dão conta da realidade do ensino brasileiro no que diz respeito à Literatura. Sendo assim, farei um balanço dos textos que compõem o livro e comentarei as possibilidades de cada texto, bem como destacarei a necessidade de acadêmicos e futuros professores terem acesso a bons materiais que abordem o ensino de Literatura.

Primeiramente, posso mencionar que um dos grandes problemas encontrados nas escolas brasileiras e pelos professores é que no mundo atual é difícil para um aluno acostumado a realizar inúmeras atividades ao mesmo tempo, a acessar a internet e a ter contato com novas experiências diariamente, parar e direcionar toda a sua atenção para a leitura de um livro. Não é porque existe dificuldade em despertar o interesse do aluno, porém, que o ensino de Literatura deva ser relegado a um segundo plano, pois é sabido que a Literatura tem uma função vital na vida da humanidade. Gai aponta para a importância literária quando afirma que

> a leitura transforma o ser humano e as suas percepções sobre o mundo e é essa experiência significativa que deveria ser o propósito maior dos estudos literários. (p. 189)[1]

---

[1] Vide *A leitura de narrativas literárias como ato de conhecimento e modo de experiência: a presença de autor e leitor implicados.*

Historicamente, no entanto, não é assim que o ensino de Literatura é visto pela maioria dos professores, pois existe uma preocupação maior em abordar períodos históricos e sistematizar a Literatura do que trabalhar a interpretação do texto em si. Em um dos capítulos deste livro Bordini[2] revela e critica uma prática bastante comum: usar a Literatura para ensinar língua.

Não há sentido algum, no entanto, em levar uma obra de ficção para a sala de aula se o intuito não for a leitura, pois o texto não deve ser usado como pretexto para práticas descontextualizadas, mas deve ser lido e analisado, apesar da interpretação normalmente ser deixada de lado.

Ocorre, além da prática de usar a Literatura para ensinar língua, também outro problema: os professores, como aponta Bordini[3] em seu texto, têm a tendência de fornecer aos alunos uma espécie de manual que os estudantes acabam utilizando para solucionar as questões interpretativas. Ora, se os alunos apenas devem reproduzir as ideias do professor, não há porque fazer-lhes perguntas interpretativas. Mais uma vez, o ensino acaba sendo destorcido e não cumpre com sua finalidade.

Se estivermos trabalhando com atividades interpretativas, devemos estimular a participação dos alunos e escutá-los, ouvir o que eles têm a dizer e guiar o seu entendimento da obra para que comecem a ter interesse pelas obras literárias. Nesse ponto emerge uma nova questão: Como despertar o interesse dos alunos?

Como já mencionado, os jovens de hoje têm muitas atividades para realizar e fazem inúmeras tarefas ao mesmo tempo. Então, é difícil incentivá-los a deixar de lado atividades que eles já gostam de realizar para tentar algo novo que ainda não se tornou prazeroso a eles. É nesse

---

[2] Vide *Literatura na escola: propostas para a Educação Básica*.
[3] Id. ibid.

contexto que podemos inserir o trabalho de Martins[4] presente neste livro, pois o autor menciona os fatores que levam ao desinteresse pela leitura e aponta soluções para esse problema.

Segundo Martins,[5] a escola tende a propor uma leitura obrigatória, apenas para cumprir conteúdos e acaba fazendo as atividades parecerem chatas e entediantes. Como solução, o autor indica a leitura em voz alta, pois dessa maneira haverá uma relação entre narrativa e experiência. Por exemplo, o professor pode contar algo que leu, mostrando, dessa forma, seu ponto de vista, mas também interagindo com seus alunos.

Para o autor, o ato de rememoração é de extrema importância, o que se relaciona com nossas experiências como leitores, pois a linguagem literária é muitas vezes utilizada para compreender o vivido. Para ilustrar, podemos afirmar que muitas vezes, quando passamos por uma experiência traumática, a Literatura é procurada como um refúgio. A autora do texto que precede este, Santos,[6] menciona como isso é posto em prática quando fala sobre "Primo Levi", o qual discute em seu capítulo. Santos[7] observa que:

> ...a leitura [deve ser como um] trabalho de desestabilização de algumas (in)certezas e, posteriormente, [passar por um] processo de reflexão que levará à compreensão" (p. 237).

Acredito que é quando chegamos a esse processo de reflexão que nos tornamos sujeitos pensantes, pois deixamos de aceitar verdades impostas e criamos nosso próprio raciocínio. Logo, quando ocorrer o processo de narração de algo vivenciado, o leitor poderá contar sua experiência e quem estiver ouvindo pode dar um novo sentido à expe-

---

[4] Vide *Oralidade, literatura e leitura em voz alta: uma abordagem possível para a formação de leitores*.
[5] Id. Ibid.
[6] Vide *A educação pelos/dos sentidos: a palavra como testemunho em Primo Levi*.
[7] Id. Ibid.

riência narrada. Para que isso ocorra, contudo, devemos mencionar mais uma vez que o professor deve ser leitor, pois não há como narrar histórias que não foram lidas. Nesse processo interativo o professor estaria, finalmente, priorizando a formação do aluno.

"Priorizar a formação do leitor": essa também é a ideia de Quadros,[8] que em seu texto critica a aceitabilidade inquestionável do cânone e o privilégio dado à história literária em detrimento da interpretação, como já referido em outros textos que compõem este livro. Mais uma vez temos o exemplo de atividades que deixam de lado o processo interpretativo e a formação do leitor. A autora cita poemas trabalhados em aula que apenas são utilizados para que os alunos conheçam a forma de uma poesia, mas o entendimento do poema não é aprofundado.

Em relação ao fato de existir esse questionamento por parte dos pesquisadores de ensino de Literatura sobre a aceitabilidade do cânone, podemos destacar que Teixeira e Porto[9] também trazem uma ideia semelhante a essa em seu trabalho, pois expressam que o professor deve ser leitor não apenas de textos canonizados, mas de textos que circulem entre os alunos. Ao encontro dessa ideia Bordini[10] menciona, também, que o professor deve sempre ter em vista o leitor – como ele é e quais as habilidades de leitura que podem ser desenvolvidas a partir da realidade de cada aluno.

Em outras palavras, o professor deve procurar conhecer seu aluno e descobrir quais leituras o interessam e qual a melhor abordagem a ser desenvolvida com esse sujeito. Teixeira e Porto[11] advertem que o pro-

---

[8] Vide *A poesia no Ensino Médio: contrastes e semelhanças entre duas redes de ensino e a importância de uma abordagem hermenêutica em sala de aula.*
[9] Vide *Ensino de Literatura e formação do leitor na era digital: algumas proposições.*
[10] Vide *Literatura na escola: propostas para a Educação Básica.*
[11] Vide *Ensino de Literatura e formação do leitor na era digital: algumas proposições.*

fessor deve tentar ao máximo realizar atividades relacionadas ao uso da Internet, pois essa é a ferramenta mais utilizada pelos estudantes atualmente e o que for relacionado a isso acabará despertando o seu interesse.

Existem pesquisas que apontam para os problemas que a Internet pode causar, posto que quem a utiliza acaba acessando muitas informações ao mesmo tempo e perdendo a capacidade de se concentrar em apenas uma. As autoras em questão, todavia, revelam os benefícios que a Internet pode proporcionar, uma vez que as redes sociais trazem novas formas de compartilhar conhecimento e também propiciam o conhecimento de culturas diversas.

Logo, o professor de Literatura deve aproveitar isso e realizar atividades que se relacionem com a Internet, pois não se deve apenas ler textos canonizados, mas também aqueles que circulam entre os alunos. Essa é uma das maneiras de chamar a atenção dos estudantes e convidá-los à leitura. Podemos utilizar a tecnologia a nosso favor e incentivar a leitura dos alunos fora do ambiente escolar. Por que não ler uma resenha de um livro em um blog? Por que não compartilhar experiências como leitor na Internet e interagir com indivíduos que têm um gosto semelhante ao seu? A tecnologia está em todos os lugares e devemos fazer o melhor uso possível dela. Acredito que essa é uma das ideias mais importantes aqui mencionadas, pois sempre devemos levar em consideração cada aluno e seus interesses, dado que uma obra pode ser adequada e instigante para um aluno e não o ser para outro. Até mesmo em obras literárias vemos o apontamento de que cada leitor é individual e deve estar preparado para iniciar uma leitura. No texto de Ramos (2012),[12] temos no conto *O barão de Macaúbas* um menino

---

[12] Ramos, Graciliano. *Infância*. Rio de Janeiro: Record, 2012.

que não entende os textos literários aos quais tem acesso e, por isso, não gosta das obras que lê. Ao longo do texto o menino discute sua formação como leitor e acaba por dizer:

> Aos sete anos, no interior do Nordeste, ignorante da minha língua, fui compelido a adivinhar, em língua estranha, as filhas do Mondego, a linda Inês, as armas e os barões assinalados... abominei Camões (p. 133).

Em outras palavras, vemos claramente que o menino não teve seu interesse pela leitura despertado e estimulado porque, aos 7 anos de idade, ele não estava preparado para compreender uma obra de tamanha complexidade. Isso não significa, porém, que um dia esse mesmo menino não pudesse se tornar leitor da obra de Camões. Significa apenas que naquele momento existiam outras obras mais adequadas a ele e que, se essas obras lhe tivessem sido apresentadas, talvez ele pudesse ter iniciado sua experiência literária de uma maneira positiva e, a partir de então, continuado a ler obras literárias.

À medida que os alunos iniciam o processo de leitura, eles tendem a se interessar mais e a preservar o costume, pois uma vez que o gosto pela leitura é despertado, é difícil que o aluno desista da nova paixão. Quando o interesse já existir, acreditamos que é o momento de apresentar mais livros aos alunos e contribuir para o seu processo de formação.

Em relação a isso, Pereira[13] menciona em seu texto que é na escola, ainda, que os estudantes têm maior contato com obras e, dessa maneira, é dever do professor proporcionar o convívio com a Litera-

---

[13] Vide *Ensino de Literatura em debate: o texto em sala de aula*.

tura. Obras literárias devem ser apresentadas, mas nunca esquecendo as preferências de cada aluno e nem tentando obrigar a leitura de textos canônicos. Pereira[14] nos diz que

> é na interação leitor e texto que se estabelece um diálogo crítico em um processo contínuo de formação e transmissão de conhecimentos provocados no leitor pelo texto" (p. 121).

O mais importante é formar leitores e priorizar a interpretação dos alunos. Quando o leitor torna-se apto a dar sentido a uma obra literária, isso é um indício de que ele poderá se tornar um bom escritor, pois na leitura não apenas temos contato com palavras novas, mas também com conhecimento histórico, com posições ideológicas e assim por diante.

Essa é uma das propostas dos Parâmetros Curriculares Nacionais – PCN[15] –, pois encontramos nesse documento a ideia de que o trabalho com a leitura deve formar leitores e escritores, uma vez que a leitura auxilia o processo de escrita. A partir dessa ideia Vicelli[16] narra em seu texto sua experiência como professora de redação do Ensino Médio e relata como utilizou a literatura como base para desenvolver um trabalho de escrita consistente.

Vicelli[17] tinha como principal objetivo fazer com os alunos fossem capazes de relacionar textos ficcionais com a realidade. Com a atividade proposta pela autora, os alunos acabaram deixando de ser reprodutores de conhecimento, mas pensadores capazes de se posicionar ideologicamente.

---

[14] Id. Ibid.

[15] MEC/SEF (1998). *Parâmetros Curriculares Nacionais de Língua Portuguesa:* ensino fundamental e médio. Brasília: Ministério da Educação e do Desporto; Secretaria de Educação Fundamental, 1998.

[16] Vide *Semeando escritores: perspectivas e práticas para a produção da redação do Enem.*

[17] Id. Ibid.

Alguns problemas relacionados ao ensino de Literatura, porém, mais uma vez foram encontrados, pois a autora menciona a grande diferença existente entre escolas públicas e privadas, dando destaque ao fato de que em algumas escolas públicas sequer há uma divisão entre Português, Redação e Literatura. Isso se torna um grave problema se levarmos em consideração que será uma tarefa extremamente difícil para um professor conseguir dividir suas horas de trabalho de uma maneira que contemple igualmente todas as matérias mencionadas.

Por outro lado, nas escolas privadas temos essa divisão: o problema é o outro. Por ter o enfoque em vestibulares e Enem, muitas vezes a escola deixa de focalizar o texto literário e passa apenas a dar destaque ao que pode ser uma possível questão de um futuro exame. O ensino de Literatura, no entanto, vai além de uma simples prova: ele funciona como formador cultural.

Tendo como base esses problemas evidenciados no ensino público e privado, percebemos que as leituras dos estudantes acabam ficando fragmentadas e o ensino de Literatura se transforma em ensino de teorias ou em um ensino restrito a um conjunto de autores e obras. A Literatura vai além disso e deve ser trabalhada de outra forma. Segundo Gonçalves,[18] o objetivo maior é que o professor seja um mediador do texto literário e se mostre como uma possibilidade de aperfeiçoamento e de emancipação pessoal e intelectual.

Apenas dessa maneira o profissional será capaz de realmente formar um leitor e não apenas um reprodutor de conhecimentos. Ao encontro disso, Ourique[19] argumenta que a significação do ensino de

---

[18] Vide *"Literatura bota mantimento em 'casa' sim"! Reflexões sobre o ensino de literatura nos cursos de Letras.*
[19] Vide *Valor(iz)ação do (pré)texto literário.*

Literatura parece ser muito mais relevante se essa for capaz de oportunizar condições para a formação das pessoas para sua individualidade e ao mesmo tempo atuarem na sociedade em que vivem.

Franco Junior[20] também tem uma ideia semelhante a essa, pois defende em seu artigo que um texto pode ter inúmeras interpretações e que as possibilidades de leitura não se esgotam, ou seja, não há porque o professor incentivar o aluno a decorar características específicas de uma obra e estudar o que já foi dito sobre elas, pois o aluno tem de criar o seu próprio entendimento a respeito do que está lendo e, a partir disso, procurar se aprofundar em um texto, mas nunca aceitar uma leitura pronta.

Ourique[21] também relata isso em seu trabalho ao destacar a importância da reflexão por parte dos alunos, uma vez que pensar oportuniza ao aluno dar sentido ao mundo e a sua própria existência. Logo, posso concluir que, se colocarmos lado a lado todos os textos que compõem *Literatura e formação do leitor, Escola e sociedade, ensino e educação*, veremos que todos os textos apontam, de uma maneira ou de outra, para a necessidade de o professor de Literatura dar mais importância ao processo interpretativo quando se trabalha com textos literários dentro da sala de aula.

Na condição de professora recém-formada no curso de Letras, e tendo a preocupação de entender como realmente funciona uma sala de aula de Literatura, posso afirmar que a leitura de todos os textos que compõem este livro me oportunizou o entendimento de maneiras mais adequadas e estimulantes aos alunos para o desenvolvimento de um trabalho literário e abriu-me novos horizontes de trabalho.

---

[20] Vide *Dimensões de leitura e ensino de Literatura*.

[21] Vide *Valor(iz)ação do (pré)texto literário*.

As propostas para o ensino de Literatura relacionadas a trabalhos que utilizam a Internet como base chamaram-me a atenção, pois utilizam algo que faz parte do cotidiano dos alunos para estimular a leitura. Creio que uma abordagem bastante interessante para levar à sala de aula seria a proposta por Gonçalves,[22] pois a autora menciona em seu texto que a utilização de *blogs* pode incentivar o uso da leitura e da escrita. Acredito especialmente nessa atividade porque os *blogs* estão em destaque atualmente e os jovens gostam muito de utilizá-los para compartilhar experiências ou para buscar informações.

Outra questão de extrema relevância é o fato de que a literatura é, muitas vezes, trabalhada de maneira sistemática e acaba por prejudicar a reflexão dos alunos. Em relação a isso, Pereira[23] aponta como uma possível razão para o trabalho excessivo com periodização e sistematização o fato de que os cursos de Letras, geralmente, apresentam muita teoria aos graduandos e, dessa maneira, incentivam os futuros professores a trabalharem mais com teorias do que com o texto em si.

Nesse sentido, como graduada no curso de Letras da UFPel, posso destacar que na minha instituição há, sim, bastante trabalho com teoria, mas a interpretação é trabalhada, ainda que com um espaço mais reduzido. A meu ver, o grande problema de alguns cursos de Letras está relacionado à distribuição do tempo, pois como observa Gonçalves[24] em seu texto, o conteúdo que era desenvolvido ao longo de um ano passou a ser desenvolvido durante apenas um semestre em algumas instituições.

---

[22] Vide *"Literatura bota mantimento em 'casa' sim! "Reflexões sobre o ensino de Literatura nos cursos de Letras*.

[23] Vide *Ensino de Literatura em debate: o texto em sala de aula*.

[24] Vide *"Literatura bota mantimento em 'casa' sim"! Reflexões sobre o ensino de literatura nos cursos de Letras*.

Esse sim é um grande problema e para o qual eu acredito que alguma atitude deva ser tomada, pois os estudantes de Letras, por falta de tempo acabam deixando de ver muitos conteúdos importantes e relevantes para um futuro professor de Literatura. Há também, ainda relacionado a essa questão, o fato de que é nesse curto espaço de tempo de um semestre que temos de ler textos literários que são extremamente importantes, mas que são longos e mereceriam um destaque maior do que apenas duas ou três aulas. Durante o meu contato com a Literatura como aluna do curso de Letras, muitas vezes livros indispensáveis para a formação de um bom profissional foram abordados em poucas aulas e já passamos para outras obras porque, de outra forma, não teríamos tempo nem ao menos de iniciar a discussão de outros textos, também de extrema relevância.

Relacionado a isso, Gonçalves[25] questiona em seu texto como desenvolver leituras enriquecedoras nesse curto espaço de tempo. A resposta, a meu ver, é que cabe ao aluno de Letras aprofundar ao máximo suas leituras em seu tempo livre e tentar interagir com os professores fora da sala de aula, uma vez que, infelizmente, tendo como base o meu percurso acadêmico, a minha instituição de formação e os eventos de que participei, não temos tempo de discutir todas as leituras possíveis em sala de aula devido ao pouco tempo disponível.

No curso de Letras da UFPel, especificamente, há ainda poucas cadeiras destinadas ao ensino de Literatura se compararmos estas com o grande número de outras que são destinadas ao ensino de uma segunda língua ou de nossa própria língua materna, pois estas acabam ocupando um espaço maior em nossos currículos.

---

[25] Vide *"Literatura bota mantimento em 'casa' sim"! Reflexões sobre o ensino de literatura nos cursos de Letras.*

Então, permanece o grande questionamento: será que essas poucas cadeiras que abordam a Literatura, fornecidas ao longo de quatro anos de curso, são suficientes para a formação que os futuros professores de Literatura necessitam? Em meu entendimento, essa não é a situação mais adequada ao profissional de Letras e uma mudança se faz necessária.

Um grande problema evidenciado, como já mencionado, é que em algumas aulas de Literatura dos cursos de Letras, de acordo com as minhas experiências, realmente ocorre a periodização a que os autores de alguns capítulos deste livro se referem, pois o professor acaba se preocupando mais em fornecer informações sobre como a Literatura brasileira foi evoluindo ao longo dos séculos e deixando de lado a discussão das obras com os alunos, por não haver tempo hábil.

Mais uma vez vem à tona a questão levantada por Pereira e Gonçalves[26] em seus textos sobre o fato de que os alunos de Letras têm dificuldade de ir além da periodização a que estão acostumados. Logo, se quisermos que realmente ocorra uma mudança na maneira como o ensino de Literatura é trabalhado, creio que os cursos de ensino superior que visam à formação de professores devem ser os primeiros a sofrer modificações, pois, tendo como base o resultado do projeto de que participei e que se materializa em livro, é possível constatar que o trabalho com literatura ainda é pouco explorado e valorizado, ainda mais quando pensamos no aspecto do ensino de Literatura e em uma preocupação para a formação de leitores a partir de textos literários.

A importância de trabalhos que revelem a real situação dos cursos de Letras e proponham novas metodologias para os professores de Literatura encontra-se no fato de que a Literatura ainda não recebe

---

[26] Vide *Ensino de literatura em debate: o texto em sala de aula* e *"Literatura bota mantimento em 'casa sim'"! Reflexões sobre o ensino de literatura nos cursos de Letras*.

o merecido destaque. Os futuros professores merecem uma formação diferenciada e o acesso a novas metodologias de trabalho, tais como as propostas em *Literatura e formação do leitor. Escola e sociedade, ensino e educação*, para que os déficits advindos da falta de uma formação mais completa sejam devidamente solucionados.

DADOS DOS AUTORES

Ana Paula Teixeira Porto
Possui Graduação em Letras pela Universidade Federal de Santa Maria, Especialização em Educação a Distância pela Pontifícia Universidade Católica e Mestrado e Doutorado em Letras pela Universidade Federal do Rio Grande do Sul, na área de Literatura Brasileira Concluiu estágio Pós-Doutoral sobre a literatura angolana de expressão portuguesa. Atualmente é professora do Mestrado em Letras da Universidade Regional Integrada do Alto Uruguai e das Missões (campus de Frederico Westphalen), em que desenvolve pesquisas sobre Literatura Brasileira e Africana e sobre Ensino de Literatura. É autora do livro *Crítica social e dialogismo na prosa de Sérgio Sant'Anna*. anapaula-porto@bol.com.br

Arnaldo Franco Junior
É mestre e doutor em Literatura Brasileira pela USP e pós-doutor pela Université Paris 8 – Saint Denis – França. Foi professor de Teoria da Literatura na Universidade Estadual de Maringá (1987-2003) e, atualmente, é professor de Teoria da Literatura no Departamento de Estudos Linguísticos e Literários da Universidade Estadual Paulista Júlio de Mesquita Filho (Unesp), câmpus de São José do Rio Preto, atuando nos cursos de Graduação (Letras e Tradução) e no programa de Pós-Graduação em Letras (Teoria da Literatura; Literatura Brasileira). Desenvolve pesquisas sobre narrativa brasileira moderna e contemporânea e sobre crítica literária – subáreas em que se concentra a sua produção bibliográfica. É líder do grupo de pesquisa "Experiência e experimentalismo na narrativa contemporânea" (CNPq). Parte de sua

produção bibliográfica (ensaios, artigos, comunicações) encontra-se disponível para *download* em: <http://unesp.academia.edu/ArnaldoFrancoJunior>. afjr@ibilce-unesp.br

Danglei de Castro Pereira

É graduado em Letras pela Unesp, doutor em Letras também pela Universidade Estadual Paulista "Julio de Mesquita Filho" com Pós-Doutorado em Literatura Brasileira pela Universidade de São Paulo. Coordena o Núcleo de Estudos Historiográficos de Mato Grosso do Sul – Nehms/Fundect e o Grupo de Pesquisa Historiografia, Cânone e Ensino – GPHCE/CNPq. É professor de Literatura e Cultura Brasileira na Universidade Estadual de Mato Grosso do Sul, em Campo Grande/MS, trabalhando com as disciplinas de Literatura e Cultura; Literatura Infantojuvenil e Formação de Leitores e Historiografia Literária.

Eunice Terezinha Piazza Gai

É professora do Departamento e do Mestrado em Letras da Universidade de Santa Cruz do Sul. Atualmente também é coordenadora do Mestrado. Foi professora da UFSM. Mestre em Letras pela UFRGS e Doutora em Letras pela PUCRS. Realizou estágio de Pós-Doutorado na Università del Salento, Itália, em 2006. Desenvolve pesquisas no âmbito da estética e das narrativas. Possui vasta experiência na área, com ênfase em Teoria Literária, atuando nos seguintes temas: ironia, ceticismo, narrativa, leitura, conhecimento. Publicou o livro *Sob o signo da incerteza: o ceticismo em Montaigne, Cervantes e Machado de Assis*, além de organizar e participar com artigos em várias coletâneas e periódicos. Pela participação na organização do livro Ó meus amigos, não há amigos, recebeu o prêmio Açorianos de Literatura na categoria Ensaio, em 2011. Coordena o grupo de pesquisas Leitura, Literatura e Cognição, cadastrado no CNPq. É bolsista PqG Fapergs. piazza@unisc.br

João Luis Pereira Ourique

Possui Graduação em Letras/Inglês pelo Centro Universitário Franciscano, Mestrado em Letras pela Universidade Federal de Santa Maria, Doutorado em Letras pela mesma Universidade e estágio de Pós-Doutorado realizado na Universidade Federal do Rio Grande do Sul. Atualmente é professor-adjunto na Universidade Federal de Pelotas – UFPel –, líder do grupo de pesquisa CNPq Ícaro (UFPel) e pesquisador dos Grupos de Pesquisa CNPq Literatura e Autoritarismo (UFSM) e Formação Cultural, Hermenêutica e Educação (UFSM). Atua nas áreas de Teoria Literária, Literatura Brasileira, Literatura Comparada e Ensino de literatura. Dentre os temas recorrentes de discussão e pesquisa estão as relações entre regionalidade e regionalismo, a ideologia, a crítica ao autoritarismo, a formação cultural e a identidade. É editor das revistas Literatura e Autoritarismo (ISSN 1679-849X) e Caderno de Letras (0102-9576). jloutique@yahoo.com.br

Karina Kristiane Vicelli

É licenciada em Letras com habilitação em Inglês pela Universidade Federal de Mato Grosso do Sul (1999), mestre em Estudos de Linguagens pela mesma instituição (2008) e, atualmente, está cursando o Doutorado em Letras também na UFMS. É professora de Redaçao e Literatura nos Ensinos Fundamental e Médio das redes de ensino pública e privada em Campo Grande/MS. Vencedora em 1998 do Prêmio Lobivar de Matos, teve suas poesias publicadas em coletânea pela Editora UFMS. É professora da Universidade Estadual do Mato Grosso do Sul (UEMS) de Teoria da Literatura, Literatura Brasileira e Literatura Portuguesa. karinavicelli@hotmail.com

Lilian Greice dos Santos Ortiz da Silveira

É licenciada em Letras/Inglês pela Universidade Federal de Pelotas (UFPel). Foi bolsista no projeto Pibid, bolsista voluntária de monitoria de Literatura, professora voluntária de Inglês do curso Desafio pré-vestibular e bolsista de iniciação científica no grupo de pesquisa Ícaro. Realiza pesquisas sobre literatura Brasileira e sobre Ensino de Literatura. Ortiz.greice@gmail.com

Luana Teixeira Porto

Possui Graduação em Letras pela Universidade Federal de Santa Maria, Especialização em Educação a Distância pela Pontifícia Universidade Católica/RS, Mestrado em Letras na área de Literatura Brasileira e Doutorado em Letras na área de Literatura Comparada, ambos realizados na Universidade Federal do Rio Grande do Sul. Atualmente é professora do curso de Mestrado em Letras da Universidade Regional Integrada do Alto Uruguai e das Missões (câmpus de Frederico Westphalen). Realiza pesquisa na área de Estudos Literários, abordando narrativas (literárias e não literárias) sobre violência e Ensino de Literatura e formação de leitor. É autora do livro *Morangos mofados: crítica social e melancolia*. luanaporto@bol.com.br

Maria da Glória Bordini

É doutora em Letras pela PUCRS, na Área de Teoria da Literatura, e pesquisadora 1B do CNPq. É professora colaboradora do Programa de Pós-Graduação em Letras da UFRGS na especialidade de Literaturas Portuguesa e Luso-Africanas e ex-professora-titular de Teoria da Literatura do Programa de Pós-Graduação em Letras da PUCRS. Também é editora-associada, desde 1991, da revista binacional *Brasil/Brazil:* Revista de Literatura Brasileira/A Journal of Brazilian Literature, publicada pela Brown University, EUA e pela Associação Cultural Acervo Literário de Erico Verissimo. Desde 1982 coordena o Acervo Literário de Erico Verissimo. Publicou *Fenomenologia e teoria literária*, pela EDUSP, *Poesia infantil*, pela Ática, *Criação Literária em Erico Verissimo*, pela L&PM, *Caderno de Pauta Simples: Erico Verissimo e a Crítica Literária*, pelo IEL/RS, *A poética da cidade em Erico Verissimo*, pela Makunaima (on-line), além de traduções e artigos sobre Literatura em livros e em periódicos nacionais e estrangeiros. mg.bordini@gmail.com

Marta Aparecida Garcia Gonçalves

Graduada em Letras pela Universidade Federal do Paraná/Universidade Católica Dom Bosco; mestre em Letras pela Universidade Federal do Mato Grosso do Sul e doutora em Estudos de Linguagem – Literatura Comparada – pela Universidade Federal do Rio Grande do Norte, na qual desenvolve pesquisa sobre a política da literatura de Jacques Rancière e seus vínculos com a produção contemporânea em língua portuguesa na Literatura e no Cinema. Interessa-se principalmente por pesquisas voltadas para o Ensino de Literatura e suas especificidades. Tem experiência na área de Letras, com ênfase em Literatura em Língua Portuguesa: Africana e Portuguesa e em Ensino de Literatura com atuações nos seguintes temas: Anonimato e Literatura; Democracia das Experiências; Literatura e Política; Literatura e Cinema; Cinema Africano; Cinema Português; Novas Autorias em Língua Portuguesa; Ensino de Literatura. Atua nas linhas de pesquisa: Leitura do Texto Literário e Ensino e Poética na Modernidade. martaagg@ig.com.br

Ricardo André Ferreira Martins

É licenciado em Letras Português/Francês pela Universidade Federal do Maranhão/Ufma (1997), mestre em Letras pela Universidade Estadual Paulista Júlio de Mesquita Filho/Unesp (2000) e doutor em Teoria e História Literária pela Universidade Estadual de Campinas/Unicamp (2009). Desenvolveu estágio de Pós-Doutorado na Universidade Federal de Santa Maria/UFSM. Atualmente é Professor-adjunto da Universidade Estadual do Centro-Oeste/Unicentro, atuando no Departamento de Letras, câmpus de Irati, no Programa de Pós-Graduação em Letras, nível de Mestrado, câmpus de Guarapuava, e no Programa de Pós-Graduação em História, nível de Mestrado, câmpus de Irati. Publicou vários artigos em diversos periódicos brasileiros, além de capítulos de livros nas coletâneas acadêmicas *Literatura: crítica comparada* (2011) e *Literatura, história, etnicidade e educação: estudos nos contextos afro-brasileiro, africano e da diáspora africana* (2011) e *Ensaios (In) conjuntos* (2013) e *Excluídos e marginalizados na literatura: uma estética dos oprimidos* (2013). Entre suas publicações individuais destacam-se: *Simetria do parto* (2000, poesia), *Tradição e ruptura: a lírica moderna de Nauro Machado* (2002, ensaio), *Primeira lição de física* (2009, poesia), *Os dentes alvos de Radamés* (2009, ficção), *Os atenienses: a invenção do cânone nacional* (2011), com o qual foi agraciado com o Prêmio de Ensaio e Crítica Literária da Academia Brasileira de Letras, no ano de 2012. Ainda nesse ano publicou *No meio da tarde lenta* (2012, poesia). ricardoafmartins@gmail.com

Rosana Cristina Zanelatto Santos

É doutora em Letras pela USP e professora de Literaturas de Língua Portuguesa do curso de Graduação em Letras da UFMS – Campo Grande. Também é docente e orientadora dos Programas de Pós-Graduação em Letras (Mestrado e Doutorado) e em Estudos de Linguagens (Mestrado) da UFMS. Pesquisadora do CNPq. Autora e organizadora dos seguintes títulos: *A argumentação no horizonte da acusação e da defesa – O caso de Inês de Castro* (Ed. da UFMS, 2007); *Nas trilhas de Barros: rastros de Manoel* (Ed. da UFMS, 2008); *Os testemunhos de um horror desgraçadamente humano* (Ed. da UFMS, 2011), e *Cinema (d)e Horror: Ensaios Críticos* (Ed. Life e Fundo de Investimentos Culturais de Mato Grosso do Sul, 2011), além de ter participado com artigos em periódicos especializados e livros da área de Letras e afins. rzanel@terra.com.br

Tiane Reusch de Quadros

Possui Doutorado em Letras – Literatura Brasileira – pela Universidade Federal do Rio Grande do Sul (UFRGS), Mestrado em Letras – Estudos Literários – pela Universidade Federal de Santa Maria (UFSM) e Graduação em Letras Português – Francês, também pela Universidade Federal de Santa Maria (UFSM). Tem experiência na área de Letras, atuando principalmente nos seguintes temas: Literatura Brasileira, Literatura e Ensino e Língua Francesa. Atualmente realiza estágio de Pós--Doutorado na Universidade de Passo Fundo (UPF). tianequadros@yahoo.com.br

Editora UNIJUÍ

Fone: (0xx55) 3332-0217
editora@unijui.edu.br
http://www.editoraunijui.com.br
www.twitter.com/editora_unijui

NÚCLEO DE DISTRIBUIÇÃO
Fones: (0xx55) 3332-0282 / 0222
Fax: (0xx55) 3332-0216
editorapedidos@unijui.edu.br
Rua do Comércio, 1364
Bairro São Geraldo
98700-000 – Ijuí – RS